Textes réunis et présentés par
Suzanne Lamy et Irène Pagès

Féminité, Subversion, Écriture

Association des professeurs de français
des universités et des collèges canadiens
(APFUCC)
XXVe et XVIe congrès

les éditions du remue-ménage

Coordination: Odette DesOrmeaux
Louise Dupré

Organisatrice des ateliers à l'APFUCC: Irène Pagès

Révision: Suzanne Lamy
Louise Dupré
Suzanne Girouard

Correction d'épreuves: Louise Dupré
Marie-Josée Farley
Danielle Laplante
Lucie Ménard

Conception graphique, montage et couverture: Odette DesOrmeaux

Photocomposition: Lisette Gravel (L'Enmieux)

Distribution: Prologue
2975, rue Sartelon
Ville Saint-Laurent H4R 1E6
Tél.: 332-5860 (ext.) 1-800-361-5751
Télex: 05-824531

En Europe:
Diffusion Alternative
36, rue des Bourdonnais
75001 Paris, France
Tél.: 233.08.40

Impression: Imprimerie Gagné, Louiseville

Dépôt légal, Bibliothèque nationale du Québec
Dépôt légal, Bibliothèque nationale du Canada, Ottawa
Quatrième trimestre 1983
ISBN 2 89091 045 8

LIMINAIRE

Voici rassemblées et regroupées certaines communications qui ont été présentées dans les ateliers d'études féministes au cours des XXVe et XXVIe Congrès de l'APFUCC de 1982 et de 1983.

Les objectifs de ces ateliers étaient multiples: il s'agissait de montrer la diversité des écritures au féminin, de souligner la transformation des rapports à l'écriture qui a été opérée par beaucoup de femmes depuis une quinzaine d'années et surtout, de permettre entre les participantes, des échanges propres à caractériser le champ de la recherche et de la critique au féminin.

La reconnaissance par le monde universitaire des études sur la féminité et sur son écriture est un phénomène encore récent. La vitalité et la profusion des écrits de femmes, tant en France qu'au Canada ou ailleurs, est un signe des temps. S'affirmant comme mode d'expression autonome, les écritures au féminin dérangent, remettent en question l'ordre établi, l'institution et par là même, l'université. Ainsi sont-elles politiques et subversives.

Du simple témoignage sur l'expérience personnelle aux pratiques expérimentales inspirées de la linguistique et de la psychanalyse, les écritures et la critique au féminin ouvrent une nouvelle aire d'investigation, suscitent une réflexion théorique qui se découvre dans sa singularité et dans sa multiplicité. La variété dans les approches critiques ne devrait pas être perçue comme un signe d'éparpillement, mais de foisonnement. Certains essais ont été écrits *avec* le texte plutôt que *sur* le texte. Ainsi les distances sont-elles prises avec l'institution et avec la tradition.

Toutes les communications présentées dans les ateliers de l'APFUCC en 1982 et en 1983 n'ont pas été retenues. C'est par souci d'homogénéité que les éditrices du Remue-ménage ont préféré que cette publication ne conserve que les textes liés aux recherches actuelles: les communications faites selon une perspective historique ou à propos d'écrivaines du passé s'intégrant difficilement au recueil. En leur temps, Christine de Pisan, Madame de Staël et George Sand ont sûrement été subversives. Mais, isolées par l'Histoire, ces écrivaines ne peuvent participer directement à la prise de conscience moderne des femmes ni à un débat féministe contemporain dont les éditrices du Remue-ménage et nous-mêmes ressentons l'urgence.

Louise Dupré, membre du collectif du Remue-ménage, a collaboré de très près à la relecture et à la présentation des manuscrits. Nous l'en remercions chaleureusement.

Sans doute le plus inventif vient-il de la marge et non de la norme; ce qui constitue encore la marginalité des écritures au féminin devrait donc faire son intérêt et peut-être sa force. Nous avons en tout cas été très sensibles au fait que le président sortant de l'APFUCC, Jean-Jacques Hamm, et le président actuel, Bernard Andrès, aient contribué à la formation de ces ateliers et qu'ils aient encouragé la publication des communications présentées. Ainsi ces critiques au féminin ou féministes peuvent-elles participer à la brèche en train de se faire dans l'institution littéraire actuelle.

Suzanne Lamy
Irène Pagès

PRESSE FÉMININE
ET
PRESSE FÉMINISTE

Féminisme et presse féminine au Québec

Julia Bettinotti

Disons avant tout que le terme générique de féminisme a été employé à dessein dans le titre de la communication: le féminisme est entendu ici dans le sens où la presse féminine québécoise l'entend. C'est un terme général, fourre-tout, aussi flou que l'autre syntagme qui l'accompagne souvent, soit «la libération de la femme».

L'analyse du traitement que le féminisme subit dans la presse féminine est un des résultats des travaux d'un groupe de recherche sur cette presse, que j'ai dirigé à l'Université du Québec à Montréal (UQAM). Notre corpus, pour ce qui est de la presse écrite, est celui des revues mensuelles ou bimestrielles vendues dans les kiosques à journaux de septembre 1979 à mai 1980, soit *Femme, Elle et lui, Châtelaine, Salut Chérie, Madame, Marie-Ève* ainsi que *Femmes du Québec* et *Des luttes et des rires (de femmes)*. C'est-à-dire nous avons retenu seulement les revues qui, dans le titre même, professent de s'adresser avant tout à la femme, en la mentionnant comme telle, l'identifiant donc comme allocutaire directe. Quelques-unes de ces revues ne paraissent plus depuis 1980, par exemple *Madame*, et d'autres les ont remplacées depuis, comme *Filles d'aujourd'hui, Confidences de femmes*, etc.

Pour les fins de ce rapport, j'ai opéré un autre découpage: je parlerai ici seulement des revues féminines et je laisserai de côté les revues féministes; ceci, dans un souci d'homogénéité.

La presse féminine, malgré des différences marquées entre les revues, exprime dans son ensemble sinon le rejet du féminisme, du moins un désir de l'apprivoiser au point d'en faire une «qualité féminine». Les revues féministes ont, quant à elles, leurs propres avatars et hésitent sans cesse entre réformisme et féminisme radical.

Les titres des revues féminines ont ceci en commun qu'ils sont directement évocateurs du statut social de la femme: l'analyse de ces titres permet deux conclusions qui expliquent bien le traitement du féminisme dans cette presse: premièrement la presse féminine nous renvoie d'abord l'image de la Femme et non des femmes québécoises, deuxièmement cette même presse n'est pas prête à concevoir les femmes comme individus autonomes, sans relation, à certains niveaux, avec le sexe opposé.

Les titres nous renvoient immédiatement à la façon courante de percevoir «la femme»:

soit en l'opposant lourdement à l'homme (*Femme*),

soit en valorisant son état de femme mariée ou casée (*Madame, Elle et lui*),

soit en suivant le stéréotype de ce qu'on pourrait appeler *l'essence de la féminité*, mélange savamment dosé, comme dans la bière, d'ange et de démon (*Marie-Ève*).

Le singulier générique de tous les titres propose un concept du féminin immuable, avec son aspect de notoriété: on sait ce que représente ce mot selon un consensus, selon un mythe enraciné en tous et en toutes qui confond depuis toujours l'identité dans l'entité d'un concept. C'est donc bien un encerclement de l'individu sexué féminin qui est alors mis en place par un éventail de valeurs contenues en cette fausse singularité: la Femme.

Du point de vue du contenu, les revues étudiées couvrent principalement six champs se partageant entre différentes rubriques:

reportages, actualités;
santé-beauté (obésité, cellulite, «la pilule», chirurgie esthétique);
cuisine-artisanat, plantes-décoration, etc.;
psychologie (vie de couple-vie de famille);
sexualité;
mode (peu exploité en général sauf pour *Salut Chérie* qui est une revue de mode et de beauté destinée aux plus jeunes).

Dans une presse véhiculant un tel contenu, dans ce discours bien particulier, il m'a semblé intéressant de vérifier la place qu'y tient l'autre discours, le discours féministe: en fait, dans ces revues, le dialogue avec le féminisme est souvent engagé à un tel point qu'ici je pourrai rendre compte seulement des énoncés où le féminisme et la libération de la femme apparaissent au niveau de la manifestation lexicale. J'ai donc laissé de côté les énoncés, qui sont peut-être les plus intéressants à analyser, où la référence au féminisme se fait par les mécanismes du présupposé et de l'implication (c'est le cas surtout de *Châtelaine*).

Le problème du féminisme (puisque c'est là un problème pour ce type de presse) est pris en charge dans la revue *Femme* par la chronique «Les douces querelles de Liza et de Jean»; sur la même page, du côté gauche, Liza; du côté droit, Jean: une ligne médiane les sépare comme si leurs opinions ne le faisaient déjà assez. Il suffit qu'elle dise oui à quelque chose pour qu'il rétorque non. Liza sera pour l'avortement, Jean sera contre. Les femmes violées l'ont-elles voulu? Liza dira non, Jean dira oui.

L'argumentation de Liza, présentée dans un discours impersonnel, métaphorique et pédant, se réfère sans cesse aux clichés des revendications féminines. Jean par contre s'inscrit avec force comme sujet de l'énonciation et s'adresse directement aux femmes, qu'il appelle d'ailleurs *mesdames*. Il affirme au sujet du viol: «Si vous savez que vous êtes convoitées, agissez de façon à ne pas vous faire violer. Gardez votre place, votre tact et le juste milieu et si jamais la *chose* vous tente, demandez-le à votre mari. Ça, c'est la libération».

André Moreau, dans la même revue, adopte la tautologie et le ton (pédagogique) du philosophe (jovialiste) qu'il est pour affirmer «Vous êtes femme. Alors, n'ouvrez pas les portes devant vous, ne vous abaissez pas à des corvées, faites-vous désirer. N'ayez pas l'air, comme ces *féministes enragées*, de revendiquer des droits que vous pouvez prendre avec désinvolture. Ne vous *battez* pas pour quelque chose d'acquis d'avance».

Pour terminer, ce magazine annonce une nouvelle «ère de la femme soumise» en février 1980. L'article conclut ainsi: «On se permet une libération dont on ne connaît pas la teneur du terme, on occupe des emplois d'hommes, on ne se maquille plus, on se veut soi et on finit lamentablement par se retrouver seule avec ses droits. Le droit de quoi finalement? Celui de se mettre à la chasse aux mâles...» Voici poindre l'image de l'amazone castrante, synonyme de la femme libérée, et libérée dans le sens toujours péjoratif que lui impose cette revue.

Salut Chérie affiche ses vues sur le féminisme dans une série d'articles dédiés aux vedettes et aux stars: nous voyons défiler entre autres Ali McGraw, Jane Fonda et Sherry Lansing.

Les textes étudiés répondent tous de la même dichotomie: la star contre la femme. *Salut Chérie* procède toujours à deux évaluations: celle de la star et celle de la femme. D'un côté, le *glamour*; de l'autre, le quotidien. D'un côté, les qualifications; de l'autre, le rôle. D'un côté, l'immatérialité de la vedette; de l'autre, la matérialité de la femme. Cela pourrait aussi se résumer sous les rubriques de l'être et du paraître, *Salut Chérie* se chargeant de la présentation: voici ce que X paraît être...; voici ce qu'elle est vraiment...

Voyons d'abord Ali McGraw et le metteur en scène qui deviendra son mari, Bob Evans:

> Pour Bob Evans, ce ne pouvait qu'être Ali qui puisse incarner l'héroïne de son prochain film «Love Story». Il cherchait depuis longtemps une jeune femme typiquement américaine en laquelle (sic) pourraient s'identifier les femmes de cette majorité silencieuse, lassées des mouvements beatnick, hippie ou féministe. Une belle et vraie Américaine sentimentale et romantique.

Ainsi, conclut le texte, Ali y gagna la gloire et un mari.

Jane Fonda, après les débordements de sa jeunesse «est parvenue — et je cite — à être une star intelligente. «Aujourd'hui, dit-elle enfin, je suis heureuse. J'ai réussi à concilier les trois choses les plus importantes de ma vie: mon travail, mes idées, ma famille.» Elle est féministe, oui, ajoute le magazine, mais une féministe tolérante et pacifiste.

Féministe oui mais semble être le leitmotiv de *Salut Chérie* (revue jeune comme nous l'avons déjà indiqué, axée surtout sur la mode). «L'ascension à la présidence de la Metro-Goldwin-Mayer de Sherry Lansing — lisons-nous dans le numéro du 13 avril 80 — nous la considérons comme une vraie victoire du féminisme, celui qui nous porte à être efficace sans pour autant renoncer à notre séduction». J'ai gardé en dernier la revue *Madame* parce que *Madame*, c'est la jeune femme moderne, consciente des problèmes modernes (sexualité, féminisme, travail) prête à les absorber, à y réfléchir, à y remédier.

La position stratégique de *Madame* suppose (ou présuppose) qu'il existe un *bon* féminisme et un *mauvais* féminisme. Lequel mauvais féminisme sera promptement dénoncé dans le style: «Réveillez-vous, Mesdames!» Katherine Pancol, auteure de *Moi d'abord,* témoigne: «J'ai autant horreur des victimes que des «gouines-militantes-féministes!» (mars 80).

De ce mauvais féminisme on dénonce les effets dévastateurs: «Femmes d'aujourd'hui, la calvitie vous menace! Le stress de la femme libérée serait l'une des principales causes» (octobre 79).

Quant au bon féminisme, après une introduction aussi prometteuse que «le féminisme est là pour rester, que le mot fasse encore peur ou non», licence est donnée de l'amener où l'on veut, à proprement parler de le faire *dérailler*. «Le féminisme des années 80, dit *Madame*, fort de la prise de conscience individuelle et collective des femmes, fort aussi d'un début de changement de mentalité chez les hommes, s'engagera dans les voies suivantes: *le travail des femmes et la vie familiale*» (mai 80).

Ainsi en résumant, on peut dire que féminisme et libération de la femme sont perçus de façon négative par certaines revues (surtout *Femme*) ou alors tolérés sous une forme modifiée que j'ai appelée le *féminisme oui mais*... Dans le premier cas, la libération de la femme a comme résultat la solitude ou encore elle encourage toute licence sexuelle y compris le viol sur demande: les féministes sont qualifiées d'*enragées*, de *fanatiques* et de *belliqueuses*, assimilées aux beatniks et aux hippies, s'opposant toujours à la majorité silencieuse des femmes.

Dans le deuxième cas, soit le *féminisme oui mais*, le «mais» introduit ou réintroduit la Femme dans les schémas traditionnels: la tolérance, le pacifisme, la féminité et la grâce, la séduction et *tutti quanti*.

Donc une fois le compte réglé au féminisme et au mauvais féminisme, que reste-t-il? Ce qui reste toujours et ce dont vit cette presse: les valeurs féminines. Mais quelles sont-elles aujourd'hui? Le féminisme, tel qu'entendu par ce type de presse, a tendu à la Femme un dernier piège: le portrait de la Femme qui se dégage de ces revues fait vite apparaître le caractère artificiel de sa constitution. C'est une femme située à mi-chemin entre la femme agressive et la femme soumise, entre la femme impulsive et la femme calculatrice, entre la femme fantaisiste et la femme de bon sens, entre la femme sensuelle et la femme frigide. Elle est située juste au milieu de ce qui, de chaque côté, est considéré comme un «trop» et un «pas assez», mais en même temps, elle doit en être la synthèse, avec toutefois cette particularité qu'elle doit rester au milieu, c'est-à-dire ne pas dépasser les limites de la «normalité», du juste équilibre.

La femme enfermée ici dans un véritable piège, celui des «trop» et des «pas assez» qui se transforment en critères d'évaluation pour juger du degré de centralité du sujet. Évidemment, dans une telle perspective, et prise entre de tels termes, elle part nécessairement perdante et les «correctifs» s'imposent pour la modeler à l'image de ce que l'on en attend.

Ces correctifs, bien entendu, c'est la presse féminine qui les propose et les présente, au prix moyen de 1,50$ par mois.

UQAM
1983

La presse des mouvements de libération des femmes en France de 1971 à 1982 *

Chantal Bertrand-Jennings

Affirmer qu'en France au cours de la dernière décennie le texte imprimé concernant les femmes a vu son chiffre progresser de manière spectaculaire est presque une évidence. D'ailleurs, malgré un certain fléchissement actuel, ce mouvement est loin d'avoir été complètement résorbé, et la présente étude se veut, non pas constat de mort, mais bilan de vie.

L'abondance de textes imprimés à propos des femmes n'est certes pas spécifique du domaine des périodiques. Du côté des éditeurs, on a vu naître deux maisons d'édition dirigées par des femmes et consacrées exclusivement aux écrits de femmes, les «éditions des femmes» et «Tierce[1]». En outre, de nombreux éditeurs ont mis sur pied des «Collections Femme» qui, si on les a parfois accusées d'être des ghettos, ont néanmoins permis à plus d'une de faire entendre sa voix[2]. Enfin, quel est le périodique rattaché au vaste domaine des Sciences humaines qui n'a pas eu son «numéro spécial Femme» au cours des dix dernières années[3]?

Un phénomène plus significatif encore que l'accroissement des discours actuels sur les femmes me paraît être la prise de la parole par les femmes elles-mêmes, et ce sur deux modes,

* Je tiens à remercier chaleureusement Madame Léautey, conservatrice à la Bibliothèque Marguerite Durand (Bibliothèque du féminisme) pour son aide précieuse lors de mes recherches pour cette étude.

l'un littéraire, dans une floraison proprement inouïe de «livres de femmes[4]», l'autre journalistique, par la naissance et le foisonnement de journaux, bulletins, revues, magazines, feuilles qui, en dehors de tout organisme de presse institutionnalisé, réussirent à subsister quelques mois, quelques années, ou même dans certains cas, à prospérer pendant près de dix ans. C'est de ce phénomène de presse qu'il sera question ici.

Il n'entre pas dans mon propos de traiter de la presse féminine traditionnelle, qui a, bien sûr, subi le contrecoup des mouvements de libération des femmes[5], et qui a été fort bien étudiée ailleurs[6], non plus que la presse des femmes inféodées soit à un parti politique, soit à des groupements confessionnels, ni encore la presse de tradition féministe d'avant 1968[7]. Il s'agira ici de la presse militante issue directement des «événements» de mai 1968 et influencée par le *Women's Liberation Movement* américain.

On a pu remarquer que la presse féministe a régulièrement connu un essor particulier en France au moment des grands courants révolutionnaires de 1789, 1830, 1848 et 1870[8]. Il semble que les «événements» de mai 1968 aient eu le même résultat grâce à l'effervescence intellectuelle qui les accompagna.

En 1970 naît en effet en France le mouvement que les médias appelleront le M.L.F. (sur le modèle du *Women's Liberation Movement*), sigle que les femmes reprendront bientôt à leur compte et qui recouvre, en réalité, une multitude de courants et de tendances. Pour se faire connaître du grand public, ces mouvements ne pourront guère compter sur la coopération des médias traditionnels qui, au mieux, déforment ou tronquent leur histoire et leurs luttes, au pire les passent totalement sous silence. Quant à la presse dite «de gauche», ou même «gauchiste», elle ne traite de leurs actions et de leurs problèmes que de façon sporadique et souvent partiale, bien que certains périodiques aient permis, à l'occasion, à un journal de femmes de voir le jour[9]. Les mouvements de femmes furent donc amenés, pour être entendus, à se donner un lieu spécifique d'expression, à créer leur propre presse.

Entre 1971 et 1982, on assiste donc à l'apparition progressive d'environ 72 périodiques de ce genre (44 pour Paris, 3 pour la banlieue, 25 pour la province). Je me limiterai ici à l'étude des journaux parisiens[10]. L'analyse de cette presse est essentielle pour qui veut comprendre les luttes de femmes dans la société française d'aujourd'hui, car elle permet de saisir l'évolution et les fluctuations des mouvements dans la spontanéité et la complexité de leur expression et, en un sens, d'écrire l'histoire du M.L.F. au cours de ces années.

Jusqu'à présent, cette presse a été relativement peu étudiée. En ce qui concerne les ouvrages classiques d'inspiration savante sur la presse en général, on est frappé/e par l'absence de référence aux journaux militants féminins. C'est à croire parfois qu'ils n'existent pas. Ainsi, au tome V de l'*Histoire générale de la presse française* paru en 1976, on trouve citée la «presse libre» et, aux côtés de *Guili-Guili* et *J'éjacule*, un seul journal de femmes, *Le torchon brûle*, alors que dix autres journaux existaient déjà[11]. Quant à *La presse française contemporaine* de Gérard Herzhaft, publiée en 1979, et dont l'ambition vise à être une «photographie» qui permettra «au simple lecteur de se faire une idée assez claire de la situation actuelle de la presse française au moment où de grands courants transformateurs la parcourent», elle ne mentionne que *F Magazine*, le plus conservateur de tous les journaux de femmes d'après 1968, et fait silence sur 24 autres périodiques déjà existants[12]. C'est un véritable phénomène de presse qui est ainsi passé sous silence. Seule *La presse française* de Pierre Albert, ouvrage publié en 1978 et écrit avec la collaboration de Christine Leteinturier, a le mérite de mentionner 7 titres et de consacrer quelques lignes (sur 160 pages), d'ailleurs bourrées d'erreurs factuelles, aux journaux de femmes, classés, il est vrai, avec les «marginaux», les «minorités» et les bandes dessinées[13]. Il y eut bien, ici et là, dans la presse de gauche, quelques articles annonçant la parution de certains journaux de femmes, mais le plus souvent, pour s'informer sur ces périodiques, il faut les lire directement[14].

Aujourd'hui, il existe cependant quelques travaux sur ce sujet. D'abord parut en 1978 un répertoire de 12 périodiques dans *BREFF*[15]. Puis plusieurs études suivirent. Un article de Brigitte Lhomond qui constitue un début d'historique et une description d'environ 13 périodiques[16]. Un mémoire universitaire de Maryvonne Baptiste qui entreprend l'inventaire et la classification de 18 périodiques[17]. Enfin, l'article de Liliane Kandel qui effectue une véritable première analyse de cette presse et fournit de précieux tableaux analytiques de 51 journaux (31 pour Paris, 3 pour la banlieue, 17 pour la province). L'intérêt du travail de Kandel auquel j'ai largement puisé, ainsi que la pénurie générale de renseignements sur le sujet sont soulignés par sa réimpression successive dans deux autres périodiques[18]. Dernièrement, Nancy Huston a également fait paraître une synthèse de quelques pages sur les journaux de femmes[19].

En quoi consiste donc cette presse des mouvements de femmes? Quel est son aspect? Son mode de fonctionnement? Son originalité? Il faudrait tout d'abord préciser qu'il n'est pas question ici de procéder à une analyse exhaustive de cette presse, ce qui exigerait plusieurs volumes, mais plus modestement d'en faire une présentation aussi complète et aussi claire que possible pour fournir un instrument de travail. En effet, plusieurs caractéristiques rendent son corpus difficile d'accès: la grande diversité des publications, la précarité de leur existence et leur manque quasi général de moyens, le fait, enfin, qu'elles sont le lieu d'affrontements entre diverses tendances, ce qui résulte en éclatements et en regroupements ultérieurs dont l'histoire n'est pas toujours facile à suivre.

Liliane Kandel avait écrit, en 1979, une histoire de la gestation et de la naissance mouvementée de cette presse, de son point de vue de participante à certains périodiques, et avait effectué une catégorisation selon leur mode de production. La présente étude vise donc à être une mise à jour de la sienne en apportant un tableau plus complet de ces publications (72 au lieu de 51). De plus, grâce à plusieurs catégories au lieu d'une, elle voudrait donner une description plus détaillée des tendances et des contenus de cette presse. Enfin, mon approche de non-participante adopte une perspective synchronique plutôt que diachronique.

Pour mettre de l'ordre dans cette abondance de périodiques et en aborder l'analyse, je tenterai une classification qui, par une série de recoupements successifs, permettra de dresser un profil de chaque journal, de faire apparaître sa mission spécifique, de souligner les lignes de force de cette presse et d'en distinguer les grandes tendances. Ainsi, ces publications peuvent-elles être différenciées, tout d'abord selon leur périodicité, leur aspect, leur stabilité et leur tirage, c'est-à-dire ce par quoi elles se font connaître aux lectrices; ensuite, selon leur infrastructure économique, c'est-à-dire leur mode de production et leurs moyens financiers; enfin, selon ce qu'on peut nommer du terme général d'idéologie et qui recouvre plusieurs notions: tendance politique, lien avec des associations, orientation intellectuelle et culturelle, niveau d'abstraction ou, au contraire, vocation pratique, attitude vis-à-vis de l'actualité, allégeance en matière de vécu sexuel, appartenance à un groupe d'âge, de langue ou de nationalité, et finalement position par rapport à la grande querelle qui sépare actuellement les «Féministes» des «Naturalistes».

Tableau 1

PÉRIODIQUES PARISIENS DES MOUVEMENTS DE FEMMES ENTRE 1971 ET 1982					
Nom du périodique	1ère date	Dernière date	Tirage	Parution continue	Spécificité
Bulletin des lesbiennes féministes	Début 1976	Fin 1977	400		
Cahiers du féminisme	Novembre 1977	Juillet 1982	3 000	X	Ligue communiste révolutionnaire
Choisir	Avril 1973	Mai 1982	11 000	X	Mouvement «Choisir la cause des femmes»
Colères	Mai 1978	Janvier 1980	1 500		Libertaire, anarchiste
Coordination nouvelle des groupes de femmes	Octobre 1979	Janvier 1980	1 000		Organe de liaison
Désormais	Juin 1979	Janvier 1980	4 500		Lesbien
Documentation femmes	Septembre 1978	Octobre 1979	400		Information féministe
Donni corsi in lutta	1977				Femmes corses
L'écho du macadam	Mai 1981	Août 1982		X	Femmes prostituées
Elles voient rouge	Mai 1979	Début 1982	3 000	X	Parti communiste français
F Magazine	Janvier 1978	Décembre 1981	250 000		Mensuel commercial féministe
Faille	Juin 1980	Avril 1981			Parti socialiste unifié
Femmes algériennes en lutte	Janvier 1978	Décembre 1978			

Nom du périodique	1ère date	Dernière date	Tirage	Parution continue	Spécificité
des femmes en mouvement	Janvier 1978	Janvier 1979			Organe des éditions des femmes
des femmes en mouvement hebdo	Octobre 1979	1982	70 000	X	Organe des éditions des femmes
Femmes information	Avril 1975	Mars 1976			Organe de liaison
Les Femmes s'entêtent	Avril 1975	Mai 1975	5 000		Luttes féministes
Femmes travailleuses en lutte (I)	Printemps 1974	Novembre 1977	5 000		Bulletin de liaison des travailleuses
Femmes travailleuses en lutte (II)	Fin 1978	1982		X	
GLIFE	Mars 1975	Mars 1975			Groupe de liaison et d'information femmes-enfants
Herejias	Mai 1979				Femmes latino-américaines
Histoires d'elles	Mars 1977	Avril 1980	20 000		Politique et imaginaire
L'information des femmes	Novembre 1975	Octobre 1977	5 000		Journal de liaison
Jamais contentes	Novembre 1979	s.d.			Femmes autonomes
L. Cause	Novembre 1975	Novembre 1975			Féministe, lesbien
Mignonnes, allons voir sous la rose	Juin 1979	Mai 1982	4 000		Parti socialiste
Mujeres	Été 1978	Février 1979			Femmes latino-américaines
Les mûres prennent la parole	Mai 1979	Octobre 1979	350		Féministes d'un certain âge

Nom du périodique	1ère date	Dernière date	Tirage	Parution continue	Spécificité
Nosotras	Janvier 1974	Été 1976	1 000		Femmes latino-américaines
Nouveau F	Janvier 1982	1982	250 000	X	Mensuel commercial
Nouvelles féministes	Décembre 1974	Mai 1977	1 000		Ligue du droit des femmes
Nouvelles questions féministes	Mai 1981	Printemps 1982	2 500		Revue théorique
Now or Never	1973	Juin 1975	200		Femmes américaines
Parole	Printemps 1978	Printemps 1978	3 000		Féministe
Pénélope	Décembre 1979	Printemps 1982	2 000	X	Universitaire
Les pétroleuses	Début 1974	Décembre 1976	6 000		Tendance «Lutte de classes»
POW					Paris Organization of Women (Américaines)
Questions féministes	Novembre 1977	Février 1980	2 500		Revue théorique
Le quotidien des femmes	Novembre 1974	Juin 1976	60 000		Organe des éditions des femmes
Remue-ménage	Mai 1979	Avril 1980	3 000		Luttes féministes
Revue d'en face	Mai 1977	Fin 1981	2 000		Tendance «Lutte de classes»
Sorcières	Janvier 1976	Printemps 1982	6 500		Revue littéraire et artistique
Le temps des femmes (I)	Mars 1978	Juin 1978	5 000		Luttes féministes
Le temps des femmes (II)	Mai 1979	Été 1982	3 000	X	Luttes féministes
Le torchon brûle	Mai 1971	Été 1973	35 000		1er journal du M.L.F.
Visuelles	Février 1980	Janvier 1981			Femmes de l'audiovisuel

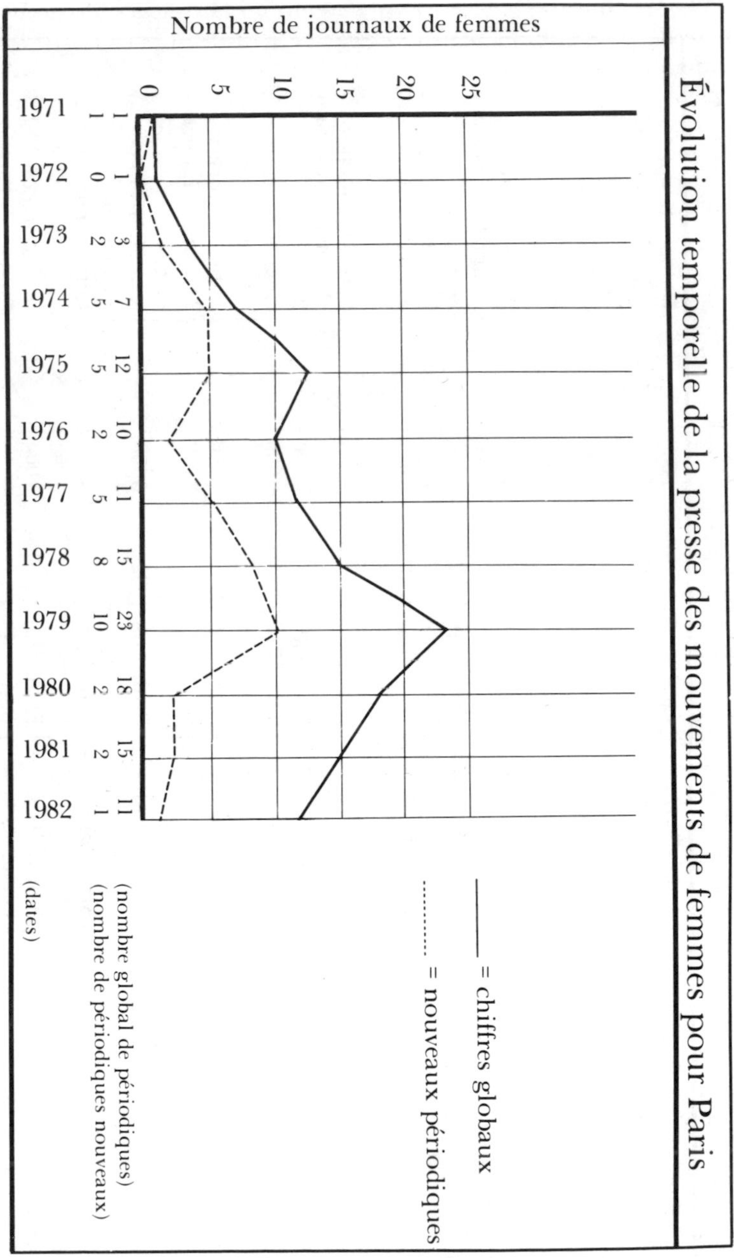
Évolution temporelle de la presse des mouvements de femmes pour Paris
Nombre de journaux de femmes
0
5
10
15
20
25
1971 1 1
1972 1 0
1973 3 2
1974 7 5
1975 12 5
1976 10 2
1977 11 5
1978 15 8
1979 23 10
1980 18 2
1981 15 2
1982 11 1
(nombre global de périodiques)
(nombre de périodiques nouveaux)
(dates)
——— = chiffres globaux
.... = nouveaux périodiques

Le tableau I et le graphique montrant l'évolution du nombre de publications des mouvements féministes permettent de prendre connaissance de la façon dont ces 44 périodiques parisiens se répartissent dans le temps entre 1971 et 1982. On y distingue un accroissement relativement rapide entre 1971 et 1979. Les chiffres passent en effet de 1 en 1971 à 3 en 1973, 7 en 1974, 12 en 1975, 15 en 1978 et 23 en 1979. Par contre, dès 1980, l'amorce d'un décroissement progressif se fait sentir, au point que certains ont cru pouvoir parler d'ère «post-féministe». Aujourd'hui, il semble rester 11 publications, mais compte tenu de la disparition récente de certaines et de l'incertitude concernant les journaux à périodicité irrégulière, il reste maintenant à Paris moins de 10 journaux de femmes.

En ce qui concerne la matérialité de leur présentation, on constate une diversité extrême à tous égards, aspects, périodicité et tirage, comme en témoignent les tableaux I et II.

Leur périodicité s'étale selon l'éventail habituel, depuis les 2 semestriels jusqu'à l'hebdomadaire, en passant par les intermédiaires: 4 trimestriels, 2 bimestriels et 15 mensuels[20]. Le plus grand nombre (19) de ces périodiques paraissaient cependant de façon irrégulière, alors que dans 3 cas, la périodicité n'a pas pu être établie. D'autres publications prennent naissance dans une telle précarité qu'elles ne survivent pas à leur premier numéro. Ainsi *L. Cause* et *Parole* n'ont paru qu'une seule fois, *Les mûres prennent la parole* et *Les femmes s'entêtent,* deux fois. D'autre part, les titres peuvent parfois être trompeurs. Ainsi, le journal intitulé *Quotidien des femmes* paraît, de fait, une fois par mois, et ce uniquement lorsque les meilleures conditions sont réunies. Quant à *Histoires d'elles* qui porte le sous-titre de «Quotidien politique imaginaire», il se contenterait, de son propre aveu, d'être hebdomadaire, mais se résigne, de fait, à n'être que mensuel.

On retrouve la même variété dans le tirage de ces périodiques, quoiqu'ils aient en commun une circulation très restreinte par rapport à la grande presse. La moyenne de tirage est en effet de 1 800 exemplaires, alors que *L'express,* par exemple, tire à environ 608 000 exemplaires, *Nous deux* à un million et *Modes et travaux* à un million et demi[21]. Pourtant, cette moyenne de 1 800 dissimule, en réalité, une grande disproportion de moyens parmi ces journaux. En effet, les chiffres peuvent descendre jusqu'à 350 pour *Les mûres prennent la parole,* ou même à 200 pour *Now or Never,* mais monter jusqu'à 70 000 pour *des femmes en mouvement hebdo,* ou même 250 000 pour

Tableau II:
PÉRIODICITÉ DES PÉRIODIQUES PARISIENS

Semestriel	*Pénélope — Revue d'en face* (II)
Trimestriel	*Faille — Nouvelles questions féministes — Questions féministes — Revue d'en face* (I) — *Sorcières* (II)
Bimestriel	*Nosotras — Sorcières* (I)
Mensuel	*Cahiers du féminisme — Choisir — Coordination nouvelle des groupes de femmes — Désormais — F Magazine — des femmes en mouvement — Femmes information — Les femmes s'entêtent — GLIFE — Histoires d'elles — L'information des femmes — Nouveau F — Now or Never — Remue-ménage — Le temps des femmes* (II)
Hebdomadaire	*des femmes en mouvement hebdo*
Irrégulier	*Bulletin des lesbiennes féministes — Colères — Documentation des femmes — Elles voient rouge — Femmes algériennes en lutte — Femmes travailleuses en lutte* (I et II) — *Herejias — Jamais contentes — L. Cause — Mignonnes, allons voir sous la rose — Mujeres — Les mûres prennent la parole — Les nouvelles féministes — Parole — Les pétroleuses — Le quotidien des femmes — Le temps des femmes (I) — Le torchon brûle — Visuelles*
?	*Donni corsi in lutta — L'écho du macadam — POW*

le *Nouveau F*. Encore une fois, le tirage n'est souvent pas connu, comme c'est le cas pour 12 périodiques. Frappée par ce petit tirage, M. Baptiste (note 17) a même parlé à propos des journaux de femmes en général, d'«audience quasi confidentielle», jugement qui me semble tout de même devoir être modifié quelque peu à cause de la nature militante dans la diffusion de cette presse. Comme au temps des premiers journaux, il semble que chacune de ces feuilles soit lue, non seulement par l'acheteuse, mais bien le plus souvent par plusieurs femmes, soit par l'intermédiaire d'amies, soit par le truchement d'un groupe ou d'une salle de lecture. Aussi l'audience réelle, bien que minime, pourrait être supérieure à ce qu'indique le chiffre de tirage, surtout en ce qui concerne les périodiques les moins largement distribués.

Aux tirages infimes s'ajoute encore, dans la plupart des cas, une précarité extrême d'existence due aux manques de fonds. Pour qui veut lancer ce genre de journal, le scénario habituel consiste à faire paraître, grâce à un apport initial de militantes, un numéro zéro dans lequel on ouvre une souscription qui servira à éponger les frais de ce premier numéro et à se donner les moyens d'en préparer un second. Selon le degré de réussite de la souscription, la revue vivra ou non. On peut alors assister à des demandes d'aide financière faites auprès des lectrices, puis à des interruptions de publication et souvent à des suspensions définitives. Dans certains cas, le premier numéro trouve asile dans une publication de gauche, soit comme supplément, soit comme numéro spécial. C'est ainsi que le numéro zéro du *Torchon brûle* parut dans *L'idiot international* et celui, unique, des *Femmes s'entêtent* dans *Les temps modernes*.

Un autre facteur vient accroître la précarité de ces périodiques: l'instabilité de leurs collectifs de rédaction qui évoluent au fil des événements, du mûrissement des réflexions théoriques, et qui se morcellent parfois pour fonder ensuite d'autres alliances selon d'autres lignes idéologiques, comme l'indique le tableau III.

Tableau III:
ÉCLATEMENT DES TENDANCES DANS LES PÉRIODIQUES

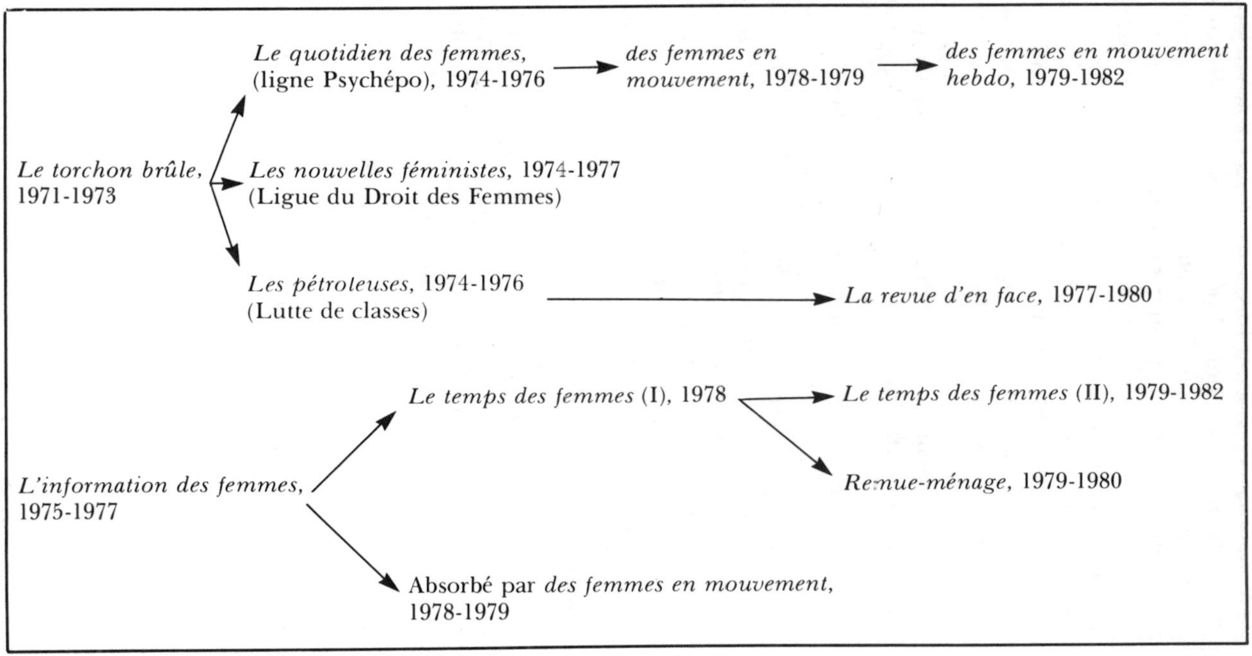

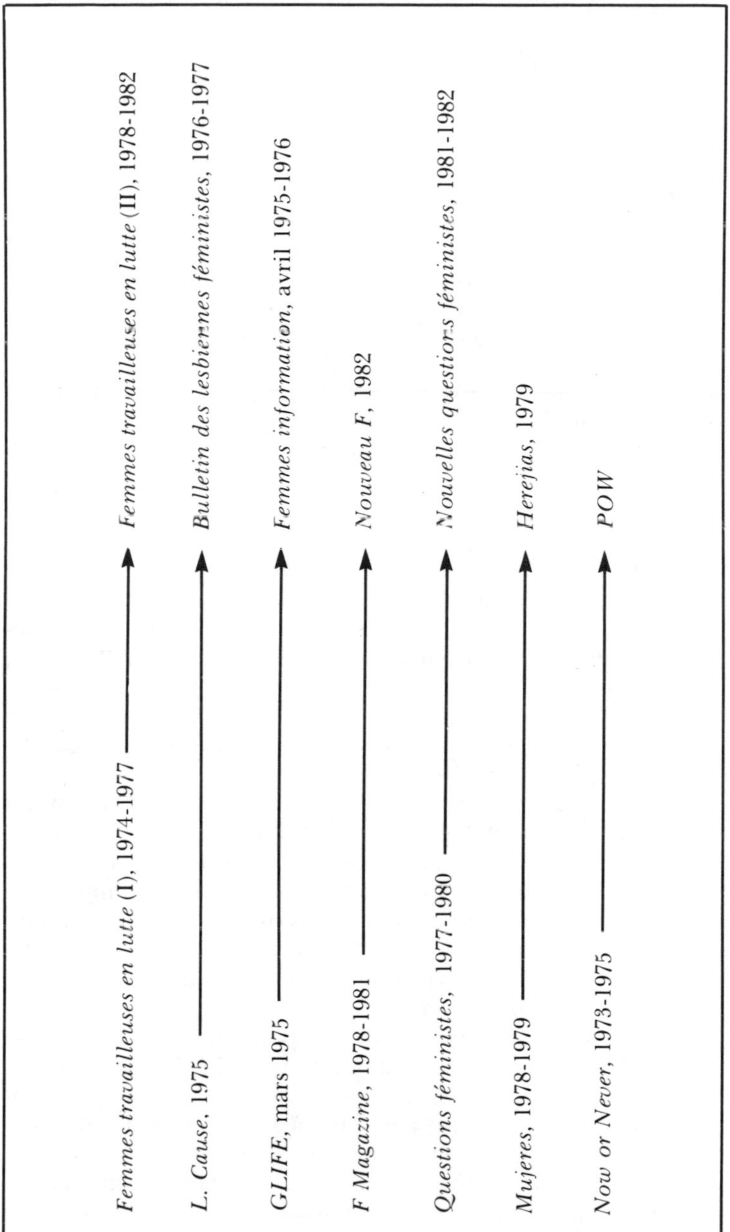
Femmes travailleuses en lutte (I), 1974-1977
Femmes travailleuses en lutte (II), 1978-1982
L. Cause, 1975
Bulletin des lesbiennes féministes, 1976-1977
GLIFE, mars 1975
Femmes information, avril 1975-1976
F Magazine, 1978-1981
Nouveau F, 1982
Questions féministes, 1977-1980
Nouvelles questions féministes, 1981-1982
Mujeres, 1978-1979
Herejias, 1979
Now or Never, 1973-1975
POW

Ainsi, et à titre d'exemple, trois courants existaient déjà au sein du premier journal de femmes d'après 1968, *Le torchon brûle*, courants d'abord vagues qui se précisèrent et firent éclater le mouvement en trois groupes qui chacun fonda un organe de presse. La tendance Psychépo (Psychanalyse et politique) s'exprima tout d'abord dans *Le quotidien des femmes*, puis opta pour le mensuel *des femmes en mouvement* publié pendant un an, avant de suspendre toute publication pendant les neuf mois de gestation de l'hebdomadaire *des femmes en mouvement hebdo* qui continue à paraître. De même, la tendance «Lutte des classes» s'exprima d'abord dans *Les pétroleuses*, puis le collectif s'étant morcelé, certaines femmes de ce groupe continuèrent dans *La revue d'en face* qui vient depuis son numéro 9-10 de renouveler son aspect et sa périodicité. La troisième tendance d'origine fonda *Les nouvelles féministes*, organe de La ligue de droit des femmes patronnée par Simone de Beauvoir, journal qui disparut dès 1977. Par ailleurs, l'organe de liaison *L'information des femmes* étant sur le point d'être absorbé par *des femmes en mouvement*, certaines femmes du collectif décidèrent de fonder un autre journal, *Le temps des femmes*, plutôt que de se joindre à la tendance Psychépo. Au sein du nouveau collectif ainsi reformé, de nouvelles dissensions apparurent qui incitèrent certaines à se séparer pour créer une nouvelle revue, *Remue-ménage*. Dans le cas des *Questions féministes*, c'est un récent conflit entre lesbiennes et hétérosexuelles qui eut pour résultat la disparition de la revue et la création des *Nouvelles questions féministes*. De même, mais pour d'autres raisons, *Colères* cessa sa parution dès son numéro 4 (octobre 1980) à cause du «profond malaise» qui régnait au sein de son collectif. Par contre, le passage du *F Magazine* au *Nouveau F* en janvier 1982 correspondit à un souci avoué de rentabilité commerciale qui s'est traduite par une mise au pas quasi totale sur la presse féminine traditionnelle. Tout changement de périodicité, d'aspect, de titre, est donc symptomatique d'une mutation idéologique plus ou moins profonde.

Dans son article déjà cité (note 18), Kandel aborde l'analyse de la presse des mouvements de femmes par l'étude de son infrastructure économique et distingue trois catégories de publications: les militantes («une agrafeuse à soi»), les semi-militantes («une rotative à soi») et les nanties («un groupe de presse à/avec soi»). Je reprendrai moi-même cette efficace catégorisation pour effectuer un deuxième recoupement au sein de cette presse. Dans ce domaine de l'infrastructure économique, on passe d'un extrême à l'autre. Alors que la masse des journaux de femmes, sans vrai soutien financier, reste à la merci de la moindre crise, il existe cependant de rares exceptions qui, grâce à des moyens financiers importants, peuvent se permettre une publication régulière, soignée, luxueuse même, bref, un travail de professionnelles. Ce sont, bien entendu, les deux publications qui ont le plus grand tirage, le mensuel *Nouveau F* — ancien *F Magazine* — et *des femmes en mouvement hebdo*, tous deux créés en janvier 1978 et qui prospèrent encore aujourd'hui.

Devenu le *Nouveau F* en janvier 1982, après quatre ans d'existence, financé par le groupe de presse Hersant lié à *L'expansion* et à *L'express*, *F Magazine* constitue une entreprise commerciale importante. Ce magazine luxueux dirigé par Claude Servant-Schreiber pratique le «re-writing», fait largement appel à la publicité commerciale et s'adresse, d'après ses propres sondages qui l'ont rendu célèbre, à des femmes instruites, jeunes, de niveau social élevé et exerçant généralement une profession. S'il a fait peau neuve dernièrement, c'est qu'en vérité, il «stagnait» à 200 000 exemplaires et que la direction ambitionnait de le voir remonter aux 250 000 initiaux. Alors que, selon l'expression de Cécile Coderre (note 19), ce mensuel s'était situé jusque-là «au confluent des presses féminines et féministes», offrant, en plus d'une image de gynécée, une certaine ouverture sur le monde du travail et sur l'actualité au féminin, sa mutation récente semble vouloir l'aligner désormais sur la presse féminine traditionnelle, d'où la démission de nombreuses femmes, membres du comité de rédaction, dont Benoîte Groult. Ainsi sont apparus depuis janvier dernier les rubriques «mode», «beauté», «table» et «enfants», et le slogan obsessionnel de «la chance d'être femme». Pourtant, déjà avant sa métamorphose, la récupération habitait *F Magazine* qui avait tendance à flatter les «nouvelles femmes» en passant sous silence «leurs» problèmes pour ne souligner que les acquis du féminisme qu'il montait en épingle. Sans vergogne, il titrait même: «Les Françaises veulent des enfants», avec photo de bébé joufflu à l'appui, en pleine période de campagne démographique par des groupes de femmes militantes, n'hésitait pas à insérer dans ses pages des publicités prônant la libération par... «les porte-fenêtres X», par exemple, et allant même jusqu'à assurer: «quand une femme veut vraiment réussir, rien ne peut l'en empêcher», réussissant ainsi à culpabiliser l'immense majorité d'entre elles.

On a remarqué le même «triomphalisme» dans les pages du deuxième «géant» de la presse de femmes, la même insistance sur les acquis, les vedettes du mouvement, les accomplissements de femmes, bien que les différences soient, elles aussi, de taille. L'apparence luxueuse et raffinée de *des femmes en mouvement hebdo* dissimule le tour de force de s'être passé complètement de publicité. C'est qu'il a le bonheur de compter parmi celles qui le soutiennent une très riche héritière, c'est du moins ce qui se murmure. Indépendant de tout organisme commercial, cet hebdomadaire est au service du groupe intellectuel «Psychépo» (Psychanalyse et politique) se réclamant à la fois du maoïsme et du lacanisme et placé sous l'autorité morale d'Antoinette Fouque. C'est le groupe qui s'appropria les sigles «MLF» puis l'expression «des femmes», en les déposant légalement, les réduisant ainsi à n'être plus que de simples marques commerciales, et provoquant un véritable tollé parmi les mouvements de femmes. D'autre part, refusant de reconnaître la pluralité de leurs opposantes, les femmes de *des femmes en mouvement hebdo* sont de féroces ennemies de ce qu'elles nomment le «féminisme primaire, paternaliste et phallocrate», ce «phallo-féminisme» dont elles déplorent la «nullité de pensée». Toujours dans les mêmes termes fleuris et virulents, elles attaquent aussi un autre côté de ce qu'elles appellent le féminisme «carriériste, opportuniste et complaisant». Pour elles, il s'agit au contraire d'affirmer la spécificité féminine et de la revendiquer comme différence. Elles craignent, en effet, «l'effacement définitif des femmes, en tant que lieu d'une différence qui n'a jamais eu lieu, en tant que non-lieu». Leur «triomphalisme» se lit dans leurs pages où s'égrènent des titres-litanies: elles dansent, elles lisent, elles écoutent, elles voient, elles travaillent, elles chantent, elles éditent, elles exposent, elles écrivent, etc.

À l'autre pôle des moyens financiers, on trouve la presse militante, celles des artisanes qui souvent s'astreignent à de triples journées de travail: maison, journal, carrière, pour assurer la parution de leur feuille dont les tâches de secrétariat, de rédaction, de graphisme et de diffusion sont généralement réparties collectivement. Ainsi, au *Temps des femmes*, il n'y a pas de «professionnelles», et toutes coopèrent et mêlent travaux réputés nobles et techniques. Dans cette presse, comme dans celle des semi-militantes, la directrice de publication, obligatoire selon la loi française, est le plus souvent tirée au sort, en accord avec un refus de hiérarchie et parfois même de toute structure. La fonction essentielle de cette presse est d'établir un lien entre les militantes. C'est le type même des publications de province et des groupes spécifiques tels *Femmes algériennes en lutte*, *Jamais contentes* ou *Les mûres prennent la parole*.

Les désavantages de ce genre d'entreprise sont évidents. Le bricolage, le surmenage, le manque de moyens mènent à une grande précarité d'existence: irrégularité, non-datation, changements constants d'aspect général (format, couleur, mode de fabrication), mauvaise qualité du papier, fautes de frappe et coquilles, circulation infime. Ainsi, *Les nouvelles féministes* furent-elles ronéotypées, puis imprimées, puis de nouveau ronéotypées. De même, les premiers numéros des revues universitaires *BIEF* et *Pénélope* furent ronéotypées en caractères si minuscules et si peu clairs qu'il était parfois difficile de les déchiffrer. Les avantages sont réels cependant. N'étant inféodés à aucun parti ni à aucun groupement intellectuel ou commercial, ces périodiques jouissent d'une grande autonomie, pouvant se permettre une certaine spontanéité et une grande liberté d'expression.

Cependant, la plupart des publications des mouvements de femmes se situent entre ces deux extrêmes. Autogérées, elles utilisent néanmoins les services de professionnels/elles, journalistes, imprimeries, maisons d'édition. Ainsi, la journaliste Évelyne Le Garrec travaillait à *Histoires d'elles*, *Sorcières* fut édité successivement par les éditions Albatros, Stock et Garance, *Questions féministes* et *Parole* par Tierce, *Les cahiers du féminisme* par les Éditions de la brèche, et *Visuelles* par La petite écurie. Pourtant, même les périodiques qui semblent les mieux «établis» ne sont pas à l'abri de revers de fortune et font parfois état de leurs graves problèmes financiers, incitant les lectrices à souscrire à des abonnements de soutien pour que subsistent leurs publications. Ainsi, même un journal tel *Choisir*, pourtant appuyé par un groupe relativement puissant, change de mode de fabrication en 1982 et d'imprimé devient ronéotypé.

Outre l'infrastructure matérielle et économique, une troisième distinction peut être effectuée selon les lignes idéologiques avouées ou non du journal, la plus évidente de celles-là étant l'opinion politique. Appartenant à la gauche pour l'immense majorité, ces périodiques présentent cependant de notables différences d'orientation. Non satisfaites des publications existant déjà au sein de leur parti où la lutte des femmes passe au second plan derrière la lutte révolutionnaire, certaines femmes ont fondé leurs journaux où elles tentent, tant bien que mal, d'articuler ces deux luttes et de se battre sur les deux fronts en même temps. Celles du Parti communiste français, qui ne se reconnaissaient pas dans le traditionnel *Heures claires*, ont créé *Elles voient rouge* en 1979. Dans leurs pages, elles dénoncent à l'occasion les positions prises par leur parti concernant l'avortement et étalent, non sans risque, leurs querelles avec *L'humanité*. De même, des femmes du Parti socialiste (P.S.) fondèrent *Mignonnes, allons voir sous la rose* en 1979, cette rose que brandissait le poing P.S. sur les affiches électorales. Se disant «l'autre moitié du chemin», elles dévoilent, elles aussi, le sexisme de leur parti. Récemment, des femmes du Parti socialiste unifié créèrent *Faille*, nouvelle version d'une revue autrefois consacrée à la recherche sur la vie des enfants, *La lézarde*.

Chez les trotskystes, les journaux se font plus nombreux. Parmi eux, on compte *Les pétroleuses* et *La revue d'en face* représentant la tendance «lutte de classes»; *Les femmes travailleuses en lutte* et les *Cahiers du féminisme*, apparentés à la Ligue communiste révolutionnaire et qui suivent la ligne de la Confédération française des travailleurs; *Le temps des femmes* enfin, qui regroupe des adhérentes de la Ligue communiste révolutionnaire et de L'Organisation communiste des travailleurs. Le sens de leur lutte au sein de leur tendance respective peut s'illustrer par l'anecdote parue dans les *Cahiers du féminisme*. Un militant se rendant à la «Marche des femmes» organisée par des groupes de femmes pour la libéralisation de l'avortement (6 octobre 1979), répond à la question de savoir où est son épouse par ces mots: «elle a trouvé personne pour garder les gosses». Elles dénoncent en effet sans relâche la régression et l'inertie de nombreux militants en matière de féminisme, car pour elles, selon le slogan du *Temps des femmes*, «il n'y a pas de libération des femmes sans socialisme et pas de socialisme sans libération des femmes».

Plus indépendantes des partis, les femmes de *Colères* et des *Femmes s'entêtent* se disent, au contraire, libertaires, voire anarchistes, luttant pour l'abolition non seulement du pouvoir mâle, mais de tout pouvoir, de toute hiérarchie. Ainsi considèrent-elles bon nombre de féministes comme des réformistes, voire des réactionnaires et accusent-elles la «soif de pouvoir» de certaines femmes en vue, par exemple l'avocate Gisèle Halimi et Françoise Giroud. Déjà les femmes du *Torchon brûle*, premier-né des journaux de femmes d'après mai 1968, se disant maoïstes, se rattachaient à ce courant général. De plus, refusant toute respectabilité, elles qualifiaient leur feuille de «menstruelle». Dans les périodiques du courant extrême gauche, les structures moins rigides que dans ceux des tendances politiques rattachées aux «grands» partis, laissent plus facilement éclater et se modifier les collectifs de rédaction.

Par contre, le lien avec une association est facteur de stabilité. C'est le cas de *Choisir*, fondé en 1973 à l'occasion du procès pour avortement de Bobigny, organe officiel du mouvement «Choisir la cause des femmes» et qui vit encore aujourd'hui, quelque neuf ans plus tard. Le mouvement et le mensuel se sont donné pour tâche de lutter pour la contraception et l'avortement libres et gratuits et, bien entendu, pour l'abrogation des textes répressifs sur l'avortement, et contre les limitations de la loi Veil. En outre, le mouvement a entrepris la défense de tous les inculpés pour fait d'avortement. Tirant à 11 000 exemplaires, il est et a été patronné par des personnalités influentes du monde de la science, de la médecine, du barreau et des lettres dont Simone de Beauvoir, Jean Rostand, Jacques Monod et Gisèle Halimi. Après les acquis relatifs de la loi Veil en 1974, *Choisir* sut se diversifier tout en poursuivant son objectif principal, et épouser d'autres causes telles que la lutte contre le viol, contre la peine de mort (désormais acquises), contre le nucléaire, continuant ainsi à s'assurer un public fidèle. Essentiellement tourné vers l'action et les réformes institutionnelles, ce journal n'a pas manqué d'attirer les quolibets des «libertaires». En matière d'option politique, il n'était à l'origine lié à aucun parti, mais peu avant les dernières élections législatives, il avait pris fait et cause pour le parti socialiste et l'actuel président de la République; Gisèle Halimi, présidente du mouvement, se faisait alors élire députée socialiste de l'Isère. Aujourd'hui, l'idylle avec le parti socialiste semble en grand danger, sinon terminée, et la déception des femmes est grande devant la non-tenue des promesses électorales qui leur avaient été faites, en particulier en ce qui concerne le remboursement de l'avortement par la Sécurité sociale.

On pourrait encore citer parmi les périodiques liés à des groupements professionnels la luxueuse revue *Visuelle* faite par des femmes de l'audiovisuel, mais qui n'aura vécu qu'un an, ainsi que le récent *L'écho du macadam*, journal de femmes prostituées.

Au sein des revues intellectuelles, on peut distinguer trois courants: universitaire, esthétique et philosophique. Fondée en 1979 par des universitaires parisiennes, la revue historique *Pénélope* continue de paraître tous les six mois. Organe de liaison entre professeurs, chercheurs et étudiantes s'intéressant à l'histoire et à la condition des femmes, c'est aussi un instrument de travail précieux contenant états présents, bibliographies, listes de travaux en cours, articles de fond sur des sujets spécifiques auxquels est consacré chacun des numéros: les femmes et l'enseignement, et la violence, et la science, et la presse, etc.

La revue littéraire et artistique *Sorcières*, dont le titre est déjà tout un programme, n'aura duré que six ans (de 1976 à 1982). Elle vient en effet d'annoncer que son numéro 24 du printemps 1982 sera le dernier. Fondée par Xavière Gauthier, cette revue soignée, luxueuse, largement illustrée, réunissait un collectif spécifique pour chacun de ses numéros consacré à un sujet différent (l'écriture, la mort, l'espace, le sang, les écrivaines du Québec [n° 14], etc.). Son unique engagement consistait à vouloir promouvoir la spécificité de la création féminine dans tous les domaines artistiques et littéraires. Les articles et les textes étaient souvent signés de noms connus: Chawaf, Cixous, Dolto, Duras, Gauthier, Huston, Irigaray, Leclerc et Thérame, pour n'en citer que quelques-uns parmi les plus célèbres. Le parti pris d'apolitisme, le refus d'entrer dans les querelles lui conférèrent une sérénité que certaines ont pu qualifier d'«ahistorique».

Les *questions féministes* se situent aux antipodes de cette atmosphère ouatée de *Sorcières*. Revue théorique et philosophique, elle tente de fonder en droit le mouvement féministe, de faire advenir une science féministe qui vise à instaurer une société non patriarcale. Les *Questions féministes*, devenues désormais *Nouvelles questions féministes*, consacrent chaque numéro à six articles de fond (avec résumés en anglais et en français) et, seules parmi les journaux de femmes à être traduites en anglais[22], sont patronnées par Simone de Beauvoir. À la différence de Psychépo, les femmes des *Questions féministes* refusent l'idée de nature et de spécificité féminines innées et réclament au contraire l'accès au «neutre». À quoi les tenantes du «naturalisme» les accusent de vouloir s'insérer dans le système patriarcal plutôt que de le renverser.

Par opposition à ces revues d'un haut niveau intellectuel et culturel, on trouve des périodiques à vocation essentiellement pratique, tournés vers l'action concrète et s'adressant à un public populaire. C'est le cas de *Jamais contentes* au sous-titre évocateur de «Journal des femmes fatiguées de rester à la maison à ne rien faire», sous-titre assorti d'un dessin éloquent. De fabrication militante, très irrégulier dans sa parution, ce journal était le plus souvent non daté et illustré de dessins cocasses et non conformistes. Il se spécialisait dans les conseils pratiques du type «Fiches allocations» ou «Comment faire pour avoir des sous». Dans le même esprit, *Faille* donne le mode d'emploi pour «Divorcer par vous-même». D'autre part, certains journaux se font l'écho de luttes de femmes dans les entreprises, telles *Femmes travailleuses en lutte* et *Les pétroleuses* qui dénoncent les pratiques discriminatoires et refusent les cadences accélérées et la double journée. Ces publications visent aussi parfois à dévoiler l'hypocrisie de la société envers les femmes et, dans une revendication de leur sexualité, ont le verbe cru. Ainsi, *Le torchon brûle* consacra un numéro au «pouvoir du con», numéro 2 qui fut aussitôt saisi, et *Jamais contentes* publia un numéro spécial «cul» (n° 7).

Celles qui croient que «le lesbianisme est l'avenir du féminisme» ou qui scandent parfois «hétéro-collabo» ont aussi fondé leurs périodiques: *Désormais*, mensuel tirant à 4500 exemplaires, qui parut pendant huit mois entre 1979 et 1980, et le *Bulletin des lesbiennes féministes* qui vécut un an, mais ne tira qu'à environ 400 exemplaires[23]. En règle générale, comme il se situe au coeur même de la relation femme-homme et femme-société, le débat sur l'allégeance sexuelle des féministes apparaît dans l'immense majorité des journaux de femmes.

Autre groupe d'affinité, la tranche d'âge qui incita certaines femmes à fonder *Les mûres prennent la parole*, revue qui n'eut que deux numéros en 1979 et ne tira qu'à 350 exemplaires environ, tant il est vrai que la supposée attraction féminine ne résiste pas à la répulsion de l'âge.

Un recoupement par identité nationale pourrait également se faire qui regrouperait les Algériennes (*Femmes algériennes en lutte*), les Sud-Américaines (*Nosotras* et *Mujeres*, qui deviendra *Herejias*), les Américaines (*Now or Never* qui deviendra *POW*) et les femmes corses (*Donni corsi in lutta*).

J'ai déjà évoqué plusieurs fois les luttes idéologiques opposant les tendances féministes représentées par la plupart des journaux avec, en tête, *Questions féministes* et *Nouvelles questions féministes* ainsi que les éditions Tierce qui les publiaient[24], aux naturalistes de Psychépo s'exprimant essentiellement dans *des femmes en mouvement* et *des femmes en mouvement hebdo*, organe des «éditions des femmes». Croyant d'abord qu'il fallait «laver leur linge sale en famille», les femmes n'avaient rien laissé transparaître de leurs querelles dans leurs journaux. Ce n'est qu'après les dépôts du sigle «MLF» et de l'expression «des femmes» que, les collectifs de rédaction se disloquant sous les prises de positions opposées, les affrontements apparurent publiquement. C'est à cette époque que la plupart des journaux ajoutèrent «des femmes» à leur titre pour protester contre l'accaparement commercial de ces vocables[25]. Certaines revues telles *Histoires d'elles* ou *Sorcières* qui avaient d'abord été favorables au groupe Psychépo, subirent alors de fortes pressions internes et modifièrent leur orientation. Cependant, grâce à leurs moyens[26], les femmes des «éditions des femmes» continuent à occuper le devant de la scène des luttes de femmes et apparaissent presque toujours aux médias comme les seules interlocutrices. Ainsi s'est constitué entre les mouvements de femmes et le «MLF» façon Psychépo un amalgame que les féministes d'Amérique du Nord ne perçoivent pas toujours comme tel[27].

Il faut cependant souligner qu'à part cette querelle qui n'oppose ouvertement que deux revues, *des femmes en mouvement hebdo* contre *Nouvelles questions féministes*, la floraison des périodiques des mouvements de femmes ne s'est pas placée sur le plan de la concurrence, mais bien au contraire sur celui de la complémentarité. D'une part, certaines femmes participent à plusieurs périodiques. D'autre part, chaque publication occupe un «créneau» spécifique et répond à des besoins différents, comme nous avons pu le voir. Ainsi, quand un journal disparaît, ce n'est pas la joie, mais l'inquiétude qui s'étale dans les colonnes des publications qui survivent.

Quels sont donc les grands thèmes de cette presse? Compte tenu des divergences individuelles déjà présentées, on peut affirmer que toutes les publications concernent les femmes et les filles et traitent de sujets les touchant directement: revendication de leurs droits physiques, politiques et sociaux; analyses de leur condition présente et passée, en France et ailleurs; mise en lumière de leurs accomplissements dans divers domaines; réflexions politiques, élucidations philosophiques situant les mouvements de libération des femmes dans un contexte historique et social, analyses de l'aliénation féminine, interrogation sur la spécificité de leur lutte, sur la nature de l'expérience féminine, sur le bien-fondé du féminisme «traditionnel», etc.

Au risque d'être accusée de simplification, on peut tenter de distinguer les rubriques principales de ces périodiques en essayant toutefois de cerner la spécificité de chacun.

Tout d'abord, certains consacrent des dossiers approfondis à des questions précises. Ainsi, les *Cahiers du féminisme* ont publié des dossiers sur les femmes et le mouvement ouvrier, la prostitution, les enseignantes; *Remue-ménage* sur les employées de maison, la ménopause, les ordinateurs; *Choisir* sur la publicité, les excisions; *Jamais contentes* sur la femme et le travail; enfin *Le temps des femmes* sur l'accouchement, la grossesse, les femmes battues, et la «bouffe[28]». Ce sont essentiellement les deux «géants», qui se livrent à des sondages. Tel *L'express, F Magazine* sollicite l'opinion de ses lectrices dans les domaines de la vie sexuelle, du couple, du salaire, du bonheur, et peut ainsi prétendre donner un profil de la Française moyenne d'après les réponses obtenues. Plus modeste, *des femmes en mouvement hebdo* interroge ses lectrices sur leurs activités culturelles (n° 44). Certains, tel *Le temps des femmes,* ont un courrier des lectrices qui leur permet de conserver un certain contact avec leur public. D'autres ont une chronique régulière, par exemple, celle, ironique, de «Mittard et Roquerand» dans *Mignonnes, allons voir sous la rose.* Servant également de lien entre les femmes, la plupart des publications impriment des annonces, des adresses, des renseignements divers concernant les militantes ou même toutes les femmes. En ce qui concerne l'illustration, on peut affirmer qu'en règle générale plus le journal est stable et structuré, plus les illustrations (dessins, photos) sont soignées et nombreuses, sauf pour les revues universitaires qui se passent totalement d'illustrations.

Les différentes rubriques peuvent être classées comme elles le sont dans la grande presse. Hors de l'Hexagone, ce qui frappe, c'est justement l'internationalisme résolu de la solidarité féminine, comme en font foi les titres adoptés pour la rubrique internationale: «Quand toutes les femmes du monde» (*Le quotidien des femmes*), «Si toutes les femmes du monde» (*Cahiers du féminisme*), «Terre des femmes» (*La revue d'en face*), etc. Pratiquement tous les périodiques font en effet une place aux femmes de l'étranger, et ce, sans privilégier telle région du globe ni tel système de gouvernement. Monde capitaliste ou communiste, Tiers Monde sont interrogés quant au sort qu'ils réservent à la condition féminine. Parfois des positions sont prises à l'occasion de problèmes spécifiques. Ainsi, *Histoires d'elles* fit paraître un article de fond sur les Iraniennes (n° 12), *des femmes en mouvement* sur les femmes de la Bande à Baader et *des femmes en mouvement hebdo* lança son fameux appel pour sauver la vie de Jiang Quing. Bien qu'en principe les questions internationales ne soient abordées que par le biais des femmes, *des femmes en mouvement* commenta directement le raid d'Israël contre une usine nucléaire d'Iraq (n° 51), et *Questions féministes* consacra un article aux «effets du développement dans le Tiers Monde».

Sur le terrain strictement politique, c'est surtout la France qui est à l'honneur. Aux alentours des élections, la prise de position des candidats/es sur les problèmes préoccupant les femmes occupa une large place. Parfois il y eut choix et promotion d'un candidat, comme ce fut le cas pour beaucoup de journaux (*Choisir, des femmes en mouvement hebdo*, etc.) qui, aux dernières élections, firent campagne pour l'actuel président de la République. Rares sont les entrées non directement reliées à la condition féminine. Pourtant, *Histoires d'elles* fit paraître un article sur «La nouvelle droite» (n° 18).

Le thème du travail est particulièrement privilégié par la plupart des journaux de femmes et se subdivise en deux rubriques: le travail domestique non rémunéré et le travail «au-dehors». Pour le premier, l'immense majorité des publications y voient un piège pour enfermer les femmes, les priver de toute autonomie et leur enlever tout choix individuel de mode de vie. Elles dénoncent ce système du travail domestique gratuit des femmes sur lequel repose notre société et réclament une participation équivalente des hommes ou une prise en charge de type collectiviste ou communautaire. Pour le second, elles exigent le droit à l'emploi et à l'égalité des salaires et dévoilent toutes les discriminations dont les femmes font l'objet: chômage élevé (*Choisir*), inégalité des salaires (*Choisir, Femmes travailleuses en lutte*), harcèlement sexuel sur le lieu de travail (*Femmes travailleuses en lutte*), formation inégale, etc. Elles examinent le statut des épouses de commerçants ou d'artisans (*Choisir*), le travail à temps partiel et ses problèmes (*Cahiers du féminisme*), les carrières typiquement «féminines», telle celle de bibliothécaire (*Cahiers du féminisme*).

De manière générale, ce sont surtout les revues qualifiées de «triomphalistes» qui distinguent certaines femmes exerçant des professions habituellement réservées aux hommes, alors que la plupart des périodiques préfèrent insister sur les problèmes posés à la grande majorité des femmes dites «actives» et tendent, comme les *Cahiers du féminisme*, à dénoncer «le virus de la promotion individuelle des femmes». Ainsi, *F Magazine* consacre de nombreuses pages à une contrôleuse aérienne, une chef d'orchestre, une conservatrice de musée. Croyant être revenu aux meilleurs temps du paternalisme, il va même jusqu'à relater l'histoire d'une ouvrière modèle devenue patronne (15 avril

1979). Curieusement, *des femmes en mouvement hebdo* le rejoint dans la glorification des exceptions: une aiguilleuse du ciel, une architecte, une femme sapeur, etc. À la jonction des travaux gratuits et rétribués sont aussi présentées les questions du bénévolat et de la double journée (*Histoires d'elles* et *Les pétroleuses*).

En matière de justice sont évoqués la nouvelle loi sur le divorce, les vols d'enfants perpétrés par des pères (*F Magazine*), la question des pensions, le droit des femmes à garder leur nom. La présentation des violences faites aux femmes se retrouve dans toutes les publications: agressions et sévices divers, viols, femmes battues, mutilations sexuelles, etc. À la limite du juridique et du social, on trouve des articles sur les conditions de vie en hôtels maternels pour les jeunes mères célibataires (*Le torchon brûle*), sur la vie des femmes prisonnières (*Elles voient rouge*), sur la question du proxénétisme (*L'écho du macadam*), ou l'annonce de création de centres de femmes (*Les pétroleuses, Les nouvelles féministes*).

En ce qui concerne les questions de moeurs et de société, la fête des mères est dénoncée comme une dérisoire compensation à l'oppression quotidienne (*Le torchon brûle*), de même que l'Année des femmes est considérée comme un phénomène de récupération (*Le quotidien des femmes, Les pétroleuses*). Le problème du vieillissement des femmes est abordé par *Le temps des femmes* et constitue l'essentiel du propos des *Mûres prennent la parole. Les pétroleuses* s'attaquent à l'exploitation des femmes par la mode, le maquillage, l'exigence de beauté. Enfin, des allusions au sexisme quotidien sont faites partout et en particulier, chez *Jamais contentes*.

Selon la tendance du périodique, la santé sera traitée sous un angle différent. Pour la plupart, on pourrait résumer l'essentiel du message des rubriques par la formule de *Désormais*: «Connais ton corps»: informations gynécologiques et sexuelles, contraception et avortement libres et gratuits, accouchement, maternité, ménopause, stérilisation, cancers utérins et mammaires et leur dépistage, maladies génitales (*L'écho du macadam*), critique de la politique familiale du gouvernement. En revanche, dans *F Magazine* encore une fois, on se rapproche de la presse féminine traditionnelle pour traiter de questions de régimes et de chirurgie esthétique. Du côté de la psychologie, le bien-fondé de la notion d'«instinct maternel» est, naturellement, battu en brèche (*Jamais contentes*).

L'éducation, l'enfance et la jeunesse tiennent une large place dans ces publications, de même que dans la presse féminine traditionnelle, mais ici le point de vue est autre. On réclame un équipement adéquat pour accueillir la petite enfance, des centres aérés, on dénonce l'école sexiste (*Cahiers du féminisme*), on demande une information sexuelle adéquate pour les jeunes. *Des femmes en mouvement hebdo* est le seul à donner largement la parole aux lycéennes, ainsi qu'aux femmes de province.

La rubrique «Témoignages» se rattache aux questions générales de société. Celles-ci constituent l'essentiel du contenu des *Mûres prennent la parole* et traitent ici et là de la discrimination dans le travail (*Femmes travailleuses en lutte*), de la vie d'une syndicaliste et de ses trois enfants (*Cahiers du féminisme*), de celle d'une femme médecin en Iran (*Cahiers du féminisme*). Enfin, *Choisir* publie régulièrement des articles relatant des cas de femmes mutilées ou mortes à la suite d'avortements clandestins.

Quand il est question d'histoire ou de culture, c'est soit pour mettre en lumière les actions ou les oeuvres de certaines femmes (*F Magazine, des femmes en mouvement hebdo*), soit pour décrire une histoire sociale des femmes qui n'avait pas encore été vraiment faite. Ainsi, *des femmes en mouvement hebdo* retrace l'histoire des midinettes en 1910 et *BIEF* analyse les femmes et le pouvoir dans la littérature lyrique d'Oc.

Dans l'ensemble, plus la revue sera populaire et peu militante, plus de place sera faite aux loisirs. Pour les rubriques culturelles sur les livres, le spectacle, la télévision ou la radio, ce sont des oeuvres de femmes ou ayant trait aux femmes qui sont mises en valeur. Sports et vacances sont l'occasion de se retrouver entre femmes, d'apprendre les sports défensifs, comme le karaté, ou de relaxation, comme le yoga. *Désormais, L. Cause* et *Mignonne, allons voir sous la rose* publient des jeux et des mots croisés.

Malgré une thématique essentiellement similaire, qu'on ne s'attende pas cependant à l'unanimité de la presse des femmes à propos de questions les concernant. Quelques exemples suffiront à le prouver. Alors que la plus grande partie de cette presse, *Choisir* en tête, lutte contre le viol et entend poursuivre les violeurs, *Colères* déclare ne pas se reconnaître «dans un mouvement qui demande les assises» pour eux, car le combat de ces femmes passe, selon elles, par «la lutte contre toute institution répressive et patriarcale» (n° 0, mai 1978). De même, alors que la quasi-totalité des publications se prononce en faveur d'un avortement libre et gratuit, *des femmes en mouvement,* qui prône une certaine «néo-féminité», adopte une position ambiguë et argue qu'il y a quelque chose du viol dans l'avortement. Enfin, en ce qui concerne le travail domestique, seules les femmes de *Jamais contentes* réclament un salaire ménager et maternel «contre» l'exploitation domestique des femmes, disent-elles, alors que tous les autres périodiques voient là un piège grossier contre leurs intérêts. Ainsi, sur trois questions-clés du mouvement des femmes, les avis sont partagés.

L'essor de la presse des mouvements de femmes est donc un phénomène de grande ampleur qui semble avoir vu son apogée en 1979 et qui subit pour le moment un certain retrait. Il reste environ aujourd'hui une dizaine de publications d'après 1968, ou moins. Cette diminution semble due aux effets conjugués de plusieurs facteurs. D'une part, un triple épuisement du côté des militantes: de ressources, d'énergies, de thèmes. Des «individues» abonnées, des revues ayant déjà fait des sacrifices financiers considérables, hésitent à en faire davantage, d'autant que le bénévolat semble de plus en plus avoir vécu. Ainsi les femmes d'*Histoires d'elles* font-elles état du manque de compréhension et de dialogue entre elles et leurs lectrices qui ne se rendent pas compte qu'elles travaillent bénévolement (n° 22, avril 1980). De même, celles de *L'Information des femmes* écrivaient déjà, le 19 octobre 1977, dans leur dernier numéro (n° 19): «Nous ne voulons plus faire dans le misérabilisme, le bénévolat, le bricolage tous azimuts si "féminin"». Une réelle fatigue semble donc avoir atteint la génération de celles qui créèrent cette presse dans les années soixante-dix et la relève n'a pas été prise. À cela, il faut ajouter un certain tarissement des thèmes. Déjà en décembre 1978, l'importante revue belge *Les cahiers du GRIF* interrompait sa publication après avoir «fait le tour» de tous les problèmes concernant les femmes dans ses 24 numéros. Il semble que *Sorcières,* dont le numéro 24 du printemps 1982 sera le dernier, soit arrivé à la même conclusion, à cause du manque de moyens. D'autre part, ce que certaines appelleraient du nom de réformisme, semble avoir porté un coup aux mouvements des femmes. En effet, la réussite de quelques femmes, en particulier aux dernières élections législatives, a pu parfois donner l'illusion qu'elles avaient toutes remporté une victoire définitive[29]. De même, le passage de certaines lois, la mise en place de certaines réformes, telles la loi Veil sur les interruptions de grossesses, ou la nouvelle loi sur le divorce ont pu avoir pour effet de démobiliser certaines femmes devant ce qu'elles ont pu considérer comme l'institutionalisation de leurs combats. Aussi, dans le numéro 54 (juillet 1981) de *Choisir,* après l'établissement de certaines réformes pour lesquelles elles avaient lutté, les rédactrices pouvaient-elles avertir leurs lectrices que «la presse féministe dans son ensemble est très menacée», et les inciter à la vigilance et au militantisme.

Outre ces deux facteurs, la lutte idéologique sans merci que se sont livrée les ailes adverses du mouvement semble devoir entériner le tarissement relatif de cette presse. Si ces remous internes peuvent en effet être parfois manifestation de diversité, et finalement de vitalité et de richesse, ils peuvent aussi avoir l'affligeant résultat de lasser le public ou de vider les caisses de certaines, épuisées financièrement par les frais de procès. Cette élimination d'une tendance en érige une autre en quasi-monopole et appauvrit le mouvement dans son ensemble. Enfin, dernier facteur de la disparition progressive de certains journaux de femmes, une récupération commerciale qui vient s'ajouter à celles d'ordre idéologique et politique. Comment survivre, en effet, aux côtés de *des femmes en mouvement hebdo* et du *Nouveau F*? À propos de *F Magazine, Jamais contentes* écrivaient déjà en 1979 dans leur numéro 1:

> Cette émancipation style nouvelle femme ne change rien à notre exploitation, en fait, elle la renforce (car) on oriente vers la promotion sociale et l'intégration la révolte des opprimées qui elles n'ont aucune chance d'être intégrées et dont la «libération» se traduit par un surcroît de travail.

À quoi elles ajoutaient, «finalement (...) c'est une façon insidieuse de nous faire taire». Il semble que leur prédiction soit en passe de se réaliser.

Pourtant, la fin de cette flambée de presse est loin de marquer l'arrêt de toute action militante. D'abord elle aura suscité de nombreuses prises de conscience et des engagements. Elle aura contribué à rompre l'isolement des femmes et à créer une véritable solidarité féminine. De nombreuses femmes qui avaient travaillé dans ces périodiques se sont investies dans d'autres domaines féministes, qui dans l'édition, qui dans la recherche universitaire, qui dans la création[30]. Enfin, en face des deux «géants» certaines revues militantes ou universitaires, comme *Le temps des femmes* ou *Pénélope* persistent dans leurs efforts et continuent à faire entendre une autre voix des femmes pour assurer une certaine réalité au concept de liberté d'opinion et d'expression et maintenir vivant le dialogue entre les femmes.

University of Toronto
1982

Notes

1. Les «éditions des femmes» créées en 1974, 2, rue de la Roquette, Paris 75011 et les Éditions Tierce, fondées en 1977, 1, rue des Fossés Saint-Jacques, Paris, 75005.
2. On ne compte pas moins de vingt collections «Femme» chez les éditeurs:

   Éditions Encre, «Elle était une fois».
   Denoël-Gonthier, «Femmes».
   des femmes, «Pour chacune» et «Du côté des petites filles».
   Grasset, «Le temps des femmes».
   Pierre Horay, «Femmes en mouvement».
   Klincksieck, «Femmes en littérature» et «Nos contemporaines».
   Minuit, «Autrement dites», «Les cahiers du GRIF» et «Questions de femmes».
   La Pensée sauvage, «Espaces féminins».
   Presses de la Cité, «Féminin futur».
   Presses de la Renaissance, «Questions de femmes».
   Le Seuil, «Libre à elles».
   Stock, «Elles-mêmes», «Femmes dans leur temps», «Stock Femmes» et «Voix de femmes».
   Syros, «Mémoires de femmes».

   Voir sur ce sujet les études suivantes:

   Mariella Righini, «Toutes les femmes à la page», *Le nouvel observateur*, 16 janvier 1978, p. 60-61.
   Pujebet et Stegassy, «Les Collectionneuses», *Le magazine littéraire* n° 180, janvier 1982, p. 30-32.
   «Les femmes et l'édition», *Le temps des femmes*, n° 8, novembre 1978.

3. En voici un échantillon, pour n'en citer que quelques-uns parmi les plus importants:

   Actes, numéro spécial «Femmes», n° 16, 1977.
   Alternatives, «Face à femmes», n° 1, juin 1977.

L'Arc, «Simone de Beauvoir et la lutte des femmes», n° 61, 1975.
Le croquant, «La croquante», n° 10, mars 1979.
Économie, humanisme, «Quel féminisme aujourd'hui?», n° 244, novembre-décembre 1978.
Le magazine littéraire, «Femmes, une autre écriture?», n° 180, janvier 1982.
Mathusalem, «Féminisme et vieillesse», n° 3, décembre 1976-janvier 1977, n° 5, novembre-décembre 1977.
La nouvelle critique, «La femme, sa langue», n° 82, mars 1975.
Les nouvelles littéraires, «Écrire, disent-elles», 26 mai 1976.
Partisans, «Libération des femmes, année zéro», automne 1970.
La quinzaine littéraire, «Les femmes», 1er-30 août 1974.
Les révoltes logiques, «Histoires de servantes», n° 8-9, mars 1979.
La revue des sciences humaines, «Écriture, féminité, féminisme», n°168, vol. IV, 1977.
Romantisme, «La femme au dix-neuvième siècle», n° 10, 1976.
Sociologie et société, «Les femmes dans la sociologie», XIII, n° 2, octobre 1981.
Sud, «Écrits de femmes», n° 37-38, 1981.
Tel quel, n° 74, automne 1972.
Les temps modernes, «Petites filles en éducation», n° 358, mai 1979, «Les femmes s'entêtent», avril 1975.

4. Citons en vrac les ouvrages inspirés plus ou moins directement de cette «écriture-femme», ou «écriture éclatée», de Marie Cardinal, Chantal Chawaf, Hélène Cixous, Xavière Gauthier, Nancy Huston, Jeanne Hyvrard, Annie Leclerc, Michèle Perrein, Emma Santos, Victoria Thérame, Monique Wittig, pour ne citer que les Françaises.
Des ouvrages théoriques de critiques sur «l'écriture-femme» existent également. Parmi la pléthore des études actuelles, voir, en particulier, les travaux de:
Béatrice Didier, *L'écriture-femme*, Paris, PUF, 1981.
Cixous et Clément, *La jeune née*, Paris, 10/18, 1975.
Gauthier et Duras, *Les parleuses*, Paris, Minuit, 1974.
Kristeva, *La révolution du langage poétique*, Paris, Seuil, 1974.
Claudine Herrmann, *Les voleuses de langue*, Paris, des femmes, 1976.
Hélène Cixous, Madeleine Gagnon, Annie Leclerc, *La venue à l'écriture*, Paris, 10/18, 1976.
Béatrice Slama, «De la "littérature féminine" à "l'écriture

femme". Différence et institution», *Littérature*, n° 44, décembre 1981.

5. La presse féminine du genre *Elles, Confidences, Modes et travaux*. Ainsi, en 1977, pour continuer à être «dans le vent», *Marie-Claire* commence à lancer une rubrique «Cahiers femmes» traitant des mouvements féministes et des luttes des femmes.

6. Voir, en particulier, les études de:
   Louisette Blanquart, «Chiffres et commentaires sur la presse féminine», *Centre d'études et de recherches marxistes*, n° 150, 1978.
   Cahiers du GRIF, «Presse féminine et féminisme», n° 23-24, décembre 1978.
   Anne-Marie Dardigna, *Femmes-femmes sur papier glacé*, Paris, Maspéro, 1974.
   Anne-Marie Dardigna, *La presse féminine. Fonction idéolo gique*, Paris, Maspéro, 1979.
   Évelyne Sullerot, La presse féminine, Paris, A. Colin, 1963.
   Évelyne Sullerot, «Histoire de la presse féminine», *La pensée*, n° 124, décembre 1965.

7. Presse féminine de partis: *Antoinette* (C.G.T.), *Heures claires* (P.C.F.).
   Presse féminine de groupements confessionnels: *L'écho de notre temps* (catholique), *Jeunes femmes* (protestant).
   Presse féministe d'avant 1968: *Le conseil national des femmes françaises, Dialogues, Diplômées, De droit des femmes.*

8. Cécile Coderre, «L'Analyse du discours de la maternité dans un mensuel féministe, *F Magazine*», Thèse de sociologie présentée à l'Université de Lyon II, 1982, p. 18.

9. En ce qui concerne les conflits qui opposèrent des femmes à des dirigeants de revues de gauche, voir l'article de Christine Delphy, «Nos amis et nous», paru dans *Questions féministes*, n° 1, novembre 1977, p. 21-49.

10. Bien que je reconnaisse l'intérêt de la presse non parisienne, l'énormité de la tâche ne me permet pas de la considérer ici. Cependant j'en donne un tableau qui, pour l'essentiel, avait déjà paru dans l'article de Liliane Kandel, «La presse féministe aujourd'hui», *Pénélope*, n° 1, juin 1979, p. 44-61, tableau que j'ai complété et enrichi de huit titres.

    À ce tableau, il faudrait aussi ajouter certains périodiques étrangers de langue française, en particulier l'importante revue belge qui a beaucoup influencé la presse française, *Les cahiers du GRIF* qui fit paraître 24 numéros entre 1973 et 1978, chacun étant consacré à l'étude sérieuse d'un thème spécifique et qui a recommencé à paraître depuis le début de l'année 1983.

PÉRIODIQUES NON PARISIENS

Nom du périodique	Lieu	1ère date	continue
PROVINCE			
BIEF (Bulletin d'information des études féminines de l'Université d'Aix)	Aix	Novembre 1978	X
Bulletin du cercle Flora Tristan	Lyon	1975	
La bulletine des femmes en mouvement	Marseille		
La bulletine bizantine	Besançon	Été 1979	
CODIF-femmes (Centre d'orientation, de documentation et d'information des femmes). Devenu *Femmes informations*	Marseille	Décembre 1975	
Les dévoilées (Centre des femmes)	Marseille	Mai 1976	
Dévoilées	Nantes		
Différence	Toulouse	Avril 1979	
Et ta soeur	Strasbourg	Décembre 1977	
Les femmes et les femmes d'abord	Angers, Poitiers, Tours	Janvier 1980	
Femmes informations (ancien CODIF)	Marseille		X
Les femmes s'entendent	Besançon	1976	
Il était une fois les femmes	Marseille	1974	
Journal de femmes	Poitiers	Avril 1977	
Journal des femmes d'Aix	Aix	Février 1979	
Journal des groupes femmes	Montpellier	Mars 1977	

Nom du périodique	Lieu	1ère date	continue
Journal des groupes femmes	Bordeaux	1977	
La lune rousse (Journal de la maison des femmes)	Toulouse		
Mais qu'est-ce qu'elles veulent?	Reims	Novembre 1977	
Marie-Colère	Grenoble	Décembre 1977	
Paroles des lesbiennes féministes	Aix		
Pénélope (Journal des femmes détenues)	Rennes	Été 1979	
Quand les femmes s'aiment	Lyon	Avril 1978	
Regards au féminin (Revue d'expression et de création féministes)	Bordeaux		
La Voix des femmes (Bulletin du cercle Dimitriev)	Lyon	1975	
BANLIEUE			
Elles journalent	Villetaneuse	1979	
La moitié du ciel	La Courneuve	1973	
Sors dehors si t'es une femme	Viry-Châtillon	1978 ?	

J'ai lu les périodiques des mouvements de femmes et les critiques les concernant à la Bibliothèque nationale à Paris, à l'Annexe de la Bibliothèque nationale à Versailles, à la Bibliothèque Marguerite-Durand (Bibliothèque du féminisme, 21, Place du Panthéon, Paris 5e) et à la Librairie Carabosse (58, rue de la Roquette, Paris 11e).

11. *Histoire générale de la presse française* publié sous la direction de Claude Bellanger, Jacques Godechot, Pierre Guiral et Fernand Terron, tome V, *De 1958 à nos jours*, Paris, PUF, 1976.
12. Gérard Herzhaft, *La presse française contemporaine*, Villeurbane, ENSB, 1979.
13. Pierre Albert, *La presse française*, Paris, La documentation française, 1978.
14. Voici, parmi les plus importants, quelques articles sur la presse des mouvements de femmes:
    Les cahiers du GRIF, n°s 23-24, 1978.
    des femmes en mouvement, n° 2, février 1978.
    L'idiot international, n° 6, mai 1970.
    Libération, 10 janvier 1978.
    Maintenant, n° 10, 14 mai 1979.
    Le nouvel observateur, 16 janvier 1978.

    On pourra aussi consulter utilement à ce sujet le «Dossier de presse» à la Bibliothèque Marguerite-Durand.
15. «Répertoire des revues féministes françaises paraissant en 1978», BREFF (Bulletin de recherches et d'études féministes francophones), Pennsylvania State University, U.S.A., n° 7, novembre 1978.
16. Brigitte Lhomond, «L'Évolution de la presse féministe», *Économie, humanisme*, n° 244, novembre-décembre 1978, p. 9-14.
17. Maryvonne Baptiste, «La presse "féministe" en France de 1971 à 1978», Mémoire de diplôme sous la direction de M. Jean-Pierre Marhuenda, décembre 1978.
18. Liliane Kandel, «La presse féministe aujourd'hui», *Pénélope*, n° 1, juin 1979, p. 44-61. Cet article fut ensuite repris dans *Questions féministes*, n° 7, février 1980, p. 15-45, sous le titre «Journaux en mouvement: la presse féministe aujourd'hui», puis dans *Débat*, n° 1, mai 1980.
19. Nancy Huston, «Mouvements et journaux de femmes», *Le magazine littéraire*, n° 180, janvier 1982, p. 28-31. La récente thèse en sociologie de Cécile Coderre, «Analyse du discours de la maternité dans un mensuel "féministe", *F Magazine*» (Université de Lyon II, sous la direction de M. M.O. Cecconi, juin 1982), donne une toile de fond de l'évolution de la presse des mouvements des femmes.

20. Ces chiffres tiennent compte des modifications apportées au cours des publications. Ainsi, *Sorcières* est passé de bimestriel (*Sorcières* I) à trimestriel (*Sorcières* II).
21. Ces chiffres très approximatifs ne tiennent compte, bien entendu, que des journaux parisiens pour lesquels le tirage est connu.
22. Sous le titre «Feminist Issues» publié par Rutgers University Press.
23. La revue sur l'homosexualité, *Masques,* étant mixte, je ne l'ai pas incluse dans cette étude.
24. Les *nouvelles questions féministes* sont maintenant éditées par elles-mêmes.
25. Même *Heures claires,* mensuel traditionnel des femmes du P.C.F., ajouta «des femmes» à son titre et fut assigné en justice par les «éditions des femmes».
26. On peut mesurer l'énorme inégalité des moyens entre les «éditions des femmes» et Tierce en visitant leur librairie respective. Chez Tierce une représentante est assise au fond d'une minuscule boutique obscure qui appartenait aux éditions Distique, dans une ruelle peu passante du quartier latin (1, rue des Fossés Saint- Jacques). Quand aux «éditions des femmes», elles occupent rue de Seine (au 74), une vaste et élégante librairie à laquelle s'adjoint un salon, à deux pas du prestigieux Boulevard Saint-Germain. Pourtant, même elles ont dû interrompre indéfiniment la publication de leur revue *des femmes en mouvement hebdo* depuis juillet 1982.
27. Pour en savoir davantage sur les conflits, procès et règlements de comptes qui opposèrent les «éditions des femmes» aux éditions Tierce, entre autres, et divisèrent toutes les femmes militantes, voir *Chronique d'une imposture* édité par l'association Mouvement pour les luttes féministes (alias, les éditions Tierce) en 1981, avec une préface de Simone de Beauvoir. Pour apprécier le point de vue des femmes du «MLF-éditions des femmes», on peut consulter régulièrement leur journal *des femmes en mouvement hebdo,* ainsi que les placards publicitaires qu'elles font paraître de temps à autre dans les grands quotidiens.
28. Ce dossier constitue une analyse de la relation des femmes à la nourriture et non une rubrique «cuisine».
29. En particulier, les femmes du P.S. ou apparentées, ministres ou députées: Edwige Avice, Huguette Bouchardeau, Édith Cresson, Gisèle Halimi, Catherine Lalumière, Nicole Questiaux, Yvette Roudy ou, parmi les élus locaux, Françoise Gaspard qui est maire de Dreux.
30. Par exemple, les responsables du *GRIF* ont créé une Université des femmes à Bruxelles. Voir, à ce propos, l'article «Que sont les féministes devenues», paru dans *Le temps des femmes* de l'été 1981, au n° 12.

POUR UNE LANGUE DE LA FÉMINITÉ

Le dénoncé/énoncé de la langue au féminin ou le rapport de la femme au langage

Maroussia Hajdukowski-Ahmed

«Le discours, en apparence, a beau être peu de chose, les interdits qui le frappent révèlent très tôt, très vite, son lien avec le désir et le pouvoir», et le discours du pouvoir s'appuie sur un support institutionnel, comme les écoles, l'édition, l'académisme et «exerce sur les autres discours un pouvoir de contrainte[1]», commente Michel Foucault dans *L'ordre du discours*; d'où l'importance dans une société, des questions: «Qui a le droit de parler? De quoi? Comment? Et dans quelle langue?» Quant à la langue, loin d'être innocente, elle est un système symbolique engagé dans des rapports sociaux, un lieu idéologique, comme le soutient Mikhaïl Bakhtine. Pour nous, le rapport de la femme au langage entre en relation dialectique avec l'état de la langue et avec le pouvoir. Ce n'est pas par hasard si, pendant que la monarchie de droit divin s'établissait en France en réduisant le peuple à néant, Malherbe oubliait la langue du peuple, purifiait la langue française du parler «des crocheteurs des Halles». Mais Foucault et Bakhtine parlaient de rapports de classes; ils auraient pu aussi bien parler du pouvoir phallique et des femmes. Au bas de l'échelle de ce pouvoir se trouve la femme, et c'est donc doublement que l'oppression s'inscrit en elle. Si le rapport de la femme au langage est en voie de développement, nous sommes encore loin de l'équité souhaitée.

C'est de cette question que nous entretient Marina Yaguello dans *Les mots et les femmes*[2], dont nous proposons une lecture commentée, ponctuée des échos solidaires de femmes qui ont contribué à la démythification/démystification du «parler femme» et de la langue: Claudine Herrmann, Mary Daly, Xavière Gauthier, Luce Irigaray, Nicole Brossard, Louky Bersianik, Madeleine Ouellette-Michalska, pour n'en citer que quelques-unes. Elles savent, comme l'affirme Claudine Herrmann dans *Les voleuses de langue*, que «la langue fait de la femme un être schizoïde[3]», dans la mesure où elle est aliénée de ce qu'on appelle ironiquement sa «langue maternelle», et, comme l'écrit Julia Kristeva, que «le langage de la femme est un langage qui est toujours celui des autres: entre deux bords, du «pas encore» et du «pas cela», sur la lancée d'une hétérogénéité informulable ou bien perdue dès que formulée[4]». Si bien que «l'enjeu est vaste. Il s'agit de se réapproprier le monde en se réappropriant le langage[5]». Ne pouvant nous lancer dans une analyse détaillée, nous nous limiterons aux principales articulations du problème, énonçant au passage les divergences entre approches.

La démarche cognitive est essentielle en ce qu'elle permet de mettre en évidence, en le dénonçant, un mode de communication et une langue mutilante, ce «dénoncé» devant aboutir à leur reformulation qui tiendrait alors compte de l'existence de la moitié de l'humanité[6].

«Dans les sociétés archaïques, l'usage de la langue est strictement codifié en tant qu'élément de la règle du jeu social[7]»: ou bien les femmes y parlent un idiolecte ou elles parlent la même langue que les hommes, mais avec certaines restrictions[8]. La parole étant perçue comme action, la transgression encourt le châtiment physique. Le passage du stade animiste au stade monothéiste n'a fait que consolider le pouvoir de l'homme en ce qu'il marque, entre autres, le recours à l'écriture (aux saintes écritures). Eros se voit éliminé au profit de Logos, selon Madeleine Ouellette-Michalska, et de Tanathos, auraient certainement ajouté Françoise d'Eaubonne (*Le féminisme ou la mort*) et Mary Daly (*Gyn/Ecology*)[9]. Derrida ne dit pas autre chose lorsqu'il écrit: «L'inscription est donc la production du fils en même temps que la constitution d'une structuralité[10]». La femme est acculée à l'alternative imitation/transgression, c'est-à-dire au choix entre deux morts: mourir à soi ou risquer le bûcher. Les choses n'ont presque pas changé: on est simplement passé du propre au figuré, et encore...

Dans les sociétés dites primitives, les femmes pratiquent le bilinguisme à différents degrés: elles parlent «femme» entre elles et «homme» avec les hommes; la communication avec l'extérieur passe donc par le code dominant, celui de l'homme. Dans nos sociétés dites civilisées, il existe un comportement langagier «femme» qui prévaut encore et dont «les variantes seront plutôt linguistiquement préférentielles qu'exclusives. Ce tabou a un rôle régulateur, il valorise les individus qui n'y sont pas soumis[11]». Dans ce contexte socio-linguistique, relevons les caractéristiques de ce comportement langagier.

La femme parle une «langue tournée», c'est-à-dire par euphémismes et périphrases, pour se référer à ce qui est innommable et socialement inacceptable ou à ce qui évoque la crainte. Il s'agit le plus souvent de ce qui touche à son corps. Comme bien souvent, on parle de «*cette* maladie» ou de «tu vois bien *ce que* je veux dire», laquelle de nos mères n'a pas annoncé à ses amies que sa fille «était devenue jeune fille», que «c'était arrivé», ou plus tard «qu'elle attendait de la famille», ou bien soucieuse, confessait à son mari «que les Anglais n'avaient pas encore débarqué ce mois-ci[12]». Un chat n'est jamais un chat, mais autre chose, comme le violon était devenu «l'âme des pieds» pour les Précieuses. L'homme viole ce que la femme voile: son corps et son langage. Les hommes, eux, parlent en hommes, créant à la limite le parler «mec» qui «n'est pas pour les oreilles de femmes», utilisant l'argot sexuel fortement sexiste. Si bien que Marina Yaguello cite le cas d'un marin qui n'a pu se faire psychanalyser par une femme, car il n'arrivait pas à appeler les choses par leur nom devant elle[13].

Par contre, l'homme ne se prive pas de dé/tailler le corps de la femme, ayant à sa disposition un vaste répertoire culturel qui renvoie une image dégradée de la femme, depuis les fabliaux du Moyen Âge en passant par le folklore sexuel des histoires de carabins et des chansons paillardes. L'agression verbale est masculine. L'homme accoste, interpelle et siffle la femme, couvre les toilettes de graffiti obscènes, tandis que la femme *se fait* interpeller, siffler; quant à ses graffiti à elle, ils se limitent le plus souvent aux coeurs percés de flèches «À Jojo pour la vie».

Il a fallu mai 68 pour que l'on trouve des graffiti militants dans les toilettes de femmes de France et du Québec. Le répertoire homme inclut par ailleurs injures et jurons. Marina Yaguello reprend les termes de Shulamith Firestone selon laquelle «le droit d'injurier va de pair avec la propriété». Le comportement langagier est non pas lié à la nature (la femme ne répugne pas «naturellement» à ce langage), mais aux circonstances économico-politiques, à la culture. Et c'est dès l'enfance que l'on conditionne la fille à censurer son langage: «Ne dis pas *ça*»; «ne touche pas à *ça*»; «act like a lady[14]». Le lieu grammatical de la femme se situe toujours dans le vague et l'ailleurs, dans le démonstratif «ça», l'indéterminé par excellence.

Comme l'écrit Foucault: «Il y a appropriation sociale du discours, par l'éducation en particulier qui est une manière politique de maintenir ou de modifier l'appropriation des discours.» Les moyens de transmission du discours et la nature même du discours sont sous le contrôle du pouvoir phallique, essentialiste par stratégie, pour qui «le sens existe dans le monde, les choses se font discours en déployant le secret de leur propre essence[15]».

Conscientes de cette supercherie, et pour rendre à l'histoire ce que s'était approprié «l'Homo religiosus», les auteures féministes ont créé des personnages et des discours qui s'attachent à nommer avec précision, à appeler les choses par leur nom, à repousser consciemment l'euphémisation du langage, qu'il s'agisse de Nicole Brossard, de Louky Bersianik, de Luce Irigaray ou de Shere Hite dans son rapport sur la sexualité des femmes. Par contre, si elles utilisent jurons et blasphèmes (Denise Boucher, par exemple), c'est plus pour leur valeur de transgression, de carnavalisation du langage, que par désir de définir un nouveau «parler femme», car la libération ne saurait passer par l'imitation, la différence excluant la mimésis.

En ce qui concerne les registres d'expression, Marina Yaguello remarque que la prière et la requête polies sont infiniment plus pratiquées par les femmes: «Sont considérées comme particulièrement «féminines» les intonations qui indiquent la soumission («comme tu veux», «si ça te fait plaisir»), l'incertitude («si je me souviens bien», «il me semble que»), la quête d'approbation («n'est-ce pas?», «ne penses-tu pas que»), l'hésitation («peut-être bien», «je ne suis pas sûre, mais»), l'approbation polie («comme tu veux»), la surprise («Vraiment!», «Incroyable!»), l'enthousiasme un peu niais («Fantastique!», «Merveilleux!», le style «Marie-Chantal») ainsi que les intonations bêtifiantes utilisées pour parler aux petits enfants[16]». N'osant jamais faire d'affirmations, la femme laisse la porte ouverte à la réfutation, à la contradiction. La femme utilise plus souvent que les hommes les expressions modales de doute, d'incertitude («il me semble que»), et de politesse («auriez-vous l'amabilité de»). Ce comportement langagier la conduit toujours à dire autre chose[17]. L'hésitation pourrait certes être interprétée comme de l'honnêteté intellectuelle, mais elle est en fait considérée comme une faiblesse. On conditionne la femme à dire toujours autre chose pour la taxer ensuite d'hypocrisie et, si elle parle directement, elle devient «hommasse» ou «virago». Il n'y a pas d'issue.

La femme tend à accorder plus d'importance que l'homme à la norme et à la correction du discours, ce qui traduit l'assimilation excessive du modèle dominant, attitude langagière typique chez le colonisé, la bourgeoisie étant la classe la plus atteinte. Le purisme est censure et occultation de la partie la plus riche et la plus mouvante de la langue. Il est protégé par les cerbères de l'Académie et de l'académisme. Dans les sociétés à situation bilingue, une langue représente plus le pouvoir que l'autre et dans ce contexte, la femme, étant le plus souvent au foyer ou occupant des postes subalternes dans lesquels la langue entre peu en considération, tend à être unilingue[18]. Plus on se trouve au bas de l'échelle, plus on tend à l'unilinguisme «mineur» (langue du colonisé); plus on se trouve en haut de l'échelle, plus on tend à l'unilinguisme «majeur» (langue du colonisateur). Entre les deux, on est plus ou moins bilingue suivant ses aspirations.

La glottophagie est oeuvre d'hommes. Marina Yaguello note que les femmes noires des USA font exception, puisqu'elles parlent plus l'anglais standard que les hommes qui, eux, parlent le «Black English», ceci parce que le travail de ces femmes (domestiques, «nannies») les met plus en contact avec la bourgeoisie américaine et aussi, parce que les femmes noires sont plus souvent parent unique ou avec un partenaire au chômage. Ceci apporte une preuve supplémentaire au fait que ce sont les conditions socio-économiques (et non les instincts naturels) qui ont fonction causale.

Les auteures féministes, loin de se confiner à un niveau de langue, exploitent tous les niveaux — populaire, savant — et inventent même des mots. Citons encore les écrits de Nicole Brossard, de France Théoret, de Louky Bersianik, de Madeleine Gagnon, de Yolande Villemaire, de Jovette Marchessault ou le dialogue entre Marguerite Duras et Xavière Gauthier dans *Les parleuses*[19], qui parlent d'écriture et de confitures, faisant intervenir des niveaux de langue et des compétences lexicales variés.

Ces compétences lexicales sont encore fortement différenciées dans la réalité, étant donné les sphères d'occupation auxquelles hommes et femmes sont encore traditionnellement confinés. La femme a un vocabulaire plus étendu dans les domaines des arts ménagers, de la puériculture, etc., tandis que l'homme parle mieux de mécanique, de finance et, dans les pays où existe le service militaire, de l'armée. Mais celui-ci a abusé de ces compétences lexicales pour créer un système métaphorique dégradant pour la femme (le lexique automobile et militaire en particulier). La femme-routier ou l'électricienne font encore l'objet d'articles à sensation du style: «Comment peut-on être persan?». Quant aux modes de discours, certains d'entre eux, qui étaient réservés aux hommes (les joutes verbales, sermons, épopées, badinage), le sont encore dans une large mesure.

Dans le domaine de l'interaction verbale, Marina Yaguello rend compte de conversations enregistrées entre locuteurs de même sexe et des deux sexes. Avec les locuteurs de même sexe, qu'ils soient hommes ou femmes, on observe un pourcentage d'interruptions et de recouvrements équivalents, mais dès que le groupe devient mixte, 98% des interruptions viennent des hommes et 100% des recouvrements[20]. Ces formes d'agression paralysent la femme et la réduisent à un silence subséquent.

Deux autres facteurs qu'omet Marina Yaguello, auraient apporté des résultats similairement concluants: le temps de parole, le degré et la qualité de l'écoute[21]. L'homme s'adresse plus souvent à la femme en l'appelant par son prénom que l'inverse («Denise, apportez-moi un café», «Bien monsieur»), étant donné la fonction de subalterne de la femme qui prévaut encore dans le monde du travail (secrétaire, assistante...); d'ailleurs, ces stéréotypes sont largement employés dans le théâtre de boulevard. À cela s'ajoute le problème de l'identification de l'état civil auquel les termes de «Ms» ou «Madelle» (moins populaire) ont essayé de remédier; le procédé équitable inverse consisterait à ajouter les termes «Mondamoiseau» et «Monsieur Veuf Dupont» devant tout nom masculin. Au théâtre, dans la littérature féministe (*L'Euguélionne* est un exemple du genre), au cinéma (*Nine to five*), le procédé de renversement des rôles stéréotypés permet de souligner cette dissymétrie et devient une source essentielle de comique.

La sagesse populaire fabrique des stéréotypes qui figent, donc occultent la réalité. Elle dit par exemple que la femme parle plus et moins bien que l'homme (combien de dictons dans tous les pays vont dans ce sens!). La femme a tendance à la loghorrée, substitut du pouvoir et manifestation d'une impuissance et d'une angoisse devant le pouvoir[22]. La parole de la femme est bavardage réservé au domaine privé; celle de l'homme est importante et publique. Pourtant, on sait que la fille apprend à parler plus vite et mieux que le garçon: «on» lui a fait perdre sa langue en cours de route.

Si l'on se réfère aux fonctions linguistiques, on dira que la femme est confinée essentiellement aux fonctions émotive et phatique et que l'homme s'approprie les fonctions métalinguistique et référentielle, c'est-à-dire le discours sur le réel et sur le langage. La fonction référentielle est particulièrement importante, car sa carence aliène du réel, repousse dans la fiction, la métaphore, comme l'indique Claudine Herrmann: «L'homme a été élevé pour *fonctionner*, pour s'adresser au monde (...) tandis que la femme l'était pour constituer un ailleurs métaphorique. Elle a été écartée de toute préoccupation métonymique. Elle n'a pas à connaître la syntaxe du monde. Il suffit qu'elle y apparaisse comme ornement[23]». La femme ignore le rapport syntagmatique. Elle a ainsi été éliminée de l'espace et du temps, surtout du futur, car à titre de reproductrice d'enfants et de discours phalliques, son présent est tributaire de son rapport au passé, sans compter que le futur joue contre elle en devenant signe de sa décadence physique, début de sa fin. La connotation péjorative de l'adjectif «vieille», auquel on peut substituer «sale» est d'usage pour insulter... l'homme: «vieille brute», «vieille fripouille», «vieille crapule». L'insulte et le vieillissement dévalorisé sont féminins. Par contre «vieillard» est connoté positivement: «noble vieillard», «vieillard à barbe blanche». Le temps est néfaste à la femme (compliment suprême: «elle est bien conservée *malgré* son âge»), mais il apporte une patine valorisante à l'homme (le charme «des tempes grisonnantes» et des «rides expressives»).

Enfin, d'autres traits paralinguistiques tels que le débit, le ton et le timbre différencient le parler homme du parler femme, la différence, cette fois-ci d'ordre plus naturel, jouant encore une fois en faveur de l'homme. La femme a une voix plus aiguë, a un débit plus saccadé et plus rapide, traits auxquels est attachée une crédibilité moindre; ainsi un problème crucial est apparu lorsque des femmes ont revendiqué le droit de présenter les bulletins d'information: les nouvelles perdraient-elles de leur véracité? La femme est tellement plus «à sa place» comme speakerine (comme à la télévision française): là, elle est objet, métaphore (avec fonction redondante de la potiche remplie de fleurs souvent posée derrière elle), remplit une fonction phatique (elle maintient le contact avec le spectateur quand se présentent des difficultés techniques), émotive («quelle belle soirée nous vous proposons!») et comme annonceuse, elle présente (répète) ce qu'ont préparé les autres, des hommes pour la plupart. Les sociolinguistes américaines ont démontré par des enquêtes[24] que la femme a recours à des modes de communication non verbale pour connaître autrui et communiquer avec «lui»(!). La femme sourit plus, par désir d'être acceptée et par souci d'accueil. Les modes de communication non verbale qu'utilise l'homme servent surtout à commander et à affirmer sa présence. Le regard de l'homme, souvent sérieux et péremptoire, transmet silencieusement des ordres ou traduit l'affirmation de soi. L'homme occupe plus d'espace lors de l'interaction verbale, (jambes écartées, torse redressé); la femme, elle, tend à fermer son corps (jambes serrées, mains le long du corps), et toutes ces formes de communication non verbale font partie d'un code *appris* de «bonnes manières».

Ces différenciations socio-linguistiques d'ordre essentiellement culturel sont dangereuses, dans la mesure où elles sont grossies et caricaturées dans les dessins animés, les spectacles de marionnettes ou la publicité, qui perpétuent ainsi le pouvoir phallique érigé très tôt en norme dans l'esprit des enfants[25]. À notre époque de lecture facile, ce «discours de l'oeil» envahit une culture devenue «spectaculaire», celle des bandes dessinées, de la télévision, dans laquelle les codes gestuel et vestimentaire viennent renforcer le message parlé. Des femmes conscientes réclament ou apportent des changements positifs (éditrices, dessinatrices, auteures de livres scolaires...), mais leur travail est encore marginal et tenu souvent pour suspect: «virago», «hommasse» et «frustrée» s'appliquent encore trop souvent à la femme consciente et militante[26]. Même si on ne les brûle plus qu'au figuré, les sorcières existent encore.

En tant que prise de conscience et idéologie, le discours féministe radical s'emploie à modifier la langue et le rapport de la femme au langage, les deux entrant dans un rapport dialectique. Il a institué en même temps qu'un «code de reconnaissance, un signe de ralliement à une forme[27]». Leur langue assimile le vocabulaire militant de la lutte des opprimés en révolte. Ce discours inverse les connotations traditionnelles dans le style «Black is beautiful». Or, toute connotation est parasitage du signifié par le référent et le locuteur. Elle est porteuse de valeurs symboliques, idéologiques, des associations d'idées, des appréciations et des émotions que suscitent un mot. On valorise donc la sorcière et sa fonction de transgression (*Les enfants du sabbat* d'Anne Hébert, *Les fées ont soif* de Denise Boucher, *La nef des sorcières* du collectif Nicole Brossard, France Théoret, Luce Guilbeault..., la revue *Sorcières* à Paris...); on valorise la folie (*La nef des sorcières,* dérive verbale calquée sur *La nef des fous,* le dialogue Avertine-Adizetu dans *Maternative* de Louky Bersianik, *Le journal d'une folle* de Marie Savard, le journal de Mary Barnes, les écrits d'Emma Santos...). Il s'agit d'une folie vue dans l'acception de Laing, envisagée comme manifestation d'une opposition à la norme et signifiante dans la mesure où ses paroles ne tombent pas dans le vide, mais sont écoutées et lues.

Cependant, Shoshana Felmann dans *La folie et la chose littéraire* dénonce ce discours de la folie comme étant «l'impasse de celles qui ne se révoltent pas» et reproche à Luce Irigaray qui a redéfini les rapports de la femme à *son* inconscient de parler «au nom» des femmes, ce qui selon elle revient «à répéter le geste oppressif de la représentation[28]». S'il est vrai que les sermons impératifs de l'Euguélionne peuvent mettre le lecteur mal à l'aise pour la même raison, cette phrase de la fin du livre sauve ces discours péremptoires de l'imitation du discours phallique: «Transgressez mes paroles et les paroles de tous ceux qui vous parlent avec autorité[29]».

Le discours féministe radical connote positivement le bavardage, c'est-à-dire rejette une hiérarchisation du discours qui censure le quotidien et la communication. Suzanne Lamy dans *d'elles* perçoit dans bavardage l'étymologie «bave» (du latin populaire baba) qu'elle lie à l'écoulement incontrôlé (donc au fluide, signe féminin) et à une forme de transgression du discours officiel: «Dévoilant son émiettement, sa désarticulation, le bavardage ne peut être récupéré par la doxa[30]». Son oralité et sa valeur immanente l'opposent également à l'écriture et à l'organisation du discours d'ordre phallique. Par ailleurs, valoriser le bavardage, c'est dire qu'il n'y a pas de discours plus important que d'autres, ce qui explique la pratique de la fiction théorique dans le discours féministe radical, en ce qu'elle marque le refus du cloisonnement et la classification des genres.

Le discours féministe radical s'attaque à toutes les formes de dissymétrie de la langue et sur ce point, la langue française représente un corpus de premier choix. Pour reprendre les termes de Claudine Herrmann, «le langage est un homme qui s'est interposé entre le monde et moi», un monde dans lequel «la femme a été réduite au rôle d'actrice qui répète des phrases dont aucune n'a été inventée par elle[31]». La langue dont la femme est aliénée apparaît comme une arme qui la voue au silence ou à l'automutilation. Le discours féministe radical tente d'occuper l'espace de la langue qui lui revient de plusieurs manières:

— par la création de néologismes, par exemple à partir du

préfixe «gyn»: gynergie, gynophagie, gynocide, ou du préfixe «sor»: sororel, sororité;
— par la féminisation de termes au moyen de l'ajout de suffixes en «esse», «aine», etc. Cependant, le «e» qui dit le féminin semble rallier plus de voix: auteure, professeure. Un déplacement de l'accent tonique sur la dernière syllabe (comme dans le Midi de la France) ferait aussi muter le e «muet» pour qu'il ne soit plus un signe silencieux du féminin. Selon nous, l'ajout du mot femme (et même du mot «person» en Anglais) ne résout pas le problème, en ce qu'il désigne encore l'homme comme étant la norme. Quant au terme dame, il est tout simplement péjoratif (dame patronnesse, les «dames psychanalystes» de Lacan);
— par le retour au sens étymologique. Toutes ces propositions visant l'équité langagière décapent les mots de couches de sens accumulées par l'usage, et souvent au détriment de la femme («maîtresse» et «commère» n'avaient pas ce sens péjoratif au Moyen Âge). Or retrouver l'étymologie, c'est retrouver le mot-mère et rejoindre par là la démarche fondamentale de la recherche féministe que ce soit en psychanalyse ou en mythologie[32];
— par la création de mots-valises, du style «coca-colonisation», ce qui donne «phalustin» par exemple. Citons aussi cette contrepèterie/mot-valise que Marina Yaguello emprunte à une fillette de cinq ans qui, confondant les termes, demandait ce qu'étaient les «fexistes et les sallocrates[33]»;
— par un découpage nouveau des mots, libérant de nouvelles significations (gyn-ecology). Il est fortement pratiqué par H. Cixous, L. Irigaray, N. Brossard («Le corps-texte/cortex exubérant»).

Cette créativité langagière fait renaître le principe du plaisir qui avait été éliminé par le principe de réalité, basé sur l'imitation et la fonctionnalité qui constituaient l'apprentissage de la langue. Selon le voeu de Rimbaud, la femme devient poète en devenant l'égale de l'homme.

D'autres formes de dissymétrie langagière demandent encore à être éliminées. La dissymétrie dans le genre est flagrante. Le masculin est en voie d'éliminer le féminin. Ou bien le français se modèlerait sur l'anglais et finirait par avoir un genre unique ou il faudrait établir une symétrie. Par ailleurs, le genre détermine l'accord grammatical et l'emploi du pronom, ceci au profit du masculin. (Mille femmes et un cochon sont entrés; ils étaient beaux à voir.) Le genre connote souvent la taille, (chaise/fauteuil — barque/navire — source-rivière/torrent-fleuve). Les suffixes diminutifs en «ette» et «elle» féminins, sont souvent péjoratifs dans le parler populaire (femmelette, pauvrette...).

On remarque une prééminence du féminin dans les noms d'outils, prolongement de l'homme — tels que la bêche, la fourche, la perceuse[34].

Le fonctionnement autonome les fait passer au masculin (ordinateur, robot, tracteur). Seule l'automobile est au féminin, et mal nous en vint, tant elle a servi à dégrader l'image de la femme dans la publicité et dans l'argot (les phares, la carrosserie...). Les petites embarcations et les maladies sont au féminin. Et c'est depuis peu que les ouragans sont aussi baptisés «David». La distribution des genres dans les professions révèle le statut socio-économique de la femme. La bonne, la femme de ménage, la prostituée n'ont pas de masculin. En anglais, «baby-sitter», «nurse» et «prostituée» sont féminins. Dans les deux langues, même un homme est «une» victime. Certains métiers ont un féminin à sens différent, voire péjoratif. (Cuisinier/cuisinière; chef/cheftaine de louveteaux; maître/maîtresse; gouverneur/gouvernante). La voie épicène (à genre indifférencié) des suffixes en «iste» et «logue» pour les noms, et en «ique» pour les abjectifs devrait être plus exploitée (un ou une psychologue communiste; des idées/des objets pratiques). Ainsi, les professions scientifiques d'existence plus récente tendent à être épicènes (ethnologue, géologue).

La dissymétrie sémantique cantonne la femme dans le biologique et confère à l'homme une identité juridique. La maternité est biologique et la paternité juridique, le paternalisme (pouvoir) et le patrimoine (avoir) sont sans équivalents féminins. La «créature» est putain quand elle est femme, divine quand elle est espèce (donc homme). Le français régresse même, puisque la commère et la maîtresse n'avaient rien de péjoratif au Moyen Âge. La maîtresse n'avait rien d'une «fille publique», le terme de «fille» étant du reste dégradant lorsqu'il entre dans la composition de «fille de joie», «aller chez les filles» ou «vieille fille». Les expressions figées sont particulièrement dangereuses, en ce qu'elles transmettent des stéréotypes manifestant toujours un retard par rapport à la réalité. Et le dictionnaire, outil idéologique le plus utilisé, cause beaucoup de tort à la femme. Par ses définitions (viril: qui a du courage), ses synonymes et antonymes, ses renvois (viril: actif, énergique, courageux), ses exemples, ses citations, il perpétue l'idéologie phallique dès l'école. Dans les dictionnaires, on apprend que la volaille et ses cris servent d'insultes contre la femme (poule, dinde, caqueter, jacasser), on apprend à dénigrer le corps de la femme (voir le vocabulaire automobile et militaire) et sa grossesse («avoir un lapin dans la musette», «être en ballon»). Même les mots étrangers neutres prennent une connotation dérogatoire lorsqu'ils sont employés en français («la mousmé», «la moukère»); ce n'est du reste pas par hasard que ces mots sont arabe et espagnol, et lient l'oppression raciste et l'oppression de classe à l'oppression des sexes. L'emploi des «survalorisants» dénigre la femme par ironie: une «princesse de l'asphalte» ou une «reine du trottoir» n'a rien de royal. On la consomme à toutes les sauces, elle qui est «mignonne à croquer» avec ses «seins en pamplemousse». Tout mot dont le référent est féminin ou tout animal «non noble» peut servir à désigner la femme (souris, poule, dinde). «Seul le diable rivalise avec la femme en synonymes[35]!» Par contre, lorsqu'il s'agit de désigner sa sexualité, c'est le blanc, le grand trou noir, l'absence, «la sexualité mâle constitue la métaphore fondamentale à travers laquelle nous représentons sa réalité à elle[36]». Ce qui explique l'insistance particulière des auteures féministes sur le dire de la sexualité plurielle de la femme[37] et sur la fluidité et l'éclatement d'une écriture-corps, de l'écriture-désir.

«Faut-il brûler les dictionnaires?» qui perpétuent «la langue du mépris[38]» finit par se demander Marina Yaguello. La langue telle quelle, est un danger pour la femme.

La réappropriation de l'espace et du corps va de pair (de mère serait plus pertinent) avec la réappropriation de la parole et de la langue. Il est temps que lorsque la femme se regarde dans un miroir, elle voie enfin son corps et que lorsqu'elle parle, l'écho lui renvoie sa voix. Les féministes radicales tentent de faire passer la femme de la préhistoire ou de la science-fiction à l'histoire. Elles multiplient leurs recherches et leurs modes d'expressions: Luce Irigaray en psychanalyse, Gisèle Halimi en droit, Shere Hite en sexologie, Judy Chicago dans l'art, et toutes les femmes auteures et éditrices dans l'écriture, toutes concourant à investir l'espace et le temps pour transformer la métaphore en métonymie. Sans relâche, elles renforcent la marginalité de la femme dans sa différence «jusqu'à ce que la marge occupe la moitié de la page[39]». Mais leur voyage/marche/démarche qui dénonce le pouvoir phallique et sa falsification de la connaissance, pour rétablir l'égalité, soulève en même temps plusieurs questions, à savoir: Ne risque-t-on pas de créer un nouvel élitisme? (Argument de Simone de Beauvoir et de Shoshana Felman). Des femmes peuvent-elles parler «au nom de» leurs soeurs? Le discours féministe radical établit-il une nouvelle norme, donc une nouvelle tyrannie? Y a-t-il une spécificité du parler femme? Faut-il isoler un discours féminin qui valorise le bavardage ou le discours de la folie par exemple? Le parler femme ne rejoint-il pas tout discours de la transgression? Dans *Les herbes rouges* et *La barre du jour*, des auteurs masculins, tels que François Charron et André Roy revendiquent le droit d'exprimer la part féminine en eux, dont le désir du retour à la mère en particulier[41], impliquant que tout être humain est androgyne.

C'est ainsi que l'étude du rapport de la femme au langage ne met pas seulement en question la linguistique, mais aussi tout l'acquis philosophique et psychanalytique, allant du social à l'ontologique. C'est dire que l'enjeu de la recherche féministe est capital; cette recherche affirme avant tout le droit à la mémoire, à l'existence, comme dans ces paroles adressées à Ève par Anne Hébert: «Souviens-toi du coeur initial sous le pavé du matin et renouvelle notre visage comme un destin pacifique[42]».

McMaster University
1982

Notes

1. Michel Foucault, *L'ordre du discours.* Leçon inaugurale au Collège de France, prononcée le 2 décembre 1970, Paris, Gallimard, 1971, p. 12.
2. Marina Yaguello, *Les mots et les femmes*, Paris, Payot, 1978.
3. Claudine Herrmann, *Les voleuses de langue*, Paris, éditions des femmes, 1976, p. 18.

4. Julia Kristeva, citée par Claudine Herrmann, *Les voleuses de langue*, p. 29.
5. Claudine Herrmann, p. 218.
6. Le passage du «dénoncé» de la langue et des mythes phalliques, à l'énoncé d'une langue et d'une mythologie au féminin explique la marche/démarche, le voyage/quête de l'écriture de Mary Daly dans *Gyn/Ecology*, New York, Beacon Press, 1976, et de Louky Bersianik dans *L'Euguélionne*, Montréal, La Presse, 1976. Ce sont des voyages dans les enfers du pouvoir phallique qui conduisent à une renaissance à soi, à son corps, à sa langue.
7. Marina Yaguello, p. 13.
8. Les femmes indiennes et pakistanaises obéissant à la tradition, n'interpellent jamais leur mari par le prénom, mais au moyen d'une périphrase destinée à attirer son attention, telle que: «Écoutez s'il-vous-plaît». L'usage du tu («toum») et du vous («ab») est également codifié, la femme utilisant le «ab» et le mari le «toum».
9. Madeleine Ouellette-Michalska, *L'échappée du discours de l'oeil*, Montréal, Éditions nouvelle optique, 1981 et Françoise d'Eaubonne, *Le féminisme ou la mort*, Paris, Les Éditions Pierre Horay, coll. «Femmes en mouvement», 1974.
10. Jacques Derrida, *La dissémination*, Paris, Seuil, 1972, p. 187.
11. Marina Yaguello, p. 31.
12. Exemples fréquemment entendus. Les religieuses avaient aussi puni Claire pour avoir dit que sa mère venait d'avoir un bébé; elle aurait dû dire «J'ai une petite soeur». Claire Martin, *Dans un gant de fer*, Montréal, Le cercle du livre de France, 1965, p. 89.
13. Marina Yaguello, p. 34.
14. Pauline Archange brave l'interdit du toucher et, explorant son «lieu du péché», constate qu'à l'encontre des avertissements de l'Abbé Carmen, plus elle touche, moins ça brûle. Marie-Claire Blais, *Les manuscrits de Pauline Archange*, Montréal, Les éditions du Jour, coll. «Les romanciers du jour», 1968, p. 63.
15. Michel Foucault, p. 50. Sous couvert métaphysique, «l'essence et la nature» ont toujours servi de caution politique aux pouvoirs qui réduisent le sens et perturbent les sens. Les sciences aussi (la vérité) ont servi de caution à l'oppression. À titre d'exemple, dans le *Time Magazine* de la semaine du 24 mars 1982, on peut lire un article «médical» qui cite la dernière «découverte» publiée dans le *New England Journal of Medicine* de la semaine précédente, «découverte» que l'on doit au neurologue Daniel B. Hier et au spécialiste de médecine interne William F. Crowley. Ils ont administré un test d'intelligence à 19 hommes atteints d'une anomalie hormonale qui empêche l'apparition de l'hormone mâle (androgène) à la puberté. *Conséquemment*, ces hommes, «tout comme les femmes» dit l'article, avaient des résultats bien inférieurs à la

moyenne masculine normale dans les tests relatifs à la perception et à la manipulation d'objets tridimensionnels dans l'espace. Or, ces qualités sont essentielles dans l'étude des mathématiques, de la physique et du génie. Une femme ne peut être comparée qu'à un homme déficient.

16. Marina Yaguello, p. 45. Les exemples sont de nous. Et que dire des jeux télévisés et des concours de beauté dont toute la mise en scène vise à provoquer ces réactions dites «féminines» jusqu'à la caricature! Et que dire du discours bêtifiant des animateurs au public de vieilles dames!
17. La femme dit toujours autre chose, d'où cette boutade: «Si elle dit «non», cela veut dire «peut-être»; si elle dit «peut-être», cela veut dire «oui»; si elle dit «oui», elle cesse d'être une «vraie» femme.»
18. Le rapport québécois sur le bilinguisme et le biculturalisme faisait état du même phénomène caractéristique aussi de toute société colonisée: plus on monte dans l'échelle sociale, plus la langue parlée est celle du colonisateur. C'est en bas de l'échelle que l'on parle sa langue maternelle. Voir Marcel Rioux, *La question du Québec*, Paris, Seghers, 1969.
19. Marguerite Duras et Xavière Gauthier, *Les parleuses*, Paris, Minuit, 1974.
20. Marina Yaguello, p. 37.
21. La femme écoute plus attentivement les propos de l'homme et parle moins longtemps que lui. C'est parce qu'elles sont conscientes de tous ces facteurs de comportement dans la conversation mixte, que des féministes refusent la présence ou les interventions des hommes lors de certains débats ou conférences.
22. Bérénice Einberg dans *L'avalée des avalés* de Réjean Ducharme associait aussi la loghorrée à l'angoisse qu'elle éprouvait devant «les avaleurs», Paris, Gallimard, 1966, p. 214.
23. Claudine Herrmann, p. 90.
24. Voir Kathi Dierks-Stewart «Sex differences in non-verbal communication», Cynthia L. Beryman and Virginia A. Eman, éditeurs de *Communication, Language and Sex*. Proceedings of the First Annual Conference, Newberry House Publishers, Rowley, Mass, 1980, p. 112-118. On lit, p. 115: «Women display non-verbal behaviors more indicative of greater warmth and interpersonal liking... Women's learned tendency to display these behavioral characteristics reinforces their position of lower status. Societally valued characteristics of feminity necessarily place women in a submissive position in the non-verbal power hierarchy». Nous traduisons: «Les modes de communication non verbale auxquels ont recours les femmes sont plus porteurs de chaleur et d'affection. La tendance apprise qu'elles ont à manifester ces caractéristiques de comportement renforce leur appartenance à un statut social

inférieur. Les traits dits «féminins» des caractéristiques socialement valorisées placent automatiquement la femme en situation de soumission dans la hiérarchie du pouvoir extra-verbal.

25. Voir Denise Trouth et John L. Hyman, «Stereotyping in advertising, applying a scale for sexism», dans *Communication, Language and Sex*, p. 55.
26. Le Conseil du statut de la femme a fondé un «Comité pour la publicité non sexiste» qui a créé le prix Demeritas en 1981 pour sanctionner la publicité sexiste. Notons que la transgression est mieux vue lorsqu'elle vient de la femme qui revendique l'espace «masculin» que l'inverse. Il est socialement plus acceptable pour la femme de «porter le pantalon» que pour l'homme de «porter la jupe» (il devient alors travesti), ce qui corrobore la dévalorisation sociale de la femme.
27. Marina Yaguello, p. 71. Citons les écrits d'Hélène Cixous, de Madeleine Gagnon, de Mary Daly, de Nicole Brossard, de Louky Bersianik, de France Théoret, etc., pour n'en nommer que quelques-unes.
28. Shoshana Felman, *La folie et la chose littéraire*, Paris, Seuil, 1978, p. 141.
29. Louky Bersianik, *L'Euguélionne*, p. 385.
30. Suzanne Lamy, *d'elles*, Montréal, Éditions de l'hexagone, 1979, p. 34.
31. Claudine Herrmann, p. 15 et p. 18.
32. Voir le retour à la Grande-Déesse Mère chez Jovette Marchessault par exemple, *La mère des herbes*, Montréal, Quinze, coll. «Réelles», 1980, et *Le corps-à-corps avec la mère* de Luce Irigaray, entrevue, 28 mai 1980, Montréal, La pleine lune, 1981.
33. Marina Yaguello, p. 69.
34. Mais le sexisme dans la formation des genres va à l'encontre de la théorie mécaniste de Pierre Guiraud par exemple, pour qui la majeure partie des oxitons sont masculins (mots accentués sur la dernière syllabe, comme fauteuil) et la majeure partie des paroxytons sont féminins (mots accentués sur l'avant-dernière syllabe, comme chaise). Pierre Guiraud, *Le Français populaire*, Paris, P.U.F., coll. «Que sais-je?», 1965, p. 33.
35. Marina Yaguello, p. 158.
36. Marina Yaguello, p. 159.
37. Référons-nous à l'écriture-corps de Nicole Brossard («Le cortex exubérant»), de Marie Cardinal, de Denise Boucher, au «Dire des sexualités» dans *Le pique-nique sur l'Acropole* de Louky Bersianik.
38. Marina Yaguello, titre du Chapitre V de *Les mots et les femmes*, p. 164.
39. Marina Yaguello, p. 68.

40. Marina Yaguello, p. 181.
41. Dans son recueil intitulé *Mystère* (1982) et publié aux *Herbes rouges*, François Charron par exemple, définit l'écriture comme trace d'une absence, celle de la mère.
42. Anne Hébert, «Ève», dans Guy Sylvestre, *Anthologie de la poésie canadienne-française*, Montréal, Beauchemin, 1969, p. 250.

Le privé est politique: rôle manifestaire des graffiti au féminin*

Jeanne Demers et Line McMurray

First graffitist: If you studied the walls in the restroom, you'd get a great education
Second graffitist: In what?
Third graffitist: Humanity[1].

Les murs ont toujours eu la parole et Mai 68 n'a fait que mettre en évidence un phénomène presque aussi ancien que l'humanité. Parole à portée différente bien entendu selon les époques et surtout selon les lieux de son inscription: murs-parois des cavernes, murs de prisons, murs des espaces urbains, murs intérieurs, etc. D'abord iconographique et sans doute rituelle, cette parole s'est diversifiée dans le temps pour se donner de plus en plus un rôle contestataire. Du tendre coeur gravé avec ses initiales entrelacées au slogan politique que l'on pouvait lire sur les murs de Pompéi ou d'ailleurs en passant par les obscénités des divers lieux secrets, le graffito cherche à révéler une réalité que les tabous sociaux inhibent ou que le groupe dominant choisit d'ignorer. Il la manifeste, la joue contre le système dans la transgression des normes en l'écrivant où il ne faut pas, forçant ainsi sa lecture par une violence d'apparence anodine.

Cette ancienneté du graffito contraste avec la relative nouveauté des études à son sujet. Mise à part une publication pointant l'intérêt de graffiti sur verre — verres à boire et vitraux — recueillis à Londres (Hurlo Thrumbo 1731[2]), il n'est guère possible en effet de remonter au-delà du début du XXe siècle avec

* Cet article a été publié dans la revue *Atlantis*, vol. 8, n° 2, printemps 1983.

A.W. Read (1935)[3] et HH. Tanzer (1939)[4]. Encore n'est-il alors question que d'un relevé de mots crus ou de graffiti historiques donc non compromettants. Quant au corpus présenté par Thrumbo, il serait composé, si l'on en croit A.W. Read, de pensées sur des sujets à la mode: le jeu, l'amour, la politique, la sobriété, etc. Dès que l'étude quitte l'archéologie et risque des interprétations du graffito, que celles-ci soient d'ordre anthropologique, psychologique, psychanalytique ou sociologique, il y a risque que la censure s'exerce et d'autant plus s'il est obscène et contemporain. Plusieurs auteurs le signalent qui ont rencontré des difficultés de publication, A. Dundes[5] et H.D. Lomas[6] entre autres. Il semble que les milieux scientifiques se soient montrés particulièrement fermés. Serait-ce parce que le graffito trouve souvent son expression dans des espaces interdits de parole?

Plus grande encore sera la censure lorsque le graffito est identifiable à l'univers féminin: elle devient volontiers autocensure chez les chercheurs eux-mêmes. Plus subtile surtout; la responsabilité reconnue à la femme de maintenir la *propreté* du langage, donc les valeurs sociales en place, fait que l'on a du mal à admettre qu'elle puisse elle aussi se mettre en travers du système et trouver une certaine satisfaction à exprimer l'inavouable, l'innommable. Les commentaires sur les graffiti relevés dans les toilettes pour dames le prouvent. Ils se résument à la constatation que ces graffiti sont rares, manquent d'imagination et que de toute manière ce manque d'imagination correspond à une absence existentielle d'humour et de créativité[7]. Même quand les graffiti sont clairement féministes, on nie la femme en tant que sujet contestataire et on la récupère comme objet d'obscénité par l'association implicite du discours graffitaire féminin avec le discours masculin. L'hypothèse de la présente communication qui porte sur la *latrinalia*[8] au féminin, s'appuie plutôt sur leur différence. Contrairement au graffito masculin surtout obscène *in latrina*[9] et souvent considéré comme un retour à la pulsion anale, «l'autre discours», celui des femmes, jouerait d'abord un rôle manifestaire. L'étude d'un corpus réuni à l'Université de Montréal devrait rendre possible la mise au point d'une méthode d'analyse — textuelle pour une fois — susceptible éventuellement de le démontrer.

* * *

LE CORPS DU DÉLI(C)T

Le corpus dont nous disposons a été établi sur trois mois du début février au début mai 1982 et pour l'essentiel, dans un seul et même ensemble d'édifices de l'Université, soit le Pavillon Lionel-Groulx et son voisin, le 3150 Jean-Brillant, qui regroupe les activités de la plupart des sciences humaines. Il inclut les quelques graffiti recueillis lors d'une seule visite à l'École polytechnique et au Pavillon Marguerite-d'Youville (nursing et musique). Un examen systématique des autres principaux bâtiments du campus s'est soldé par un échec: peu pour ne pas dire aucun graffito en architecture, en médecine, aux Hautes Études Commerciales, au Pavillon Marie-Victorin (biologie et sciences de l'éducation), au Centre communautaire et au Cepsum. Sauf quelques rares exceptions, tous les graffiti relevés l'ont été sur les étages où sont concentrés les services: bibliothèque, cafétéria, casse-croûte, locaux étudiants, magasin scolaire, etc. Nous reviendrons plus tard dans notre recherche sur ces faits révélateurs.

Voici comment nous avons procédé à la cueillette. Précisons d'abord qu'au début de celle-ci, il n'y avait aucun graffito. Tous ceux que nous avions vus avant Noël avaient été effacés par le personnel d'entretien. Le même phénomène s'est produit tout au long de notre recherche et s'est accéléré avec le printemps malgré notre demande expresse et répétée aux responsables de retarder le ménage de quelques semaines. Compte tenu du fait que les graffiti lavés étaient parmi les plus provocateurs, nous n'écartons pas la possibilité qu'un geste individuel de censure ait été posé par certain/e/s employé/e/s[10]. Les cabines de chacune des toilettes des étages signalés de l'ensemble Lionel-Groulx-3150 Jean-Brillant ont été visitées au moins une fois par semaine et un contrôle régulier des toilettes des autres étages a été fait. Chaque espace porteur d'inscriptions[11] a donné lieu à un tableau quadrillé où, à l'aide d'une lettre, ont été localisés les graffiti. Ces lettres correspondent à leur ordre d'apparition, en autant qu'il nous a été donné d'en juger. Une fiche reproduit chaque graffito, avec renvoi au tableau et description de ses caractéristiques: couleur de l'encre, dimension des lettres, marques de toutes sortes (traits, flèches, cercles, dessins...), etc.

Cent quatre-vingt-quatorze graffiti répartis sur cinquante-six murs ont été ainsi recueillis. Ce nombre relativement petit serait insuffisant si notre approche était sociologique; il nous paraît constituer cependant un corpus tout à fait acceptable pour une approche textuelle. Pour l'analyse, nous avons retenu quatre murs particulièrement significatifs, par leur richesse d'abord — un nombre important de graffiti — leur dynamique interne, le fait surtout qu'ils aient développé une polémique autour d'un ou de quelques thèmes formant noyau. Deux murs proviennent de l'ensemble Pavillon Lionel-Groulx-3150 Jean-Brillant et deux du Pavillon Marguerite-d'Youville. Le choix s'est trouvé facilité par le fait que chaque mur ait, par un effet d'entraînement, tendance à se spécialiser à partir du graffito initial — une mini-affiche auto-collante à l'occasion — ou encore à se réorienter à la suite d'une inscription-choc: nous avons pu le vérifier, en intervenant deux fois sur le même mur[12]. Aussi nous a-t-il été possible, en partant du graffito initial, d'identifier chacun des murs choisis comme étant plutôt: féministe (mur 18p, figure 1), imaginatif (mur 10g, figure 2), obscène (mur 7p, figure 3) et politique (mur 16p, figure 4).

Cette nomenclature qui se veut utile n'a évidemment aucune prétention typologique. Si le mur nous intéresse en tant que macro-texte, c'est qu'il constitue un ensemble d'unités-graffito ou micro-textes en interrelation, qu'il est surtout le prétexte et le hors-texte du micro-texte; prétexte en ce sens qu'il constitue un pressant appel au graffito et hors-texte par la polysignification qu'il se trouve à lui assurer. Aussi l'étude du graffito en tant que micro-texte s'impose-t-elle en premier. Nous l'aborderons comme acte de parole (Speach Act) au sens philosophique de la pragmatique américaine, ce qui nous permettra d'examiner sa performance manifestaire. Acte de parole en effet que le graffito et acte de parole apparemment réussi, car écrire sur les murs de l'Institution, c'est choquer la bienséance publique, c'est poser un geste scandaleux d'affirmation de soi, c'est dire haut et fort ce qui tient à coeur, c'est enfin, par une sorte de «manifeste agi» imposer son avis à des lecteur/rice/s captif/ve/s.

Figure 1

Le mur féministe

Toilette n° 3064; Pavillon Marguerite-d'Youville

I (1ère cabine) PORTE 18p.

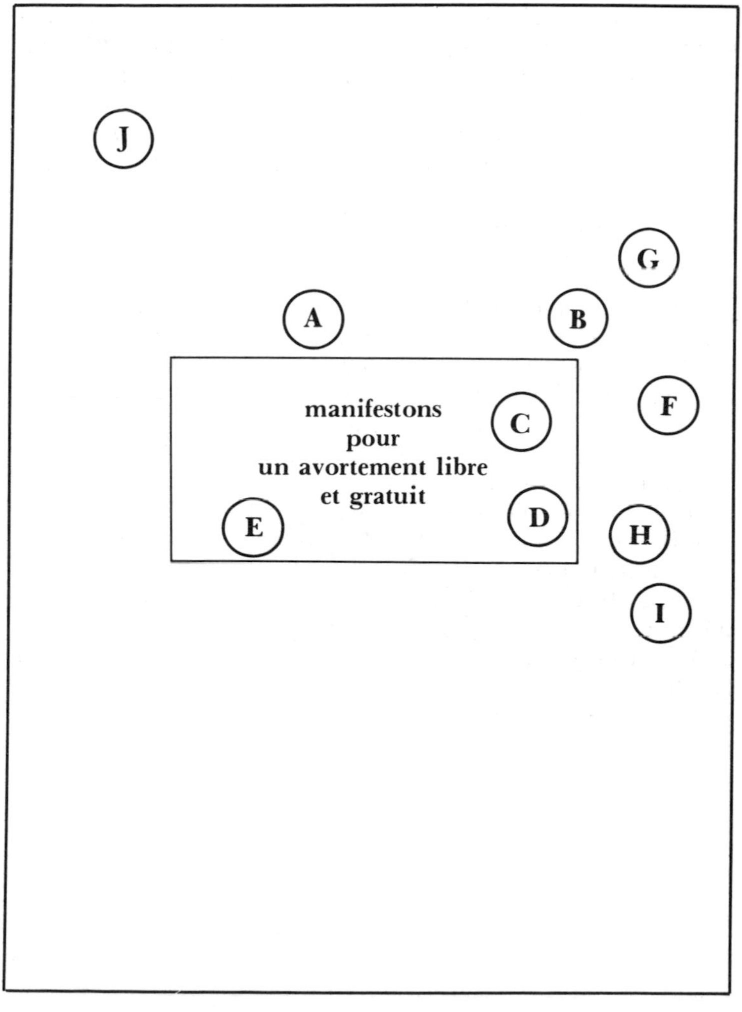

Figure 2

Le mur imaginatif

Toilettes du 1er étage à côté de la cafétéria rouge;
Pavillon Jean-Brillant

II (2e cabine) MUR DE GAUCHE 10g.

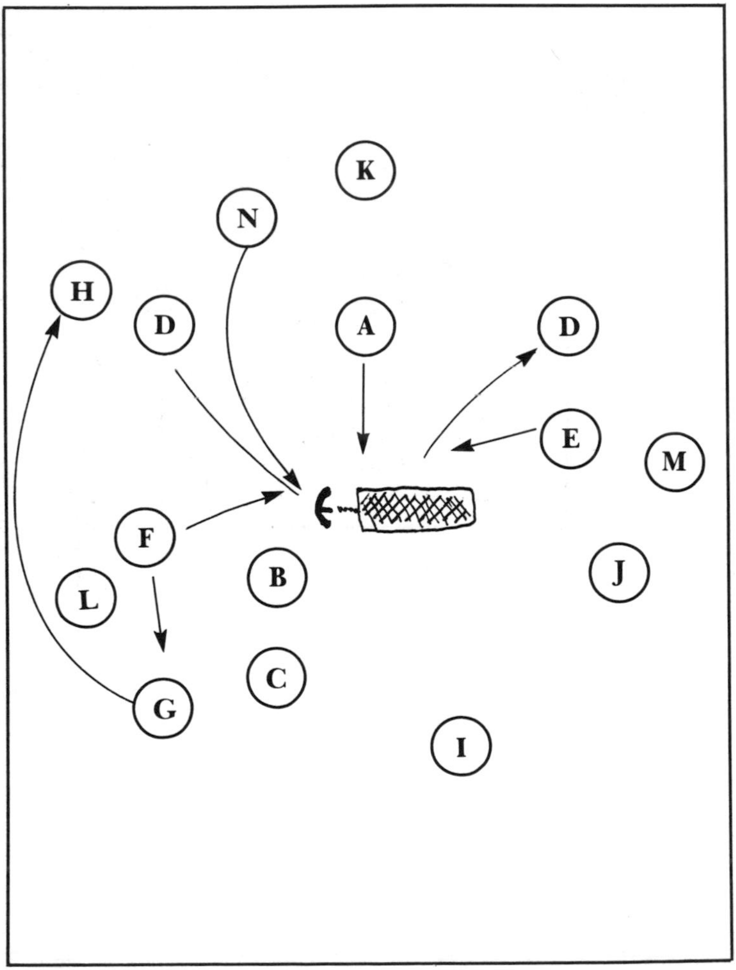

Figure 3

Le mur obscène

Toilettes du 2e étage à côté de la papeterie
Pavillon Jean-Brillant

V (5e cabine) PORTE 7p.

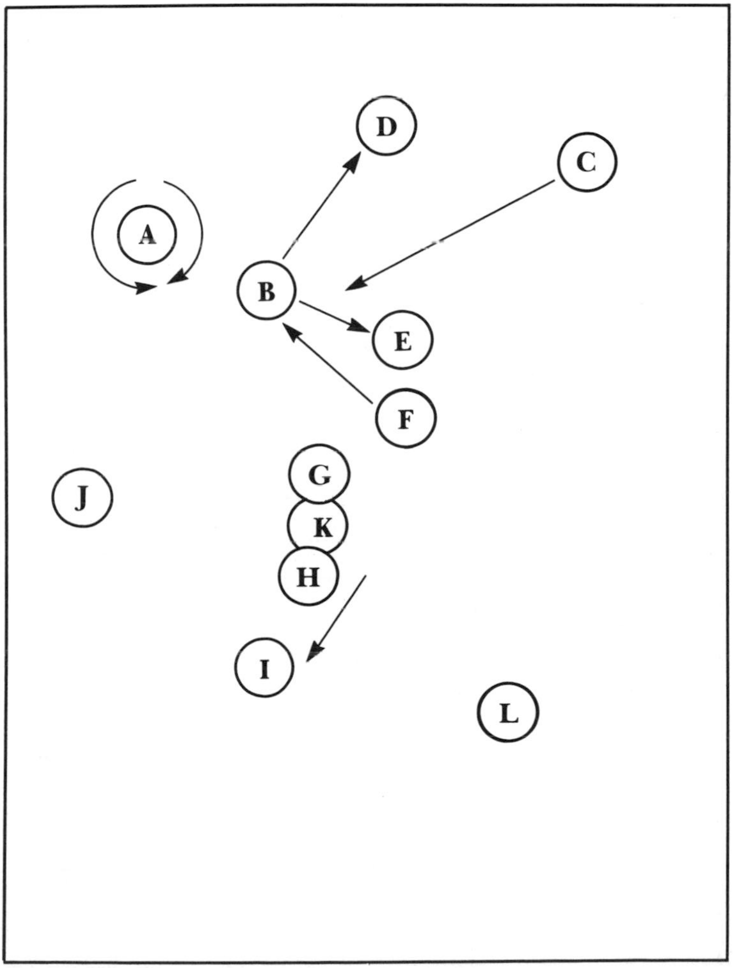

Figure 4

Le mur politique

Toilette n° 1066; Pavillon Marguerite-d'Youville

III (3e cabine) PORTE 16p.

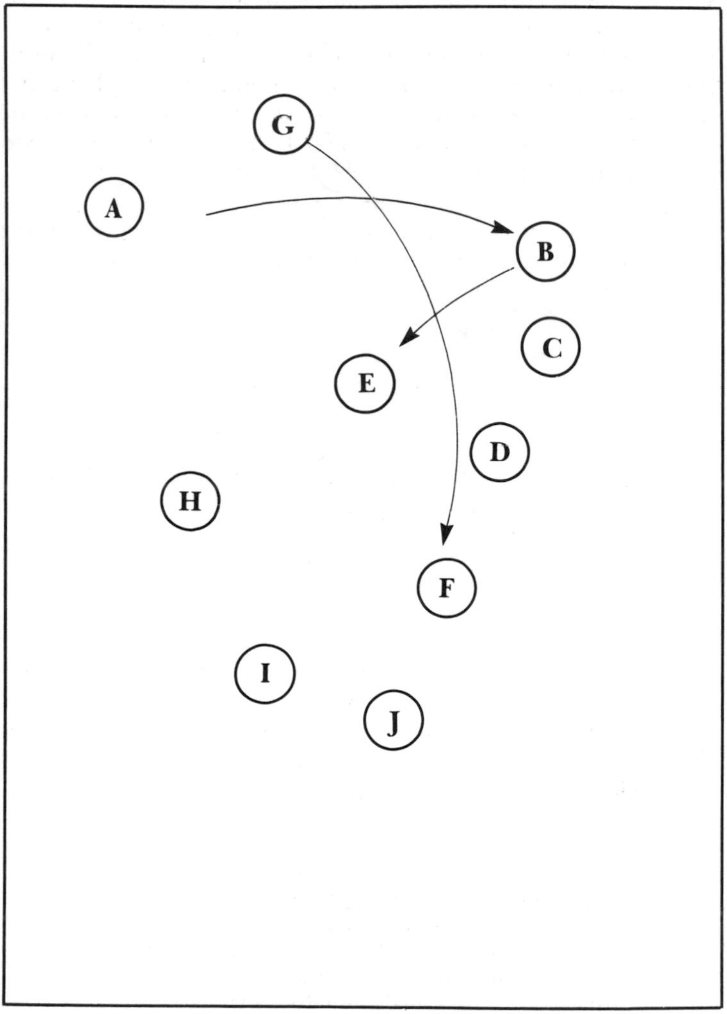

DU MICRO AU MACRO-TEXTE

Mais tous les manifestes écrits ne sont-ils pas «agis» par définition? Ne comportent-ils pas tous, quelle que soit la forme qu'ils prennent — affiche, tract, publications de toutes sortes — et la façon dont ils sont diffusés, une part importante d'action au sens strict du terme? Aussi leur existence dépend-elle en grande partie de leur contexte immédiat d'énonciation: moment et lieu de leur proclamation, forme qu'emprunte celle-ci, etc. Contexte indispensable d'ailleurs à leur signification, sans lequel leur statut textuel se trouverait réduit et, à la limite, pourrait constituer un non-sens. Contexte qu'il conviendrait d'appeler «hors-texte» afin de bien le distinguer du contexte sociologique et de situer avec le texte, soit les mots écrits, dans l'ensemble plus large qui constitue le Texte du manifeste. La figure ci-dessous illustre bien cette place relative du texte comme du hors-texte et surtout le fait que le Texte les comprend de manière existentielle[13].

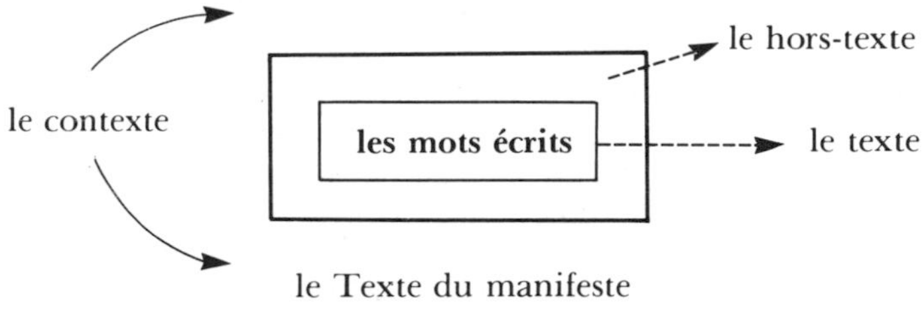

L'unité-graffito est un excellent exemple de l'importance du hors-texte pour certains types de textes. Il est évident que des phrases comme «Merci pour le conseil» (mur 10g, I) ou «T'es dingue, ou quoi?» (mur 7p, J) ne peuvent se passer de leur situation d'élocution. Quant à ces quelques lignes,

> Quoi dire des peuples opprimés — le peuple
> polonais connaît la guerre, l'oppression,
> la famine depuis 1939 et même avant,
> alors la guerre, la liberté et la paix sont
> des concepts vivants! (mur 16 p, A),

lisons-les ailleurs que sur un mur et nous nous trouverons devant une simple assertion. La même inscription *in latrina* devient performative et prend automatiquement une valeur manifestaire. Le graffito représente en effet la trace d'une prise de parole traduite dans un geste d'écriture non autorisé. Ce geste est un acte performatif dans la mesure où le discours de la graffiteure (celle qui écrit) agit sur l'autre; la graffitaire (celle qui lit), le macro-texte en voie d'élaboration et l'Institution.

La performativité de l'unité-graffito ne résulte pas de son seul hors-texte comme le démontre l'exemple suivant qui inaugure le mur imaginatif et dont les quatorze graffiti-réactions prouvent l'efficacité:

Laissez aller votre imagination!
À quoi ceci vous fait-il penser?

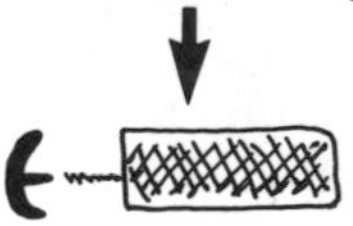

(mur 10 g, A)

Pour entraîner des réponses aussi nombreuses et surtout aussi variées que «un tube dentifrice ou encore une serpe de druide» (B), «un bordeaux rouge avec un ouvre-bouteille» (C), «un instrument médical pour les réflexes» (D), «un pénis à l'envers» (F), «une saucisse» (N), «une saucisse «cocktail» au bout d'une fourchette à gros manche» (K), le «chapeau de Daniel Boone» (O), il fallait que le texte porte en soi une très grande force de provocation. Voyons de quoi est fait ce texte. Le hors-texte d'abord: ici un mur nu. Aucun autre stimulus donc que la volonté chez la graffiteure de déranger les lectrices, de les transformer de graffitaires en graffiteures. Aussi cette volonté doit-elle se retrouver dans le texte lui-même et au-delà du geste de transgression absolue que constitue le fait d'écrire un premier graffito. Dans l'exemple cité, deux courtes phrases superposées, d'égale longueur à une syllabe près, une exclamative et une interrogative. La première se lit d'un seul regard et comporte un *jussif*, c'est-à-dire un ordre, qui ne peut que secouer l'indifférence de la lectrice. Quant à la seconde, elle s'appréhende en trois moments: À quoi ceci/dessin/ vous fait-il penser? Le *déictique* «ceci» doublé d'une flèche force une relecture tant de la question que de l'ordre contenu dans la première phrase, mettant ainsi en place un mécanisme de stimulation puissant. À noter la configuration de ce mur 10g: un seul grand noyau autour du graffito initial, mis à part un mini-noyau concernant l'une des interprétations.

L'exemple que nous venons brièvement d'analyser n'était guère explosif. Tout au plus jouait-il sur le besoin latent de la graffitaire de s'exprimer d'une part et d'autre part de le faire avec brio[14]. Lorsque le sujet est chaud comme c'est le cas pour le mur «féministe», où un autocollant tenant lieu de graffito plaide pour l'avortement libre et gratuit (mur 18), la performativité du texte lui doit beaucoup. Il n'est pas étonnant alors que le graffito se soit attiré des répliques aussi extrêmes que «Assassins» (18 p, B) et en surimpression-agression, des commentaires comme «Va te faire foutre» (C), «Non! Je ne veux pas d'enfants. Je les renderais (sic) malheureux» (D) ou «C'est de mes affaires» (E). Cette performativité est probante dans les exemples qui suivent:

À Canada = Power
Québec c'est de la merde
Mort au P.Q.
À bas le P.Q. (mur 3g, F)

on a répondu du tac au tac:

Québec = Flower
Canada - Merde
Mort au fédéral
À bas Trudeau (mur 3g, G).

Tout se passe comme si la performativité du graffito initial ou d'un graffito assez fort pour réorienter le mur — c'est le cas de l'exemple ci-dessus — appelait une performativité de réplique égale; performativité qui s'appuie ici sur une forme identique, mais dont l'objet est déplacé pour inverser l'invective. Cette technique du jeu de langage est fréquente de graffito à graffito, qu'elle fasse appel au rythme, à l'homophonie — assonance ou rime — ou à d'autres procédés, l'intertextualité par exemple comme dans «Paix aux femmes de tête» (mur 7p, L), parodie évidente du «Paix aux hommes de bonne volonté» ou «Pénis: assez fort pour lui/mais conçu pour elle» (mur 10g, D) qui rappelle une publicité de désodorisant très connue. La technique du jeu de langage contribue à la force du graffito-réponse en créant une distance ludique susceptible d'attirer l'attention des autres lectrices.

La qualité de la distance prise par la graffitaire-graffiteure, par rapport au graffito qui précède, varie beaucoup. Elle est *ironique* dans cette hypothèse concernant l'objet-mystère du mur 10g: «un poisson d'avril peut-être» (J), ou encore didactique:

> Tu n'as pas dû en voir souvent
> pour dire ceci (car même à l'envers
> ou à l'endroit le petit dessin
> n'a rien d'un pénis) Conseil: consulte
> des livres d'anatomie! (G)

À l'occasion elle devient condescendante, voire même paternaliste[15].

> Pauvre petite tu ne sais pas que
> la liberté sexuelle c'est de se mettre!
> (mais pas avec n'importe qui) (mur 16p, I).

C'est la dimension critique de cette distance — souvent marquée d'ailleurs par la disposition spatiale du graffito — qui paraît la plus intéressante. De commentaires comme «Quelle imagination/quel esprit» (mur 10g, E), ou

> Vos propos sont des clichés.
> Vos arguments n'ont d'intérêt
> qu'en ce qu'ils sont le reflet de vos
> tabou (sic) ...etc. (mur 18p, J)

en passant par l'étonnement d'un «Y a pas de graffiti ici?» (mur 9p, A), elle se fait méta-discours dans les inscriptions suivantes:

> la parole peut devenir libératrice
> dans une toilette (mur 3d, I)
> les grafitis (sic) sont la littérature populaire (mur 16d, D)

ou bien dans ces deux questions, l'une entourée d'un coeur

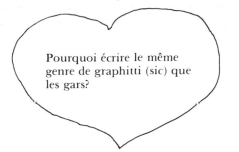

Pourquoi écrire le même
genre de graphitti (sic) que
les gars?

(mur 22d, B)

et l'autre qui imagine (désire?) des lecteurs masculins:

Monsieur le concierge (vous?)
payez-vous de bons
moments de lecture? (mur 10d, I).

LE GRAFFITO FÉMININ: D'ABORD MANIFESTAIRE

Le fait qu'un certain nombre de graffiti de notre corpus constituent plus ou moins du méta-discours est significatif. Il nous paraît en effet confirmer notre hypothèse que le graffito féminin joue d'abord un rôle manifestaire. Qu'il le fasse lorsque politique ou encore féministe, on l'imagine aisément. Mais qu'en est-il du graffito obscène? Examinons le mur choisi à cause de l'obscénité relative de l'inscription initiale:

Hé vous... (illisible)*!*
en plus de notre éjaculation
de flux menstruel, caca, sang,
éructation, lait mammaire
salive con plutôt crachat!

(mur 7p, A)

Ce graffito aurait normalement dû entraîner comme pour le mur «imaginatif» et le mur «féministe» une série de graffiti du même type. Or il n'en est rien et son isolement spatial le prouve. Le second graffito

Pétition

La seule façon de dominer
les hommes est de leur pisser
dans la bouche.

Anne B. Sc. SO. (mur 7p, B)

marque déjà une rupture qui se précisera tout au long du macro-texte, récupérant l'obscénité dans une polémique sur le rapport dominant/dominé des deux sexes. Aussi le mur se trouve-t-il rapidement réorienté en macro-texte féministe, ce que confirment d'ailleurs plusieurs flèches. Même le langage est atteint comme en fait foi l'exemple suivant:

«Fais cavalière seule!
... (etc.) (mur 7p, K)

L'apostrophe qui apparaît au début du graffito initial y est sans doute pour beaucoup. Il reste que sur les cinquante-six murs répertoriés, trois seulement commencent par une obscénité et deux autres par un graffito scatologique. Et encore produisent-ils — quand ils le font! — et à deux exceptions près[16] des noyaux très brefs (deux ou trois inscriptions). Même les sujets qui s'en rapprochent, le lesbianisme par exemple, sont traités de façon contestataire. Il s'agit ou bien de déclaration de principe

Les seules femmes vraiment libérées
Ce sont les lesbiennes!!! (mur 7g, A)

ou bien d'aveu que la graffiteure n'oserait probablement pas faire ouvertement: «Je suis lesbienne» (mur 15d, A) ou bien encore d'une réflexion de moraliste comme ce graffito, non dépourvu d'humour:

> S'il y avait plus de femmes gaies
> il y aurait moins de femmes tristes (mur 7d, A).

Le graffito féminin n'est à peu près jamais l'occasion de rendez-vous: une seule demande et sa réponse, numéro de téléphone inclus. Nous avons là une preuve du peu d'intérêt que la graffiteure semble porter au discours simplement utilitaire ou ne décrivant que des fonctions physiologiques. Ce qui lui importe, c'est d'user de son droit de parole pour manifester sinon toujours ses idées sur la vie, l'amour, les relations entre les sexes, etc., du moins ses réactions à celles des autres. La guerre n'échappe pas non plus à ses prises de position sans suffire toutefois au macro texte: le mur «politique» qui en traite sur cinq inscriptions dévie en son milieu avec le graffito suivant, jussif et d'ordre existentiel:

> À bas l'amour elle (sic) brime
> notre liberté (mur 16p, F).

Dévie-t-il vraiment? Le premier graffito parlait déjà de liberté et c'est cette liberté, plaque tournante entre deux sujets prétextes que revendiquent les différentes graffiteures. Lisons le second graffito, particulièrement explicite dans sa logique un peu simpliste:

> P.S. Si les gens ne s'aiment pas
> ils se détestent   et s'ils se détestent
>   ils font la guerre — où sera la
> liberté? (mur 16p, B)

Le rôle manifestaire du graffito féminin se révèle paradoxal. Alors que, compte tenu des contraintes sociales, chaque geste d'écrire sur le mur signifie pour la femme «je proclame» et que le «je» du texte, condition *sina qua non* de l'énoncé performatif, donc de tout manifeste, double souvent cette proclamation, la graffiteure demeure anonyme. Le «je» du graffito — celui du hors-texte comme du texte — n'est qu'un «je» de mascarade, trait partagé d'ailleurs avec le «je» du graffiteur masculin. Une différence essentielle toutefois: celui-ci cherche moins à revendiquer et son geste, toléré depuis longtemps déjà, n'est pas forcément transgression. L'anonymat nécessaire à la *latrinalia* nous a été révélé par une inscription restée sans effet à cause justement d'une erreur de stratégie de la part de la graffiteure, soit un appel de signature:

> Celles qui croient que les
> hommes doivent être à nos
> pieds pour les lécher, S.V.P.
> signez (on peut former un club) (mur 7p, G).

Erreur de stratégie ou sur-stratégie? Le «je» qui se dissimule ne peut donner son nom[17] et la graffiteure le sait qui cache le sien. Stratégie ou sur-stratégie, cette inscription démasque le malaise fondamental de la *latrinalia* au féminin. Pourquoi le graffito des femmes doit-il se réfugier dans l'anonymat et l'intimité des toilettes quand il n'a, la plupart du temps, rien de honteux à dire, bien au contraire même. Lui faut-il à tout prix un espace d'écriture interdit? Une expérience tentée justement à l'Université de Montréal lors de la Semaine des femmes le laisse croire: de grandes feuilles de papier ont été mises à leur disposition à l'étage des services du 3150 Jean-Brillant. En vain[16]. Peu ou pas d'inscription. Pourtant, au même moment se poursuivaient les macro-textes secrets...

* * *

La graffiteure fouille dans son sac et sort un stylo à encre rouge, noire ou bleue. Elle écrit en lettres minuscules ou grosses, fines ou épaisses, un slogan féministe, politique, une obscénité ou encore une boutade. Puis la graffiteure file en douce, non marquée, non entamée par son geste anonyme, abandonnant son message à la polémique. La graffitaire la remplace et devient captive du texte qui s'élabore. Sera-t-elle suffisamment provoquée pour se faire à son tour graffiteure? Validera-t-elle ou infirmera-t-elle les propos précédents? Souhaitera-t-elle plutôt y aller de son cru en inscrivant un graffito inattendu? Quoi qu'elle écrive, elle aura posé un geste manifestaire. Geste limité toutefois au privé et plus précisément au privé féminin. Serait-ce que les femmes ne peuvent parler qu'entre elles?

Alors que le graffito masculin, expressif avant tout, peut se passer du graffitaire — exprimer ses fantasmes n'appelle pas nécessairement de réplique — celui des femmes parce qu'essentiellement politique, donc polémique, exige d'être lu et repris. Aussi sa place devrait-elle être ailleurs que dans un espace clos et à auditoire orienté; ailleurs surtout que dans un texte mobile et éphémère par définition. «Le privé est politique», mais au prix de quelles limites! Il est indiscutable que la *latrinalia* au féminin porte en soi les germes du véritable manifeste. Or celui-ci n'existe que public.

Au moment où nous terminons cette pré-recherche sur le graffito des femmes, pré-recherche qui s'inscrit dans une recherche plus large sur le manifeste, on ne nous en voudra pas de constater (pour le déplorer bien entendu) que plusieurs activités féminines fonctionnent comme la *latrinalia*, en deça des grands circuits de communication, par le choix souvent explicite d'un auditoire exclusivement féminin.

Université de Montréal
1982

Notes

1. «A graffito dialogue from a «john» wall in Chapel Hill, North Carolina, circo 1972», dans Ernest L. Abel et Barbara E. Buckley, *The Hand writing on the Wall*, Greenwood Press, Westport, Connecticut/London, England, p. 20.
2. *The Merry — Thought or, the Glass Window Bog-House Miscellany*, Londres, publication privée.
3. *Lexical Evidence from Folk Epigraphy in Western North America: A Glossarial Study of the Low Element in the English Vocabulary*, Paris, Olympic Press, 1935.
4. *The Common People of Pompei*, Baltimore, John Hopkins Press, 1939.
5. «Here I Sit: A study of American Latrinalia», réimpression n° 34, *Kroeber Anthropological Society Papers*, printemps 1966, p. 92.
6. Harvey D. Lomas, «Graffiti: Some Observation and Speculation», *The Psychoanalytic Review*, printemps 1973, vol. 60, n° 1, p. 71-72.
7. Voir à ce sujet Ernest L. Abel et Barbara E. Buckley, «The Female Graffiti», dans *op. cit.*, ch. 12, p. 133-138.
8. Nous empruntons cette expression à Alan Dundes, cité par Ernest L. Abel et Barbara E. Buckley, *op. cit.*, p. 16.
9. Nous nous appuyons sur les études à ce sujet, notre recherche ne pouvant se prétendre comparative, du moins à ce stade.
10. Il y aurait une distinction à faire entre ce type de censure et celle plus évidente d'effaçage avec le doigt ou autrement, et qui correspond à une sorte de degré zéro de graffito.
11. Notons que la graffiteure dispose d'au plus deux, quelquefois trois murs porte incluse, l'un des murs au moins étant de briques, céramique, etc.
12. Nous avions écrit un graffito qui fut rapidement lavé. Nous l'avons repris, comme suit: «On a essayé de me censurer en effaçant ce que j'avais écrit! Je le répète pour la dernière fois, j'espère... «Eh! les filles, grouillez-vous. Le système patriarcal nous étouffe. Devenez féministe». Ce graffito s'attira, dans l'espace d'une semaine, cinq réponses — plusieurs aussi longues que lui — dont la plus intéressante est: «Si les hommes avaient des enfants, l'avortement serait un sacrement» (mur 5d, A).
13. L'une de nous deux, Jeanne Demers, a déjà exploré cette conception du texte dans un article récent signé conjointement avec Lise Gauvin: «Frontières du conte écrit: quelques loup-garous québécois», *Littérature*, n° 45, février 1982, p. 5-23.

14. Ce désir de briller — considéré comme conscient — est signalé par le docteur W.J. Gadpaille dans un article intitulé «Graffiti: its Psychodynamic Significance», *Sexual Behavior*, n° 2, nov. 1971, p. 47.
15. Situation paradoxale si l'on pense que l'une des revendications féminines est le rejet du discours paternaliste.
16. Soit les murs 21 et 22 qui comportent respectivement 2/2 et 8/16 inscriptions obscènes. Ce n'est pas un hasard si le graffito du mur 22 cité en page 7, regrette que les filles imitent les garçons en tenant des propos obscènes. D'autre part, nous avons relevé un bon exemple de noyau bref sur le mur 3 dont le premier graffito dit: «Aie pas peur de t'asseoir/su l'bol/c'est pas de même qu'on attrape/des morpions/». Il n'est suivi que d'une inscription du même type:« ⌢ poils vus en gros». C'est sur ce mur d'ailleurs que nous avons pu lire les graffiti cités plus haut «Canada Power... Québec flower...».
17. Des graffiti new-yorkais photographiés par Mervyn Kurlansky et Jon Naar et analysés par Norman Mailer dans un bouquin récent — *Graffiti de New-York*, N.-Y., Alskog Inc./Praeger Publishers, 1974, non paginé — présentent comme unique contenu le pseudonyme du graffiteur. On ne peut toutefois considérer ce nom comme une signature puisque selon le témoignage même d'un des graffiteurs, écrire un graffito, c'est «défonc/er/ le mur». Ceci dit notre corpus comporte trois signatures (fictives?): le «Anne B.» déjà signalé et deux autres reliées à un rendez-vous gai.

LECTURES TEXTUELLES AU FÉMININ

La nourricriture ou l'écriture d'Hélène Cixous, de Chantal Chawaf et d'Annie Leclerc

Christine Klein-Lataud

Recevant Marguerite Yourcenar à l'Académie française en 1981, Jean d'Ormesson mentionne ce qu'il appelle «l'accident de son sexe» pour lui refuser aussitôt toute pertinence: «Le mot écrivain ne connaît pas de distinction de genre». Et pourtant, beaucoup de femmes aujourd'hui se déclarent écrivaines. Le 'E' qui distingue l'auteur de l'auteure a cessé d'être muet, et on a vu apparaître ces dernières années des femmes qui pratiquent et/ou théorisent une écriture qui se veut différente.

Je me propose d'étudier cette écriture spécifiquement féminine à partir des textes d'Hélène Cixous, de Chantal Chawaf et d'Annie Leclerc. Précisons qu'il ne s'agit pas de dire que toutes les femmes écrivent comme ça, ni de leur attribuer l'exclusivité de procédés stylistiques qu'elles utilisent sans les avoir forcément inventés. Je tenterai seulement de dégager les traits communs aux oeuvres d'écrivaines actuelles qui veulent faire naître une «parole de femme». Car il ne s'agit pas simplement de prendre la parole, en volant aux hommes la langue qu'ils confisqueraient à leur profit. «Les voix peuvent être neuves et les paroles éculées[1]». La première tâche consiste à se libérer du filet insidieux qui prend les femmes au piège d'une parole faite en dehors d'elles, voire contre elles. «En vérité, la langue invisible qui m'avait enveloppée naguère et qui commandait mes pas, je l'ai arrachée, la vieille langue noueuse, qui me gainait le souffle, je l'ai enlevée[2]».

Pourquoi cette nécessité de se couper de la langue? N'est-elle pas l'expression commune à toute une société? Le véhicule de valeurs universelles? En fait, la langue est l'arme de l'oppression. De même que la critique marxiste dénonce en elle l'instrument de l'idéologie dominante, de même les féministes récusent sa pseudo-universalité. Tous ces discours prononcés au nom de l'Homme sont en fait l'expression de l'homme. À la faveur du H, on a escamoté la femme. Et voilà pourquoi elle est muette!

Massivement, ce sont les hommes qui ont créé notre culture, et la place qu'elle fait aux femmes transparaît linguistiquement. Comme l'homme domine la femme, le masculin l'emporte sur le féminin. Et encore faut-il que le féminin existe. Où est, par exemple, le féminin de vainqueur? De même pour d'autres usages tout aussi révélateurs. Ainsi «une grande femme ne saurait être un grand homme. La grandeur est chez elle une affaire de centimètres[3]».

D'autre part, cette «langue phallique» impose son ordre au monde, elle l'appauvrit, le borne, le quadrille de façon policière. Que l'on songe aux termes utilisés couramment par les linguistes: il est toujours question de découpage du réel. Les hommes «esclaves de la raison dans le langage[4]» ont créé une langue anti-vie, une langue de bois, vidée de sève, qui consacre le dualisme mutilant esprit/matière. «L'esprit en se séparant des sens (...) a dominé le langage comme les armées, comme la force militaire ont dominé l'histoire[5]». Langue «morte», la langue des hommes est aussi langue de mort. Historiquement, elle est celle des maîtres, des «phallus casqués» qui ont mis, qui continuent à mettre la planète à feu et à sang. Les valeurs qu'elle célèbre sont celles de la mort. Les écrivaines n'ont pas trop de mots pour stigmatiser les «haïsseurs de vie» et les «charognards» qui ont érigé en modèles des héros dont la vie a pour sens d'affronter la mort.

Rejeter cette langue, c'est donc refuser de pactiser avec les valeurs d'un ordre pourri qui, quand il n'impose pas les horreurs de la guerre, condamne, en temps de paix, à la pollution, à l'enfer du béton et du bitume, à l'ennui, bref, un ordre au service de «peste et profit». L'écriture féminine est militante: elle se propose de changer le monde en inventant une parole autre, qui sera celle de la vie. Aux «signifiants vidés de signifiés», elle oppose les mots de la vie. Où les chercher? Près des racines, au plus profond de la chair, jusqu'aux «pulsations-mères de la vie». Il faut remonter le temps, celui de l'individu, celui de l'humanité, pour retrouver «un langage encore indistinct du corps humain (...) métaphore sensorielle de la vie sur la terre où l'humain par les mots (...) accédait au végétal à l'animal[6]». «Corporelle musique» qui nous met en symbiose avec l'univers: «Parler au féminin, c'est lécher doucement la chair des choses et des corps, c'est faire se lever comme une brume l'odeur du monde (...) alors viennent ces vibrations biologiques qui commencent le langage d'une libération[7].»

«Tirons les verrous de la porte de nos corps»

Biologique: rappelant par une syllepse frappante son double sens, Hélène Cixous assigne à la langue la mission de dire le corps: «Ma terre interne mon climat. Que la jeune langue me la dise! Je l'ai portée dans les flancs de ma bouche. Voilà le germe du monde attaché à ma porte. Voilà le moment de sa sortie arrivée! La voilà née[8]!»

Pour que soit possible l'émergence de la «langue corps», il faut déjà accepter d'habiter son corps, de le reconnaître, de l'aimer. Dans notre civilisation, «tendre corps féminin» a été vilipendé. C'est la grande pitié de la langue française, chante Brassens. Qu'on relise les Pères de l'Église, saint Augustin en particulier, pour retrouver dans toute sa force cette horreur du corps féminin. Cloaque immonde, sac d'excréments. Qu'on songe à tous les interdits concernant la menstruation, appelée souillure, à la façon dont est présenté l'enfantement: châtiment, expiation de la faute de la femme. De nos jours, l'aversion pour le corps féminin a pris une autre forme: il peut triompher dans sa nudité dans les médias, mais il faut continuer à taire son fonctionnement, sa différence. Les écrivaines nous invitent à le redécouvrir et à l'aimer. L'ordre artificiel et meurtrier dont nous avons parlé précédemment s'appuie sur l'oppression des corps: sa destruction passe donc par leur libération. «La musique de cette voix issue du ventre et des viscères et de la peau (...) peut seule illuminer maintenant la nuit du monde[9]», dit Chantal Chawaf. Hélène Cixous dit aussi: «Il faut que la femme écrive son corps, qu'elle invente la langue imprenable qui crève les cloisonnements (...) ordonnances et codes (...)[10]». Nous sommes conviées à une redécouverte de nous-mêmes, et la recherche de notre identité commence par un voyage au centre du corps.

«ENTRER EN ROUGE»

Pour aborder ce pays «tout en chair et en peau et en muqueuse et en liquide[11]», le langage se colorera du «rouge-mère des mots qui prendraient source dans la chair[12]». Un des livres de Chantal Chawaf s'intitule précisément *Rougeâtre*: rouge — décrié, comme le souligne le suffixe péjoratif — âtre — des organes, rouge de l'angoisse devenue métaphoriquement nappe de sang, rouge de la honte attachée traditionnellement au sang menstruel et qui devient le rouge de la revendication. «Rougement à moi-même m'expliquer ma jeune machine de femme[13]», écrit Cixous.

Tout d'abord, il n'y aura plus de tabou. Les femmes auront les mots de leurs organes: «Je veux que ma langue s'invagine» (Cixous). On assiste, sur le plan linguistique, à un mouvement semblable à celui de Judy Chicago dans sa *Dinner Party*. Sur la table du festin destiné à glorifier les grandes femmes de l'histoire et, à travers elles, toutes les femmes, le couvert est mis avec des assiettes de porcelaine en relief et aux vives couleurs qui rappellent les organes féminins: les *pudenda*, parties honteuses, sont exhibées, magnifiées, célébrées. Pour se libérer des connotations négatives, le mot se fait d'abord pur signifiant. La violation de la syntaxe permet de le réduire en un premier mouvement à ses phonèmes, démarche que peut faciliter l'allitération. «Je veux VULVE» (Cixous). Et la réhabilitation des «syllabes sales», devenues plaisir phonatoire, purs objets de jouissance, permet celle des signifiés: «Tout ce qu'elle prononce est fait beau du point de vue de ma langue: «Vulve». Et hors de l'obscurité où végétait ma bouche divine lumineuse se lève la nouvelle astre. Et j'ai ma vulve[14]».

De même que les vulves sur les assiettes de Judy Chicago se diaprent et se déploient comme des papillons, dans les textes qui nous occupent, «Matrice Vole», les mots honnis ou parqués dans les ouvrages médicaux, sortent du ghetto, s'associent librement dans la grande danse des métaphores.

Dire le corps, et dire ce que les femmes n'ont jamais dit. Laissant les hommes s'ériger en sujets universels, elles ont accepté de taire tout ce qu'ils ne disaient pas, tout ce qu'ils ne pouvaient pas dire, étant hommes: l'attente de l'enfant, sa mise au monde, l'allaitement. Cette célébration des «fêtes dionysiaques de la vie», les femmes n'avaient pas osé la faire. Elles se sont assassinées dans leur part «la plus vive, la plus vraie, la plus somptueuse[15]». Les oeuvres des écrivaines développent donc toute une thématique spécifiquement féminine. Même quand les hommes voulaient traiter ces expériences, ils portaient sur elles un regard horrifié et dégoûté. On se souvient de Colette à 14 ans s'évanouissant à la lecture d'un accouchement peint par Zola, avec «la chair écartelée, l'excrément, le sang souillé[16]». Ce n'est pourtant pas elle qui a fait une «contre-description» du point de vue du sujet. Il faut attendre Annie Leclerc et Chantal Chawaf pour que la femme dise avec amour le vécu de son corps.

Cette tâche ne se limite pas à ses expériences spécifiques, mais s'étend à celles qu'elle partage avec l'homme, tout en les vivant différemment. Ainsi, notre littérature peint toujours l'étreinte amoureuse en termes virils. «Don-Prise-Conquête. Abandon. Possession... Où sommes-nous? Au marché? À la guerre? Tous les termes de l'amour sonnent le clairon de l'homme», dit Annie Leclerc dans *Parole de femme*[17]. Elle utilise au contraire des images d'accueil: «Ma transe est celle de toute terre heureuse». Il est impossible de citer l'étreinte évoquée par Chantal Chawaf pendant plus de 20 pages dans *La rêverie*, mais c'est une description inouïe, un mélange de mots violemment crus et de métaphores cosmiques. La femme appelle l'homme à «s'enfoncer dans sa viande» en un «sacrement de rumen, de fressure, de croquant, de boyaux» pour parvenir au sacré et «donner un coeur à la vie sur la terre, aux végétaux, aux gaz, à l'eau, aux roches, aux animaux, aux hommes, à cet ensemble où les énergies s'entortillent, s'agglutinent et s'assortissent à l'illimité: «Ma chérie, mon amour, mon amour[18]». De même qu'il n'y a pas de hiérarchie entre les mots, de même disparaît la frontière entre l'intérieur et l'extérieur, le corps et le monde. Microcosme et macrocosme se mêlent dans des métaphores où le corps se fait univers, et où le paysage est anthropomorphe. «Et par une chaîne tantôt cachée, tantôt découverte, devenir matière, eau, terre, devenir la forêt, la mer, l'île» (Hélène Cixous)[19].

Les descriptions de Chantal Chawaf réalisent cette vaste «interpénétration des espèces de la vie». Voici le corps devenu paysage: «Les taillis, les fourrés, les ondes, le clitoris de ta chair, ovaire, clairière, la lumière génitale en train de sourdre, pondre, s'enherber, jaune d'or[20]. Et voici le paysage semblable au corps et menant au corps:

> Cette prairie animale à la crinière de blé. Ce blé comme la chevelure du corps de la terre (...). Poumons de soleil,

> meules d'or (...). Substance céréalière, paysage pâtissier d'échanges entre tous les organes des sens, retour terrestre au support, à la roche, au limon. Paysages de forêts, de prairies, de bois, de ciel, (...) paysage du corps sortant de sa claustration, paysage du corps se déployant dans sa respiration comme les poumons du nouveau-né se déplient à la naissance...[21].

LA NOURRICRITURE

On peut noter dans ce dernier extrait une thématique commune aux métaphores des écrivaines: la nourriture. C'est que la femme a faim. Elle «crie Femmine». Et pour assouvir cette faim, il faut une parole «qui donne chair et nourriture, une parole qui fait jour, qui rend puissant et généreux: une parole de lait, une parole de sperme, une vraie parole quoi[22]» (Annie Leclerc). C'est pour cette parole nourricière qu'Irma Garcia, dans son étude *Promenade femmilière*, a forgé le terme de nourricriture. Les mots sont plantureux, «chargés de matière comme les seins d'une nourrice ou comme les grains d'un épi» (Chawaf). On se nourrit de la «pâte du parler», du «lait des mots», de la «languelait», comme dit Hélène Cixous. Et il est frappant de voir dans ses oeuvres, celles de Chantal Chawaf et d'Annie Leclerc, s'établir la même équation métaphorique: mots-lait-sperme-sang. «Du lait — De l'encre. L'heure de la tétée» — les mots sont un lait nourricier quand l'encre les trace, mais aussi quand la langue les émet: «Voix: le lait intarissable[23]», «ma voix à téter[24]».

Et le lait lui-même trouve son équivalent dans le sperme. «L'amant est une mère dont le lait a mûri[25]» écrit Chantal Chawaf. On pourrait multiplier à souhait les citations à ce sujet. Nourrie, la femme nourrit à son tour, à la fois nourrisson et nourrice, tout comme l'auteure qui dévore les écrits pour en faire naître à son tour, en un cycle généreux et infini. Les mots «qui nous nourriront, qui nous exprimeront, qui nous réuniront, qui gicleront en même temps que le sperme, en même temps que le lait, et qui circuleront dans les vaisseaux sanguins (...) et qui relieront le corps à l'éternité[26]» sont cette nourricriture seule capable de combler la grande faim de la femme, d'exprimer l'univers de son corps et, dans un vaste mouvement d'expansion et de fusion, de lui permettre de s'approprier l'univers.

UNE BOULIMIE LEXICALE

Comme les mots de la langue sont «des outils sociaux, des concepts rigides, petites cages à sens qu'on met en place comme tu sais[27]», il faudra soit les remodeler, soit en créer d'autres. Les écrivaines écrivent rouge, utilisant les mots anatomiques réservés aux langues spécialisées: pas seulement ceux qui concernent le sexe, mais tous ceux du «corps profond», si techniques soient-ils. Chantal Chawaf parle de leucocytes, de polyglobulines, de RH positif, etc. Mais tous ces mots sont transfigurés par leurs collocations: ils acquièrent des connotations nouvelles, grâce en particulier au jeu des métaphores. Ainsi la matrice devient «une anémone à mille visages» (Cixous), la muqueuse utérine se fait «fourrure de lumière» (Chawaf), le placenta a «les mains maintenues douces par des gants[28]». «Dé-médicalisés», «dé-technicisés», ces mots accèdent au lyrique.

Les métaphores qui reviennent le plus souvent à propos du travail du langage sont celles du pétrissage et du tissage. Annie Leclerc parle en ces termes de la nécessité de refaire les mots: «(mes doigts) pétrissent la glaise de mon désir pour en faire de petits bonshommes de mots tout neufs[29]». Les images de mots nourriciers et de pétrissage se conjuguent dans la métaphore récurrente du pain ou du gâteau. Hélène Cixous dit que son texte est une pâte, Chantal Chawaf parle de langage pâteux. La même métaphore s'applique d'ailleurs à l'enfant, également produit d'un long pétrissage généreux, également objet de jouissance, et devant son enfant, la femme de *Blé de semences* «hume le gâteau de cartilage et de peau rose» et se délecte de sa «pâte d'enfant[30]». Ainsi s'établit une chaîne gâteau-mots-enfant. Hélène Cixous parle d'ailleurs «d'enfants mots».

L'autre métaphore qu'utilisent communément les écrivaines est celle du tissage; pour remplacer le tissu plein de trous, déchiré, brûlé de la parole de l'homme, Annie Leclerc appelle la femme à «tisser le tissu plein et neuf d'une parole jaillie d'elle-même[31]». Et comme celle du pétrissage, la métaphore du tissage peut s'appliquer, renforçant la chaîne métaphorique que nous venons de signaler, à l'enfant. Chantal Chawaf met en scène lingères, façonnières, journalières, brodeuses travaillant à la vie, tissant «cheveux de laine» et «boyaux de taffetas[32]». Et Hélène Cixous parle de «tricoter un maillot de chair[33]».

Ces métaphores empruntées aux domaines traditionnellement dévolus à la femme, assument une double fonction: d'une part, elles inscrivent l'écriture dans la gestuelle féminine, comme lorsque Annie Leclerc parle de «ce qui veut être brodé, tricoté, dit»; d'autre part, elles réhabilitent les tâches domestiques traditionnellement méprisées. En un mouvement circulaire, le mépris dans lequel on les tient les fait assigner aux femmes, et le mépris qu'on a pour les femmes s'étend à leurs tâches quotidiennes. Tout comme elles réhabilitent le corps, les écrivaines récupèrent les mille gestes par lesquels les femmes vaquent aux choses de la vie. Annie Leclerc se donne explicitement pour modèle, dans *La venue à l'écriture*, la femme servante des tableaux hollandais qui accueille le «balbutiement des choses dans la lumière», avec une plénitude toute savante. C'est son secret qu'il faut pénétrer. Mais alors que la compétence de la servante est muette, qu'elle règne silencieusement sur les choses, les écrivaines vont «parler» son travail, «rendre linguistique le labeur domestique», comme dit Chantal Chawaf.

Cette transfiguration des mots par les métaphores, ce développement de champs sémantiques privilégiés, certaines y procèdent avec une luxuriance, une prodigalité, un faste étonnants. Chantal Chawaf, notamment, à propos de qui on peut parler d'esthétique de l'abondance. *Rétable. La rêverie* comporte par exemple douze lignes de noms de plats métaphoriquement appliqués au corps féminin, une page entière d'énumération de passementerie. On trouve chez elle une exubérance lexicale, un plaisir de l'accumulation qui rappellent Rabelais. Langage éminemment poétique si l'on prend pour critère celui de Jakobson pour qui «la fonction poétique projette le principe d'équivalence de l'acte de la sélection sur l'axe de la combinaison». Comme Adam nommant les animaux du monde, Ève à son tour convoque la création et procède à un vaste inventaire du monde. On peut trouver fastidieuses ces énumérations, mais elles sont la manifestation d'une rhétorique concertée. «Il y a du déchet dans ce que nous disons. Nous avons besoin de ce déchet. Écrire, c'est toujours, en cassant la valeur d'échange qui maintient la parole sur son rail, faire à la surabondance, à l'inutile, leur part sauvage[34]».

Mais les mots existants, même éclairés différemment, même accumulés, ne sauraient suffire. Assez rares chez Chantal Chawaf, les créations lexicales abondent chez Hélène Cixous.

Elles représentent pour la plupart le côté polémique de son écriture; ce sont des machines de guerre dirigées contre l'ordre phallocentriste dont nous avons parlé ci-dessus (dirai-je dans cette *pissertation* ?). Un de ses procédés favoris est le mot-valise, créé sur la base d'une homophonie partielle: voici par exemple, arrivant d'Hysterrie, les femmes qui vont terroriser l'ennemi en lui montrant leur *sexte*. En une syllabe fulgurante, ce mot concentre le sujet de cet exposé: un texte issu du sexe, un sexe qui se fait texte. Mots-valises, calembours, à peu près, les inventions drolatiques de Cixous sont innombrables pour dénoncer l'oppresseur: la «Société à Ponctionnement Cacapitaliste», les «Suroncles», les «maîtres à Tancer», les «mormaux» et, plus beau que tout, les «motmificateurs» qui réduisent la femme à «l'infiminité». Cixous s'amuse aussi à combattre la prééminence du genre lexical masculin: dieu peut devenir folle, puisque c'est dieu la mère. Et dans ce nouvel univers, les êtres humaines contemplent la cielle, la soleille, voire la tour Effelle! Désormais, les mots défileront à la queue la la!

«LA SANS-JOUG»

À la libération des contraintes lexicales et morphologiques correspond la libération des contraintes syntaxiques. Celles-ci ont partie liée avec l'ordre des hommes, ces «descendants des amours de Dieu avec sa grammaire», aussi la langue nouvelle, indomptable, «sauvage» va-t-elle repousser les barrières et emporter la syntaxe. Ennemie de toute «retenue» — et nous prendrons le mot dans ses deux sens à la fois — la parole des femmes est continuité, abondance, dérive, «un flux immédiatement texte[35]». Chantal Chawaf compare le flux des mots à celui du sang et désire s'y abandonner: «J'ai soif d'un flux et d'un désordre qu'il ne serait pas urgent d'endiguer, j'ai soif de générosité[36]».

Langue, donc, qui coule comme les liquides nourriciers. Il est intéressant de rapprocher ces images d'écrivaines de ce que, sur le mode théorique, Luce Irigaray disait du langage féminin: «Pour se référer à la physique, ce serait un langage apparenté aux propriétés des fluides plus qu'à celles des solides. C'est-à-dire un langage coulant, progressant à des rythmes différents.» Il lui faudrait donc «bouleverser la syntaxe, en suspendant son ordre toujours téléologique, par des ruptures de fils, etc.[37]». Les textes de Chawaf et de Cixous s'inscrivent dans ce programme. Ils coulent en flots abondants, ininterrompus pendant plusieurs pages, en un jaillisement irrépressible. Il faut s'y abandonner et laisser nos désirs, notre inconscient rencontrer le leur «en relation non logique avec nous, sans loi, sans grammaire mais appelés par le même rythme[38]». Textes puissamment rythmés en effet, où les langues coulées s'interrompent brutalement, où triomphent les structures litaniques mais aussi les anacoluthes.

Bien sûr, cette écriture n'est pas l'invention des écrivaines. Elle est le résultat du profond travail opéré sur la langue depuis Rimbaud. Les longues phrases à méandres et à arborescences rappellent Proust, Claude Simon, pour ne citer qu'eux. Les brutales ruptures de construction, les ellipses, les violations syntaxiques participent de la «destruction concertée du discours» — l'expression est de Ricardou — à laquelle on assiste depuis les années soixante en particulier. Mais les écrivaines utilisent à leur profit cette langue souple et libre qu'elles peuvent plier à leur guise. Pour illustrer cette écriture, sa surabondance baroque et sa plasticité syntaxique, nous pouvons examiner une «phrase» de Chantal Chawaf, tirée de *Rougeâtre* (p. 160-161):

> Ô Musique! Poésie! Ô débit! Déclenche-toi! Et pressée par les bouffées d'air de ma glotte, porte-moi, emmène-moi, innerve-moi, entraîne-moi à travers les phrases réceptrices, apprends-moi à te libérer, à te dire, apprends-moi à sentir la beauté de la vie, livre-moi à ce flux, à cette coulée, à l'esthétique des mots, à la littérature de la voix, aux terminaisons sensitives de mes fibres, à ces paroles, mieux qu'une étreinte, mieux que l'orgasme et relie-moi à la terre dont l'écho nous dicte notre langue, les rouges aigus, cette transmission orale qui informe la sensibilité et qui culmine dans ce sang, dans la matière de la parole, dans les mots de créativité, dans les mots qui amplifient le corps au-delà de la caresse et du toucher, phonèmes aussi gras et duveteux que la peau nue, pour que soit jeté un pont entre moi et l'autre, pour que mes ligaments, mes reins, mes veines, mes capillaires se propagent dans un autre corps, pour que soit possible le passage de la solitude à l'amour, pour que la femme communique avec l'homme, laisse-moi parler, laisse-moi développer ces harmoniques d'un style émis par la tendresse, laisse-moi vibrer, laisse-moi m'humaniser,

> t'entendre, t'entendre, je m'approche de Claude comme si j'allais nouer mes bras autour de son cou et, berceau de contes et de légendes, le chant, pinson, serin, chardonneret nourri de graines de lin, de navettes et de chènevis, faisait naître les châssis de lumière qui scintillaient, les grandes cages d'or et de vermeil doré, le merveilleux fantastique, les ramages, les clignotements d'un rouge argenté et moucheté de soleil ou bronzé de couleur d'or et les volières, les reflets des oiseaux dorés au miroir de l'imaginaire et leurs plumes truitées, les jaunes d'or, les transparences marbrées, le bleu incarnat, ces journées dans le langage, dans l'invention, dans la lumière, dans les arbres, dans l'herbe, comme un château de torsades de cheveux blonds, quand, près de la rivière, j'écoutais encore couler l'eau qui me redonnait le jour et m'abritait dans ce bercement et que j'apprenais à moduler la brise, la tiédeur, la campagne, à parler...

Jusqu'à la 10e ligne de la page 161, la phrase suit un modèle parfaitement canonique: une apostrophe («Ô Musique!») suivie d'impératifs et de leurs compléments. Ce qui donne sa spécificité au texte, c'est l'accumulation, le refus de choisir dont nous avons parlé plus haut: il y a onze impératifs; certains ont, non pas un complément mais six, et ces compléments eux-mêmes, ont des compléments qui ont des compléments, etc., jusqu'au vertige, en une ramification qui prolifère à l'infini. À partir de la ligne 10 de la page 161, le texte se déploie plutôt par appositions, et c'est alors l'exubérance lexicale qui est manifeste. Voilà comment la femme a appris à parler en écoutant l'eau, en écoutant son propre sang — elle module la vie sans essayer de l'endiguer ou de la canaliser, elle laisse le texte parler en elle, elle «laisse passer l'écriture», la vie qui se fait texte à partir de son corps.

PAROLE DE FEMME, LANGUE DE VIE

Est-ce à dire que la femme ne peut parler que du «lieu-corps» où se travaille l'écriture, et qu'à l'inverse l'homme en soit irrémédiablement exilé? Non, bien sûr. La différence sexuelle est gommée dans tous les discours neutres, comme les discours scientifiques, et les femmes y ont un accès direct, sans avoir pour cela besoin de s'aliéner. Alors que les discours non neutralisés, ceux qui sont à la fois le produit et le véhicule de l'idéologie, exigeraient d'elles un travestissement, un gauchissement puisqu'ils sont parole virile. Mais l'homme non plus n'est pas inéluctablement prisonnier de ce discours «logomachiniste» — on pourrait aussi bien dire logomachiste. Nous l'avons vu dénoncer jusqu'ici comme l'oppresseur, l'ennemi, mais c'est seulement dans la mesure où il s'identifie avec l'ordre phallique de l'idéologie dominante. Il peut refuser ce rôle, ce discours, et laisser lui aussi déferler la parole du corps.

La littérature féminine militante veut détruire l'ordre absurde, oppressif, mensonger que les hommes ont imposé, mais elle les appelle à partager avec elles la «jouissance de vivre». En instaurant la parole du corps, elle les invite à redécouvrir eux aussi «ce corps dont ils se sont absentés[39]». La «parole de femme» est celle de la vie et de l'espoir. «C'est ce qui pourrait enfin s'enfanter, grandir, mûrir, se développer, devenir peuples, terre, humanité si chaque mouvement de cette éclosion de l'amour, en chacun de nous, n'était pas toujours bloqué, interdit ou assassiné[40]». Alors, quand l'homme et la femme auront retrouvé la voix et la voie, «un jour peut-être, ce sera la Fête[41]».

York University
1983

Notes

1. Annie Leclerc, *Parole de femme*, Paris, Grasset, coll. «Le livre de poche», 1974, p. 10.
2. Hélène Cixous, *La*, Paris, Gallimard, 1976, p. 108.
3. Annie Leclerc, *Parole de femme*, p. 7.
4. Hélène Cixous, *La*, p. 204.
5. Chantal Chawaf, *Rougeâtre*, Paris, Pauvert, 1978, p. 120.
6. Chantal Chawaf, *Rougeâtre*, p. 40.
7. Chantal Chawaf, Prière d'insérer de *Le soleil et la terre*, Paris, Pauvert, 1977.
8. Hélène Cixous, *La*, p. 109.
9. Chantal Chawaf, *Le soleil et la terre*, p. 103.
10. Hélène Cixous, Catherine Clément, *La jeune née*, Paris, Union générale d'éditions, coll. «10/18», 1975, p. 175.
11. Chantal Chawaf, *Rougeâtre*, p. 54.
12. *Ibid.*, p. 38.
13. Hélène Cixous, *La*, p. 113.
14. *Ibid.*, p. 110.
15. Annie Leclerc, *Parole de femme*, p. 40.
16. Colette, «Ma mère et les livres», dans *La maison de Claudine*, Paris, Hachette, 1958.
17. Annie Leclerc, *Parole de femme*, p. 63.
18. Chantal Chawaf, *Rétable. La rêverie*, Paris, éditions des femmes, 1974, p. 190.
19. Hélène Cixous, *La*, p. 148.
20. Chantal Chawaf, *Rétable. La Rêverie*, p. 118.
21. Chantal Chawaf, *Rougeâtre*, p. 93.
22. Hélène Cixous, Madeleine Gagnon, Annie Leclerc, *La venue à l'écriture*, Paris, Union générale d'éditions, coll. «10/18», 1977, p. 147.
23. Hélène Cixous, *La jeune née*, p. 173.
24. Chantal Chawaf, *Le soleil et la terre*, p. 10.
25. *Ibid.*, p. 94.
26. *Ibid.*, p. 115.
27. Hélène Cixous, *La venue à l'écriture*, p. 54.
28. Chantal Chawaf, *Rougeâtre*, p. 17.
29. Annie Leclerc, *Parole de femme*, p. 5.
30. Chantal Chawaf, *Blé de semences*, Paris, Mercure de France, 1976, p. 17.

31. Annie Leclerc, *Parole de femme*, p. 10.
32. Chantal Chawaf, *Le soleil et la terre*, p. 20.
33. Hélène Cixous, *La*, p. 179.
34. Hélène Cixous, *La jeune née*, p. 171.
35. Hélène Cixous, *La venue à l'écriture*, p. 62.
36. Chantal Chawaf, *Rougeâtre*, p. 124.
37. Luce Irigaray, *Speculum. De l'autre femme*, Paris, Minuit, coll. «Critique», 1974, p. 177.
38. Hélène Cixous, *La*, p. 102.
39. Annie Leclerc, *La venue à l'écriture*, p. 141.
40. Chantal Chawaf, *Le soleil et la terre*, p. 25.
41. Annie Leclerc, *Parole de femme*, p. 160.

Subversion en rose*

Suzanne Lamy

à Dominique Noguez

Sous les traits de la dame en rose qui, de ses allées et venues et de son incessant bavardage, anime le texte de *La vie en prose** (signé par Yolande Villemaire), comment reconnaître à la première lecture, le véritable travail de sape qu'accomplit cette perverse polymorphe? Sans doute sait-elle mieux que quiconque que la transgression n'est jamais aussi efficace, d'aussi longue portée que lorsqu'elle s'accomplit sans fracas. Maligne, c'est avec des airs de fille un peu légère, un tantinet linotte que sournoisement elle trame le déjà-là.

Ce n'est pas elle qui va crier l'ambition de réinventer le monde en un chapitre. Et à se montrer fuyante, insaisissable, toujours en chemin, un jour à Montréal, un autre à New York, d'un saut en Californie, d'un autre à Urbino ou à Djerba-la-Douce, à se conduire avec autant de fantaisie, elle risque de me faire mourir d'autophagie.

En effet. En m'obligeant à défaire ses procédés subversifs, à pourchasser un fil conducteur dans le discontinu de ce texte qu'elle écrit, elle ou ses compagnes — avec elle, on ne sait jamais trop qui est qui et l'invraisemblable n'est pas son moindre défaut — à suivre cette dérive de digression en digression, elle me force à me faire: éléphant, cuistre ou pire encore, bas-bleu. Voilà le genre de situation dans laquelle me pousse la subversion sourde de cette prose qui s'inscrit en faux contre l'idée consacrée du livre. Et si elle me voyait, la dame en rose, de rire à s'étouffer avec ses compagnes de l'impasse où elle m'a acculée.

Si, très menacée de contagion — et rien qui soit plus sujet à l'épidémie que la subversion, parce que moi aussi me séduit l'idée de faire voler en éclats la froideur du discours critique, de

* Yolande Villemaire, *La vie en prose*, Montréal, Les Herbes rouges, 1980.

mettre à découvert la fragilité des limites — si donc, j'emprunte son allure et m'en vais, comme elle, par sauts et par glissades, vous direz: «C'est de la paraphrase, et vraiment pas sérieux. Surtout pas universitaire.»

Quel dilemme. Oui, mais pourquoi, Elle, à Urbino, au très sophistiqué Centro de Semiotica i Linguistica, a-t-elle pu, à partir des évolutions d'une araignée remonter jusqu'à Arachné, cette jeune fille de Lydie qui rêva de l'emporter sur Athéna — oui, pourquoi, elle, la dame en rose ne s'est pas fait dire qu'elle avait une araignée au plafond quand elle a imaginé Minerve sous les traits de «la matrone grise aux cheveux pris dans une résille qui fait la loi à la cafétéria [1]» d'Urbino? Alors que moi, je suis là en train de me débattre comme une mouche dans une toile.

Ou bien je suis à la trace la dame en rose dans ses méandres — parce que la subversion sourde, c'est connu, comme l'humour dont elle fait son principal associé, ignore la voie directe — et là je risque de vous perdre, d'être mortifiée, pas au point de me pendre au plafond comme Arachné, mais quand même. On sait ce qu'il lui en a coûté de lancer un défi à ce qui a rang de Dieu. Ou bien je rentre dans le rang du texte en ligne droite et j'abandonne — à regret — le texte derviche qui me ferait danser et tourner au rythme même des entrechats de la dame en rose. Comme ses enfants de *La vie en prose* qui évoluent sur la patinoire du Parc Lafontaine sur l'air de *La vie en rose* diffusée par haut-parleurs.

Bien sûr, en respectables universitaires, vous êtes en train de penser: «L'important, c'est d'aller quelque part et de savoir comment y aller.» Justement pour la dame en rose, pour Vava, pour Rose, Solange ou Nana Yelle, l'important n'est pas là, mais d'aller tout simplement — et d'aller ensemble. Pour moi, pas facile de choisir ma route. À moins que je navigue d'un bord à l'autre, tentant autant que possible de remonter le courant. D'ailleurs, la remontée du courant, c'est une image qui conviendrait assez bien à la lecture critique. Et dans la même lancée, je pourrais toujours essayer de vous embarquer avec moi.

Parce que, comme ça, j'ai l'air d'errer et de me perdre. Et pourtant, à cette entrée en matière, j'ai quelque peu pensé sans qu'il y paraisse. Quand, à votre intention, je me suis posé la question: «Mais enfin, à quoi peuvent bien rimer ces flots de paroles inutiles saupoudrées de spiritualités orientales et égyptiennes?», ne me venaient à l'esprit que des réminiscences du genre: on dirait Flaubert écrivant à Louise Colet que son ambition, «c'était de faire un livre sur rien». Ou encore Racine, dans la préface de *Bérénice* et Duras dans *Les yeux verts*, n'avouant d'autre projet que celui de «faire quelque chose de rien»? Alors là, j'ai failli perdre l'équilibre. Je n'avais pas prévu que l'esprit follet de la dame en rose serait en aussi docte compagnie. Quel contenu cerner quand tout est en surface, quand on est constamment heurtée par le kitsch le plus voyant, au point de buter sur une boîte «d'Ajax» à la page 131, quand la dame en rose perd son temps à siroter des cappucini ou à lécher des glaces Fiordifragola, à traîner dans les avions ou sur les autoroutes, quand ce n'est pas dans les bars de la rue Saint-Denis ou dans Montréal transformé en «sauna[2]»? Quand le problème majeur, c'est de dactylographier sur une Olivetti capricieuse, mais dont les ratés, éléments inducteurs estimables et féconds font dire à la dame prétendument persécutée par les déficiences de sa machine:

> La barre qui commande l'espace n'est que la prothèse mécanique de cette opération mentale qui consiste à trouer le chaos du langage en lui ravissant les termes du lexique pour faire le relevé cartographique d'une intrigue dont le territoire reste secret [3].

Et de là à ce qu'elle conclue que la «litote n'est pas une figure de style», que «le langage est lui-même une litote et ses productions, peut-être des super-litotes[4]», il n'y a qu'un pas. Voilà qui est clair pour la petite dame qui a prouvé qu'elle peut parler en termes élégants. Mais elle s'en écarte vite et découvre dans quelle suspicion elle tient le langage savant, passant à un langage familier qui a toutes les marques de l'oralité. Et de nous faire rire aux dépens de ce langage hautement respecté par les télescopages qu'elle produit.

Pour elle, foin de la linéarité et des liens de causalité. À elle, la disjonction, l'irrévérence de l'humour, la prolifération des signifiants, l'univers des signes par-delà le vide.

Il ne me reste plus qu'à me jeter à l'eau, qu'à tenter de nager derrière ce «je» aux corps et aux voix multiples, derrière ce «je» des plus fluide, ce «je» qui est «*une* autre» et qui «vole une phrase au continuum des calligraphies palimpsestes de ce qu'on appelle les choses de la vie[5]». Attention: ce féminin d'«*une* autre», il est mis en lumière dans le texte par l'italique.

Pour bien signaler que cette traversée de l'histoire, des cultures et de la planète, que ces voyages et ces «trips» de la dame en rose qui s'en va dans tous les azimuts, sur les fils mêlés du réel et de l'imaginaire par la voie de l'association libre, avec l'irrationnalité du rêve nocturne et la lucidité d'une conscience hyperaffûtée, c'est au féminin qu'ils vont se faire.

C'est-à-dire en douceur, «de douce soeur en douce soeur [6]». Et sous le manteau du pseudo-délire qui, paraît-il, va si bien à la femme. Mais il n'est pas dit que sera trouvée cette «switch qui fera la lumière dans ce labyrinthe infernal de braves et bonnes héroïnes enchâssées jusqu'au vertige [7]». Pour moi qui suis soumise depuis tant d'années à la domination du signifié, encore heureux que j'aie fréquenté dadaïstes et surréalistes, que je me sois quelque peu encanaillée avec les pauvres types du théâtre de l'absurde, qu'autrefois j'aie hanté ce dandy de Mallarmé, que j'aie traversé l'Amérique de part en part et inversement, à toute allure derrière ce dératé de Kérouac. Quant aux renégats et cancrelats qui fricotent dans tout inconscient, ils font tellement de bruit depuis quelque temps qu'il n'y a vraiment pas moyen de les ignorer. Heureusement d'ailleurs, car autrement, comment aurais-je pu avaler un tel b(r)ouillon de culture? C'est qu'elle n'y va pas de main morte la dame en rose. Insolente, irrévérencieuse. Rien de moins. Ne va-t-elle pas jusqu'à appeler Tzvetan Todorov lui-même, invité au Congrès d'Urbino, tout simplement «Toto [8]»? Remarquez qu'à moi, ce surnom amical me paraît bien trouvé. Toto, c'est celui qui a initié des générations de Français et de Françaises à la lecture et à la connaissance. «Toto a vu la lune» disait la première ligne de mon abécédaire. Mais enfin, un toto, c'est pas toujours joli. Pour ceux qui sont un tant soit peu familiers avec les bas-fonds de la langue et de la vie, ce n'est pas autre chose qu'un pou. Qui plus est, la dame en rose, elle l'aime bien «Toto». Elle ne manque pas de le citer à l'occasion. Seulement voilà, le goût d'ébranler ce qui est ou semble figé, l'emporte chaque fois. Et quand il a connu ce gentil diminutif, Todorov n'a pas apprécié, m'a-t-on dit. Réaction à l'effronterie, direz-vous. C'est normal. Mais on s'ennuie tellement quelquefois dans les Colloques que pareille insolence aurait mérité un peu plus d'indulgence.

Et puis il y a aussi cette façon que la dame en rose a choisie, d'écrire comme on parle, sur le ton de ce qui va de soi. Ça aussi, c'est gênant, parce qu'alors, comment savoir ce qui est littéraire et ce qui ne l'est pas? C'était un clivage à respecter en principe. Mais les gaines et corsets, la dame en rose, elle les a laissé tomber.

Et elle exagère systématiquement quand elle rapporte les dialogues des filles entre elles. Et si je me laisse prendre par son flux de paroles, je ne verrai pas ce qui passe de critique à l'égard des formes établies dans ce babil des filles. Mais écoutez-les:

> Ostie que c'est mélangeant dit Noëlle. Tu pourrais pas rêver que tu manges du gâteau au chocolat des fois? Ou que tu fais l'amour avec ton kik préféré? Est ben que trop refoulée pour ça Rose, dit Alice [9].

On se croirait dans un couloir de Cegep. Et puis tout à coup, bien mise en valeur en début de chapitre, une sentence d'une eau qui sent son Breton: «Tout lui devient oracle[10]». Évidemment, ça ne va pas durer sur ce ton. En bonne élève de la contre-culture, tout imprégnée de la valeur de l'expérience privée, la dame en rose ne se retient pas d'écrire:

> Nous sommes dans le ventre du monde. C'est la Grande Ourse qui chante dans mon corps quand tu m'inondes infiniment pour que naissent tous les enfants du monde [11].

Tout cela sans souci de continuité, mais en virant du journal intime au récit des vagabondages, au dialogue sans préavis, inséré entre signes étoilés, avec une désinvolture, un air de se moquer de tout ce qui pourrait prendre forme, avoir quelque unité.

En regard des «seulettes» qui ont tant pleuré dans la littérature, en regard des hommes qui ne savent dire que la glace, le vide ou l'échappée dans les bois, cette jouissance dans le langage et dans le jeu de mots me ravigote. D'autant plus qu'elle est constante et que le pastiche des textes antérieurs est réussi: «Les mots sont faibles hélas et j'ai pas vu tous les films de Jerry Lewis [12]» dit la dame en rose pour qui la chair n'est pas triste du tout, mais a le rose des lèvres et de la langue quand

> Ton sexe fond dans le mien qui mouille comme une chatte qui bâille et tout se dilate dans tes yeux de chat[13].

Nous sommes loin des timides pudiques qui n'osaient pas appeler un chat un chat, qui n'avaient ni «liaison dangereuse[14]», ni «souvenir radio-actif[15]» du sexe de leur amant dans leur bouche. Non, ce n'est pas en petite fille naïve que la dame en rose s'assied «entre la maman et la putain au Café de Flore, comme un cliché[16]». Son auto-ironie n'est qu'une facette de cet esprit d'anarchie qui oppose au discours rationnel la peur maîtrisée du fantasme, la confiance dans son moi, dans sa pensée, merveilleux signes de santé. Même «jouissance supérieure» dans cet «humour[17]», comme dit Freud, que dans le plaisir pris au jeu par l'enfant, enfant qui continue de vivre dans la dame en rose. Aussi l'invention verbale et le jeu de mots lèvent-ils n'importe où, n'importe quand, se faufilent-ils dans les élaborations les plus abstraites pour mieux pervertir:

> Et tu niles et tu niles dans ta fuite en égyptologie, dans le profil en glaise de Néfertiti dans le cours d'arts plastiques l'Assomption section classique à compter le nombre de clés dans l'oeuvre de Paul Klee[18].

Elle s'en donne à coeur joie, la dame en rose quand, d'extraits de la Culture savante ou de passages solennels, elle fait du langage commun. Ici en hommage à Pierre-Pierre-Pierre «toujours là» dit-elle «pour aider à faire l'inventaire des ruines dont le défaut est d'avoir des habitants[19]». Parfois il suffit d'un mot, comme «grève» pour que la phrase soit dynamitée par la confrontation de référents dissonants. Voyez plutôt:

> Ces mots qu'on imagine neutres; ils passent leur temps à traverser les piquets de grève et se mettent le coeur joyeusement à l'ouvrage pendant que le boss, tout content, s'empresse de faire fusiller les grévistes de Five Roses[20].

À l'inverse de la métaphore qui unit et va dans le sens de la plénitude — pensez aux vers «La terre est bleue comme une orange/Jamais une erreur les mots ne mentent pas» — ici le dérapage sur les mots «piquets de grève» (ou la non-isotopie en langage savant) mine les catégories habituelles pour que soit mise en évidence la discordance du monde, le fait que partout les barricades importunent. On n'en dit pas plus, on ne s'apitoie ni ne conclut.

Et la métaphore dégringole quand elle s'inscrit dans un nouveau texte tout en ne perdant pas la totalité de ses atours passés. N'est-ce pas ce qui se passe dans:

> Cuba coule en flammes au milieu du lac Léman pendant que je me rappelle le prochain épisode en pleurant dans la cage de fer gris-fer d'un wagon-lit qui file vers Kurchatov[21]?

En laissant «l'initiative aux mots», la dame en rose découvre le moteur de son texte, moteur qui fonctionne au son quelquefois. Le procédé est simple alors et tourne vite court: «T'es liée, Solange Tellier[22]». Elle l'abandonne vite, comme ici pour une association d'ordre culturel: «je suis hantée par l'été, par le thé comme par la madeleine[23]». Plus subtilement elle peut faire basculer le mot, lui faire perdre ses liens avec un signifié employé au sens propre pour l'accoupler à un autre signifié au sens figuré, et cette fois en incluant un clin d'oeil au lecteur dont Freud fait les frais, quand il s'agit du noir de l'«Italienne, noire comme l'inconscient dont l'autre parle maintenant[24]». Ailleurs, cette remarque anodine fait sourire: «C'est le ramadan et les Arabes en profitent pour être marabouts[25]». Bourrée de culture, la dame en rose aime substituer des mots imprévus aux termes attendus. Ici c'est «Aurélia suivie de toutes les filles du feu», pas très loin de «Rachel-quand-du-hasard». Et à se souvenir des jours avec l'aimé, s'écrit le chapitre «Ton nom de Los Angeles dans mon réel désert», quand «la nuit tombe dans ma chambre à soi[26]».

Ailleurs, comment démêler la part d'admiration et de sarcasme, les connotations qui s'entrechoquent quand le texte emprunte à la fois à l'Histoire, au moi éclaté, à la régression à la mère, à la prose incantatoire d'un écrivain connu, au piétinement du monologue intérieur dans un decrescendo qui suit le mouvement même de la passion qui désespère:

> Hiroshima, Hiroshima mon amour, c'est ce que je je je traverse dans la déflagration qui me brise les «elles» qui retombent à la mère[27].

Même au plus creux de sa peine d'amour, la dame en rose n'arrête pas de rire. Il paraît que c'est un trait des humoristes que de se conduire ainsi, souvent en «mauvais élève». C'est Dominique Noguez, spécialiste en matière d'humour, qui l'a dit. Et à Urbino, la dame en rose n'a pas fait autre chose. Dominique Noguez voit là une marque de révolte contre le Père. Autrement dit, contre toute culture institutionnalisée, toute hiérarchie imposée. Tout cela paraît vraisemblable, car le Père, il impressionne encore. Et pour *oser* — anagramme de *rose* et d'*éros*, vous l'avez, bien sûr, remarqué — pour prendre quelque liberté avec lui, il vaut mieux en appeler au regard sur soi, à la lucidité pour donner l'assurance que la situation est bien en main. Sans compter que dans cette mise à nu, le narcissisme y trouve aussi son compte. Mais point trop n'en faut, et savoir s'arrêter à temps est la règle. En perdant la modestie, se perdrait la qualité d'humoriste. Ce que la dame en rose a mis en pratique se trouve d'ailleurs très bien décortiqué par Dominique Noguez dans trois articles qui m'ont été d'un précieux secours pour cette lecture et dont les références figurent, cela va de soi, à la fin du texte[28].

Alors aussi bien vous parler d'une chose qui me tient très joliment à coeur, soit la présence du rose qui colore toute *La vie en prose*, donne sa tonalité à ce texte de prolifération où tout se passe au niveau des courants, des attitudes, avec tout l'inattendu de la vie. Au hasard des contiguïtés, des déplacements, des reprises, des fragments banals ou oniriques, du quotidien investi de culture, le rose affleure, allège, disparaît. Il est le leitmotiv, l'objet transitionnel en qui fusionnent les douceurs de l'enfance, les robes claires et les sucreries, les Pink ladies qui n'existent que dans l'imaginaire, mais qui font courir toutes les filles.

Le rose, c'est le fond commun de *La vie en rose* qui, en dépit de son usure, charrie encore le poids de chair de l'étreinte de feu sur un air de rengaine. Le rose, c'est ce qui rétablit l'équilibre avec «toute la scrap» de la «nostalgie[29]» de la dame en rose, avec sa peine d'amour, «un attrape-nigaud[30]» certes, mais lame de fond qui continue son oeuvre. Si la dame en rose a choisi sa couleur, c'est en connaissance de cause:

> C'est tellement évident le noir, que ça serait cyclope de ne voir que ça. N'ouvrir que le bon oeil serait aussi bête. Alors je louche[31].

Mais dans certaine rose, il y a la plénitude d'une rosace de cathédrale quand

> la rose de ton sexe contre le mien fleurit dans une nappe d'eau noire et lisse poudrée d'or[32].

Que cette rose de tous les temps et de tous les amours soit ainsi rajeunie, c'est bien une indication pour nous faire croire que tout est langage, que la vie est texte, que le texte est la vie, que «la vie» est «en prose» parce que «la distinction n'existe pas[33]», la vie étant déjà «métaphore d'elle-même[34]».

Et «la rose des vents[35]», est tout ce qui fait vibrer et bouger. C'est l'éventail déployé des saveurs, des sensations, des parfums. Des rires aussi qui fusent dans le partage, entre complices. C'est la couleur de la tendresse qui rend les filles identiques, interchangeables par leurs goûts, leurs malaises, par leurs parlottes qui vont jusqu'à «l'overdose d'analogies[36]». Mais qu'importe. Où serait le plaisir s'il n'y avait pas de risque? Et ce qui ne ment pas, la seule chose qui ne mente pas, c'est le corps de la dame en rose, qu'elle soit Miss Sacripant, Odette de Crécy, Rose, et aussi bien sûr, Rrose Sélavy. Parce qu'en fait, ne sont-elles pas la vie, la vie même, ces filles qui ne veulent rien perdre ni du sexe ni de la tête, qui réactualisent ceux et celles qui gisent inertes dans les dictionnaires des noms propres* et qui, avec elles, acquièrent une existence nouvelle à être brassés par des mémoires sans vergogne? Ne constituent-elles pas une humanité nouvelle, ces filles assez bienveillantes entre elles pour tenter ensemble de surmonter l'angoisse, prêtes à vivre le «Lâchez tout», dépourvues de tout sens de l'épargne, fières de leur corps parfois douloureux, qui connaissent très bien le mal de vivre, mais n'en parlent qu'avec pudeur? Pour bien se démarquer de tous les discours qui ont enjolivé l'état de mère, c'est sur le ton badin comme

---

* Un travail énorme, celui d'inventorier tout ce qui prend une majuscule — noms de lieux, de personnes, d'oeuvres, de chansons... — attend les étudiants en lettres en mal de champs de recherche. Possesseurs d'une culture seulement universitaire, s'abstenir, mais culture universitaire exigée.

diraient les universitaires, «cool» comme diraient ses compagnes, que la dame en rose dit son ambivalence à propos de la question la plus cruciale qui soit, celle de donner ou non la vie:

> Je l'aimais vraiment de toute mon âme et j'espère que ça n'a pas suffi pour matérialiser dans mon ventre cet enfant que je veux et que pourtant je ne veux pas[37].

Modeste et taquine, celle qui écrit s'efface devant le langage, sujet du texte, langage qui est et n'est pas, tout à la fois, celui de la communauté lettrée à laquelle elle appartient. Et le système même de son langage, en porte-à-faux, rend compte de sa façon d'être au monde, à elle-même. Sans que soit visée l'oeuvre éternelle, elle écrit le livre de l'actuel, de l'Amérique des gadgets de la fin du XXe siècle qu'on ne comprendra peut-être plus dans trente ans.

Le rose léger, primesautier, n'avait pas l'air de porter à conséquence. Et puis, comme le Pink lady cocktail, il s'est coulé en moi comme l'amour, sans crier gare. Avec le même désir de faire corps avec l'objet aimé. À cette euphorie devenue vague, je n'ai pu ni voulu résister. En fin de compte ou en clausule, ce rose, c'est une éthique, un art de vivre. Qui dit mieux pour le sérieux de l'écriture?

Cégep du Vieux-Montréal
1982.

Notes

1. Yolande Villemaire, *La vie en prose*, Montréal, Les Herbes rouges, 1980, p. 128.
2. *Ibid.*, p. 140.
3. *Ibid.*, p. 119.
4. *Ibid.*, p. 120.
5. *Ibid.* , p. 171.
6. *Ibid.*, p. 188.
7. *Ibid.*, p. 185.
8. *Ibid.*, p. 144.
9. *Ibid.*, p. 261.
10. *Ibid.*, p. 80.
11. *Ibid.*, p. 97.
12. *Ibid.*, p. 98.
13. *Ibid.*, p. 96.
14. *Ibid.*, p. 86.
15. *Ibid.*, p. 194.
16. *Ibid.*, p. 94.
17. S. Freud, «La création littéraire et le rêve éveillé», dans *Essais de psychanalyse appliquée*, Paris, Gallimard, 1976, p. 71.
18. Yolande Villemaire, *op. cit.*, p. 172.
19. *Ibid.*, p. 207.
20. *Ibid.*, p. 144.
21. *Ibid.*, p. 193.
22. *Ibid.*, p. 173.
23. *Ibid.*, p. 172.
24. *Ibid.*, p. ?. La référence a été perdue, mais qu'importe.
25. *Ibid.*, p. 165.
26. *Ibid.*, p. 188, 188, 11, 181.
27. *Ibid.*, p. 172.
28. Dominique Noguez, «Structure du langage humoristique», *Revue d'esthétique*, Paris, Klincksieck, 1964, n° 1, p. 37-54. «L'humour ou la dernière des tristesses», *Études françaises*, Montréal, mai 1969, vol. 5, n° 2, p. 139-161. «Petite rhétorique de poche pour servir à la lecture des dessins dits «d'humour», *Revue d'esthétique*, Paris, Klincksieck, 1974, n° 3-4, p. 107-137.
29. Yolande Villemaire, *op. cit.*, p. 229.
30. *Ibid.*, p. 227.
31. *Ibid.*, p. 143-144.
32. *Ibid.*, p. 211.

33. *Ibid.*, p. 98.
34. *Ibid.*, p. 138.
35. *Ibid.*, p. 200.
36. *Ibid.*, p. 41.
37. *Ibid.*, p. 135.

La parodie carnavalesque dans *L'Euguélionne* *

Evelyne Voldeng

De nombreux écrits féminins dans les années 70 nous ont habitués/es à une écriture féminine définie comme «la mise en jeu d'un corps s'écrivant dans le tremblement des mots, le rejet de tout ce qui dans l'écriture est fixe, défini et immobile[1]». Mais à côté de cette écriture marquée par le glissement infini des signifiants, il en est une autre, complémentaire, parfois coexistante, mais qui, le plus souvent, la précède. Cette écriture, sorte de rhétorique appliquée, travaille dans et sur l'intertexte d'écrits canoniques et officiels, en vue de les subvertir pour contribuer à l'élaboration d'un discours de la féminité. *L'Euguélionne*, cette grande fresque allégorique où Louky Bersianik dénonce la condition de la femme dans notre société sexiste, appartient justement à ce genre d'écrit et c'est à la parodie carnavalesque qu'a recours l'auteure pour instituer l'avènement du discours de la féminité.

Après avoir rappelé la définition bakhtinienne de la parodie carnavalesque, j'étudierai ce type de parodie dans *L'Euguélionne*, et je tenterai de voir pourquoi il peut fonctionner comme l'une des langues possibles de la féminité.

La littérature carnavalisée selon Bakhtine est «celle qui a subi directement, sans intermédiaire ou indirectement, après une série de stades transitoires, l'influence de tel ou tel aspect du folklore carnavalesque[2]». La parodie était, dans l'antiquité, «inhérente à (cette) perception carnavalesque du monde. Elle créait un double détronisant qui n'était rien d'autre que 'le monde à l'envers'[3]» où les normes étaient inversées. En tenant compte des différents passages consacrés à la parodie dans *La poétique de Dostoïevski* et dans *L'oeuvre de François Rabelais*[4],

* Louky Bersianik, *L'Euguélionne*, Montréal, Les éditions La Presse, 1976.

on peut définir la parodie carnavalesque comme une démarche intertextuelle bivocale, une dialectique carnavalesque dont le but est de modifier la signification et la portée d'un texte ou de l'ensemble des textes d'un écrivain, d'un genre, d'un courant de pensée, d'une école, cités sur le mode de la caricature. Ambivalente, la parodie carnavalesque est marquée, d'une part, par son aspect subversif, destructeur qui s'exerce contre la tradition religieuse judéo-chrétienne et l'idéologie de l'ordre établi. Elle est marquée, d'autre part, par son aspect positif. La négation parodique n'a lieu en effet qu'au nom de l'affirmation et du renouveau, au nom de l'accession à un monde utopique placé sous le signe de la joie, du rire, de la liberté, de la vie et de l'épanouissement du corps.

La parodie carnavalesque dans *L'Euguélionne* s'exerce dans le cadre parodique d'un texte particulier: la Bible, l'Évangile, ce qu'annonce déjà le titre dont l'interprétation étymologique donne le mot grec *euaggelion*: bonne nouvelle, évangile. Rien n'est plus approprié qu'une relecture au féminin de la Bible, ce symbole de l'autorité du Verbe de Dieu, pour analyser et dénoncer les discours dominants qui conditionnent les principaux réseaux symboliques de notre langue à savoir le christianisme et la psychologie[5]. Nous voyons donc que les deux cibles principales visées par la parodie dans *L'Euguélionne* sont étroitement associées: la religion judéo-chrétienne, centrée d'une part sur le verbe mâle, l'hérésie psychanalytique, centrée d'autre part sur le «penis-verbum», le phallus. L'Euguélionne dénonce, à la fois, l'idéologie officielle de l'Église, par la parodie des lectures évangéliques, des paraboles, des prières, des litanies et les théories psychanalytiques, ainsi que l'enseignement de Freud - St Siegfried et de St Jacques Linquant sur le «primat du phallus». D'une façon générale, ce sont toutes les institutions répressives de l'État paternaliste et les manipulations langagières qui les fondent que dénonce l'Euguélionne. Elle s'en prend, tour à tour, à l'enseignement, à l'art et à la littérature institutionnalisés, au système publicitaire, aux fléaux sociaux (la guerre), à tout cérémonial et rite (le mariage en particulier) au service d'un phallocratisme religieux ou civil.

Avant de considérer le fonctionnement de la parodie carnavalesque dans *L'Euguélionne*, il est bon de rappeler que l'effet parodique dépend du rapport entre deux textes ou séries de textes, entre deux auteurs/es, entre le/la parodiste et l'auteur/e du texte parodié, mais qu'il doit son existence à la connivence entre l'auteur/e et son lecteur/sa lectrice, qui doit décrypter le message parodique.

Pour obtenir des effets de parodie, Louky Bersianik a travaillé principalement sur les composantes lexicales et thématiques des modèles (citations, emprunts des Saintes Écritures ou d'écrits de Freud) pour les organiser en un nouvel objet. Tantôt elle fait des commentaires sur les textes parodiés et leurs auteurs. Tantôt elle utilise la dénudation des clichés ou procédés utilisés par les psychanalystes et autres auteurs sexistes. Pour ce faire, elle a recours à la langue carnavalesque «marquée notamment par la logique originale des choses 'à l'envers', 'au contraire', des permutations constantes du haut et du bas («la roue»), de la face et du derrière, par les formes les plus diverses de parodies et de travestissements, rabaissements, profanations, couronnements et détrônements bouffons[6]».

Le principal procédé parodique mis en jeu dans *L'Euguélionne* est celui de l'inversion, de l'interversion. L'Euguélionne, Christ femelle qui, à l'inverse de ce qui se passe dans la Bible, est la troisième personne d'une trinité femelle (mère, fille et cervelle suprême) et qui a été enfantée par un père vierge, est venue sur la terre réinterpréter les Saintes Écritures ou Scribouillures, comme dit Louky Bersianik. Elle est venue de sa planète par le haut et par le bas en même temps pour prêcher l'évangile au féminin. Par la bouche d'Exil, une de ses apôtres, nous avons d'abord une lecture au féminin de la rencontre entre Adam et Ève. Ce n'est pas Ève qui a développé «l'envie du pénis», de la «breloque baroque» d'Adam, cet «enfant handicapé[7]». Mais c'est par envie des majestueux seins d'Ève qu'Adam a eu sa première érection. Tout au long du roman, les événements vont ainsi être perçus en dehors de leur interprétation traditionnelle et officielle, dans le cadre d'une sorte de monde inversé. L'inversion des valeurs va trouver son expression symbolique à la fin de la troisième partie où le «primat du phallus» est remplacé par son manque, le «primat du trou». Chemin faisant, le phallus, sorte de roi bouffon, a été détrôné par les paroles burlesques de L'Euguélionne: la boursouflure (il faut entendre le phallus) «est engendrée par le complexe d'Obélix ou phallomorphisme monolithique, lui-même dérivé de la Psychose de Herrschaft[8]».

C'est par la satire de la tradition religieuse, psychologique et littéraire, par la parodie de leurs codes conventionnalisés (langue sacrée, jargon psychanalytique) que Louky Bersianik dénonce la société paternaliste. Elle a, pour ce faire, recours à la dissonance qui est fournie par des rapprochements incongrus dus au collage ou à la stylisation de formules liturgiques. Ainsi dans l'exhortation suivante: «Tu seras un homme, mon fils, quand tu sauras te faire cuire un oeuf et prendre soin de toi-même sur la terre comme au ciel[9]» où en plus de la référence au *Notre Père,* nous voyons la reformulation de l'expression populaire: va te faire cuire un oeuf. Elle fait également appel au pastiche du rituel et des prières, en particulier du *Notre Père.* Glorifiant la religion du trou, Ancyl s'écrie: «*Au nom du Trou accueillant et du Trou pénétrant et du Trou évacuant, Amen*[10]». L'usage irrévérencieux et ironique par l'auteure de la terminologie et des dogmes catholiques et psychanalytiques conduit à la désacralisation de la religion et de la psychanalyse, en les rabaissant à la dimension du burlesque. C'est peut-être la parodie du mariage classique, pièce en plusieurs actes à laquelle assiste L'Euguélionne et ses amies, qui illustre le mieux la désacralisation burlesque des institutions civiles et religieuses. Dans le prologue de cette pièce, qui est la cérémonie du mariage, l'officiant, «dont la moitié du corps était religieuse et l'autre moitié, civile», présente à la mariée un plateau d'or massif sur lequel se trouvent des excréments, vouant ainsi la future épouse «au culte de la Krasse (et) de la Poussière Sacrée». Au cours de cette cérémonie bouffonne sont tour à tour parodiés le mystère de l'Immaculée Conception («Tu es une Maculée Conception (...) la grande entreprise de ta vie (...) sera d'Immaculer les êtres et les choses[11]»), les commandements de l'Église, les litanies des Saints, la fête liturgique du Mercredi des Cendres, l'Ecce homo, le lavement des pieds (on présente à la mariée un plat d'eau douteuse et un torchon de soie) et la présence de l'hostie, de la victime dans le tabernacle.

Dans son entreprise de désacralisation, l'auteure a recours à toutes sortes de jeux sur le signifiant comme sur le signifié: paronomase («Son fameux Primat ne serait-il qu'un paravent pour masquer sa «primaterie» pour ne pas dire piraterie[12]?»), calembour, bricolage morphologique (le féminin de porc est la porcelaine), renouvellement du cliché, juxtaposition incongrue, hyperbole (le pénis est un obélisque transcendantal), expressions étrangères (la psychose de Herrschaft, to be or not to be — traduction libre: en avoir ou pas). Elle utilise, en particulier, deux procédés parodiques appartenant à la rhétorique du burlesque par excellence: le calembour et la parodie d'alliances dont le cliché modifié peut être un cas particulier. Pour ne prendre qu'un exemple, dans la description d'Ancyl «d'une espèce d'objets volants fort bien identifiés qu'elle appelle les phallus ambulants et qui semblent être le dada de St Jacques Linquant[13]», on distingue les clichés modifiés: objets volants non identifiés et marchands ambulants, ainsi que le calembour portant sur *dada*: cheval dans le langage enfantin et manie, marotte.

L'étude des procédés parodiques utilisés par l'auteure a mis en relief l'aspect destructeur de la parodie carnavalesque, son attaque contre les institutions religieuse et littéraire, l'envahissement des sciences psychologiques, sa dénonciation des normes sociales couramment acceptées. Ainsi la parodie carnavalesque a fourni à Louky Bersianik des thèmes et des procédés qui lui ont permis de manipuler le langage dans un but destructeur, mais en vue de contribuer à un renouvellement idéologique. *L'Euguélionne* se trouve être le dialogue entre l'idéologie féministe teintée de culture populaire et l'idéologie officielle. Plus importante que son aspect destructeur apparaît donc la fonction idéologique de cette parodie qui s'exerce au nom de nouvelles valeurs, au nom d'un monde à l'envers placé sous le signe de l'utopie. C'est en recourant à ce que Bakhtine a appelé le «réalisme grotesque» que L'Euguélionne peut justement évoquer ce monde inversé. C'est par le réalisme grotesque, le burlesque qu'elle a «détrônisé» l'idéologie officielle. Prenant le contre-pied du sermon de St Siegfried, lançant son mot d'ordre «Transgresser c'est progresser[14]», elle a appelé les femmes à la rébellion carnavalesque. Par son porte-parole Ancyl, elle leur a proposé un nouveau système de valeurs où la religion élitiste du phallus serait remplacée par la religion égalitaire du trou.

C'est par cette image du «corps criblé de trous», de «l'arbre à trous» que nous passons au deuxième aspect du réalisme grotesque, au corps grotesque, le corps de la femme, mais aussi le corps du texte fictionnel. Par son usage de l'imagerie du corps, Louky Bersianik propose une autre idéologie. Elle demande la revalorisation du corps de la femme et du corps grotesque collectif. Il apparaît normal que cette revendication soit faite par L'Euguélionne. Car n'est-elle pas la géante extraterrestre, macrocosme de tous les microcosmes féminins, douée d'ubiquité, arrivée par le haut et par le bas, créature une et multiple, qui, «à chaque tour, change de visage et de forme» et représente toutes les femmes. Elle incarne de plus «le personnage du géant, caractéristique du corps grotesque, qui participe obligatoirement à toutes les processions du type carnavalesque[15]». Cette revalorisation du corps grotesque se fait par la célébration du corps criblé «de trous de jouissance et de vie», orifices «caractérisés par le fait qu'ils sont le lieu où sont surmontées les frontières entre deux corps et entre le corps et le monde où s'effectuent les échanges et les orientations réciproques[16]». La litanie inversée adressée par Ancyl au trou[17], ainsi que l'épisode de l'herbe à puces[18], version féminine de l'épisode du torche-cul rabelaisien, réévaluent «le bas», matériel et corporel, seule condition de l'épanouissement de l'être.

Mais ce n'est pas uniquement le corps individuel que célèbre l'Euguélionne, c'est le corps grotesque collectif, symbole de la nouvelle émergence du féminin dans l'histoire. Louky Bersianik, par sa femme-Messie, venue sur terre au temps de la «préhistoire» des femmes, demande l'accès à l'histoire, la progression du féminin le long de l'axe historique du temps. La figure de l'interversion avec le changement de la situation énonciative (le Messie est devenue la Messie) n'est rien d'autre en fait que l'expression de la revendication féministe d'une histoire, d'une culture appréhendées dans une perspective féminine.

Cette revendication se fait dans le cadre d'un texte à la forme ouverte et dialogique où est transgressée l'écriture sociale imposée, où le langage est libéré de tout assujettissement à un discours figé. À une image grotesque du corps anticanonique correspond un corps grotesque du texte anticanonique. Louky Bersianik applique à la lettre le commandement qu'elle place dans la bouche de l'Euguélionne: «Il faut transgresser les maximes, les proverbes, les mots d'auteur, les évangiles, les mentalités, les souffles de salon, les modes, les conventions, les conformismes même révolutionnaires, les phrases lapidaires qui sont des intimidations pures et simples[19]». Dans ce roman où le Verbe est en quelque sorte devenu féminin, l'auteure cherche à revaloriser toute une partie du lexique associée à la réalité féminine et généralement connotée négativement. Elle a recours, pour ce faire, à divers procédés: premièrement au mot «divergent bivocal», c'est-à-dire au mot parodique avec toutes ses variantes, deuxièmement à «une sorte de récréation des mots lâchés en liberté délivrés de l'étreinte du sens, de la logique, de la hiérarchie verbale[20]», troisièmement à une «surlexicalisation», à une profusion carnavalesque de néologismes comme dans la litanie de titres au féminin proposés par l'Euguélionne[21].

Pour conclure, je dirai que si, dans *L'Euguélionne*, la parodie carnavalesque peut fonctionner comme une des langues possibles de la féminité, c'est qu'elle permet de manipuler le langage et de passer d'une perspective masculine à une perspective féminine, qu'elle permet l'accès du féminin à l'histoire, qu'elle permet de travailler au renouvellement de l'idéologie officielle et à l'élaboration d'une culture nouvelle, qu'elle permet enfin une carnavalisation féminine du monde où les femmes seraient «des roues de plaisir (...) lancées à des vitesses féériques (...) de grandes roues lumineuses (...) de grandes roues de fête foraine sorties de leurs gonds[22]».

Carleton University
1983

Notes

1. Nicole Bédard, «L'oscille(e)», *La barre du jour*, n° 50, 1975, p. 105.
2. Mikhaïl Bakhtine, *La poétique de Dostoïevski*, Paris, Les éditions du Seuil, 1970, p. 152.
3. *Ibid.*, p. 175.
4. Mikhaïl Bakhtine, *L'oeuvre de François Rabelais et la culture populaire au Moyen Âge et sous la Renaissance*, Paris, Éditions Gallimard, 1970.
5. Cf. Jennifer Waelti-Walters, *Fairy Tales and The Female Imagination*, Montréal, Eden Press, 1982, Chapitre 8.
6. Mikhaïl Bakhtine, *L'oeuvre de François Rabelais et la culture populaire au Moyen Âge et sous la Renaissance*, p. 19.
7. Louky Bersianik, *L'Euguélionne*, Montréal, La Presse, 1976, p. 42, 43, 44.
8. *Ibid.*, p. 223.
9. *Ibid.*, p. 368.
10. *Ibid.*, p. 397.
11. *Ibid.*, p. 147, 148.
12. *Ibid.*, p. 168.
13. *Ibid.*, p. 333. Dans le calembour «le dada de St Jacques Linquant», un rapprochement avec le dada littéraire semble également s'imposer vu l'aspect destructeur de cette parodie carnavalesque.
14. *Ibid.*, p. 314.
15. Mikhaïl Bakhtine, *L'oeuvre de François Rabelais*, p. 389.
16. *Ibid.*, p. 315.

17. Louky Bersianik, *op. cit.*, p. 394.
18. *Ibid.*, p. 135.
19. *Ibid.*, p. 314.
20. Mikhaïl Bakhtine, *L'oeuvre de François Rabelais,* p. 420.
21. Louky Bersianik, *op. cit.*, p. 231.
22. *Ibid.*, p. 385, 386.

Corps écrit, corps vécu: *de* Chantal Chawaf et quelques autres

Christiane P. Makward

En 1974 et 1975, lorsqu'on a commencé à parler sérieusement dans la presse de l'écriture féminine, la critique littéraire se relevait timidement d'une fascination marquée pour les approches structuralistes. Nombreux celles et ceux qui avaient fait leurs lectures sous l'emprise du dogme de Valéry (*via* Jean Ricardou et Alain Robbe-Grillet, c'est-à-dire la critique néo-romanesque) qui pose énergiquement l'autonomie radicale du texte par rapport à la réalité extérieure. Cette loi de «la condition verbale de la littérature» (formule de Valéry), Robbe-Grillet la réitère en 1956 dans «Une voie pour le roman futur» et en 1957, dans «Sur quelques notions périmées» (dans *Pour un nouveau roman*, Paris, Éd. de Minuit, 1963). Il montre dans ces articles que le romancier ne *décrit* pas mais *construit*, ne représente pas le monde mais en crée un autre (où les objets, comme on sait, auront place privilégiée, mais surtout «seront là» avant d'être quoi que ce soit). Mais bientôt un Roland Barthes devait donner des signes de détresse en réaction à vingt années d'ascétisme structuralo-sémiologique et se mettait à invoquer le «plaisir du texte» et l'inscription du discours amoureux. C'est ce que rappelait récemment Raymond Jean dans une note pour le numéro spécial de *Sud*, n° 37-38, «Écrits de femmes» (1980) où il évoque la réflexion de Barthes comme s'étant

> détournée d'un certain apprêt théorique pour intégrer quelque chose de flexible, d'ouvert, de décrispé, de sensible, d'«amoureux», qui semble se réclamer d'un élément *féminin*. Quelque chose peut-être où s'abolirait la distinction

> qu'il proposait lui-même entre le texte de plaisir («celui qui contente, emplit, donne de l'euphorie, celui qui vient de la culture, ne rompt pas avec elle, est lié à une pratique confortable de la lecture») et le texte de jouissance («celui qui met en état de perte, celui qui déconforte..., fait vaciller les assises historiques, culturelles, psychologiques du lecteur, la consistance de ses goûts, de ses valeurs et de ses souvenirs, met en crise son rapport au langage» p. 35).

On ne peut cependant pas nier que les prestiges de l'approche théorique des textes restent intacts. Il est toutefois significatif que ce soit la phénoménologie de la lecture, la théorie des «actes de parole», qui ait supplanté l'analyse structurale auprès des chercheurs, surtout les universitaires d'Amérique du Nord. Hélène Cixous, dont on sait combien les textes peuvent «mettre en crise» le rapport du lecteur au langage, parle du plaisir de la lecture: stade élémentaire de la connaissance, le *genre* de plaisir va orienter la lecture (au sens de l'analyse), mais surtout «donner à boire» à celle/celui qui s'ouvrira de tout son être aux «textes-corps» («textes-femmes», de Clarice Lispector en particulier). Un des traits absolument primitifs de l'écriture féminine, affirme encore Hélène Cixous, est «ce qui tient à l'ordre de l'intérieur» et à l'expérience du corps[1]. L'ouverture de son nouveau livre, *Limonade tout était si infini* (Paris, des femmes, 1982) ressuscite — au sens le plus fort — et transfigure le motif de la bouche et de la langue comme lieu de jouissance-connaissance, point de rencontre et de passage de l'extérieur et de l'intérieur: «Parce que toute la science a commencé ainsi, par la décision de goûter» (p. 12), allusion, entre autres, à la dégustation d'une certaine pomme interdite[2].

Si les écrivaines considérées «théoriciennes» sont bien lues et discutées de ce côté-ci de l'Atlantique — tout en faisant rarement l'objet de traductions —, les «écritures féminines» contemporaines sont encore ignorées — à la seule exception de Monique Wittig — et exclues par le fait même qu'elles ne sont pas traduites, mais aussi par la nature troublante, indéfinie, nouvelle et indiscutablement «autre» ou «féminine» de ces textes. La stratégie de refoulement la plus efficace est peut-être bien celle que signale Luce Irigaray: ignorer délibérément, ne pas voir, ne pas entendre le discours féminin, stratégie qui explique à elle seule «la folie des femmes[3]».

Il reste qu'en certains lieux (Paris, Montréal) et enclaves universitaires, l'idée des écritures féminines semble ne plus faire problème. Il semble qu'on sache de quoi l'on parle, mais une double postulation est mise en jeu: d'une part, les «écritures féminines» sont les textes d'une pléiade de femmes qui écrivent en tant que femmes (Marguerite Duras, Hélène Cixous, Nicole Brossard, Madeleine Gagnon, Jeanne Hyvrard, Luce Irigaray, Chantal Chawaf, Monique Wittig, Emma Santos [que l'on me pardonne de ne citer que les noms les plus familiers]) et dont les textes relèvent d'une poétique «moderne» (non linéaire, fluide, dispersant le sens, ouverte, «infinie»). D'autre part, du côté du discours théorique qui se dessine à travers les entretiens, conférences, enseignements divers et articles dans les journaux ainsi que dans quelques essais (de Luce Irigaray, Claudine Herrmann, Julia Kristeva, Hélène Cixous, Michèle Montrelay, etc.), on entend un critère sous-jacent à l'écriture féminine: c'est l'écriture «du corps». À titre d'exemples, je citerai Nicole Brossard: «elle n'écrit pas les jambes croisées» (*La barre du jour*, n° 50, p. 16); Luce Irigaray: «Nous avons aussi à trouver... (un) langage qui ne se substitue pas au corps-à-corps, ainsi que le fait la langue paternelle mais qui l'accompagne, des paroles qui ne barrent pas le corporel mais qui parlent 'corporel'» (*Le corps-à-corps, op. cit.*, p. 28-29); Madeleine Gagnon: «un discours sans sexe: sans pulsion, ni fantasme. C'est un savoir sans désir. C'est là, je crois, que nous pouvons comme femmes intervenir et c'est là que nous intervenons: remettre le désir au centre du discours» (*La venue à l'écriture*, avec Hélène Cixous et Annie Leclerc, Paris, UGE/10-18, 1977, p. 83); J.-L. Steinmetz à propos de Jeanne Hyvrard: «étrange chose que d'écrire avec son corps» (*Quinzaine littéraire*, n° 367, mars 1982); Claude Pujade-Renaud citant Hélène Cixous: «Une continuité essentielle, une quasi-identité sont posées entre corps et écriture. L'écriture, pour la femme (sic), ce serait du 'corps articulé au maximum'» («Du corps féminin à l'écriture?», *Esprit*, février 1982, p. 109); enfin, Hélène Cixous: «ce que j'écris est aussi proche que possible du pulsionnel et pourtant très travaillé. C'est la raison pour laquelle, à première lecture, mes textes donnent du fil à retordre au niveau des significations. Il y a une énorme condensation de sens comme dans des textes philosophiques, poétiques» (entretien avec Françoise Van Rossum-Guyon, *Revue des sciences humaines*, n° 168, 1977, p. 488).

Écrire au féminin, ou «l'écriture-femme», cela a donc d'abord été «symboliser le corps» et le faire passer, pour reprendre la formule lacanienne, dans «les défilés du symbolique». C'est mettre en mots le corps, le faire entrer dans la langue, tout comme lui faire l'amour avec la langue maternelle. L'écriture au féminin a ceci de commun avec le nouveau roman: elle ne distingue pas la forme du contenu. C'est ce qu'indiquent précisément toutes ces expressions à chevilles ou présentées entre guillemets («nous venons toujours avec tous les guillemets du monde» dit-elle encore [v. *BREFF*, n° 21, automne 1982]). Pour Robbe-Grillet, la forme *étant* le contenu, il n'y a rien avant ni en dehors du déroulement du texte. Se trouve donc annulée de fait toute distinction de genre (ni fiction, ni poésie, ni discours critique). Mais l'écriture féminine se différencie radicalement du texte néo-romanesque en ce qu'elle postule un rapport direct avec la réalité non linguistique, non littéraire, de l'expérience du corps, de la vie. Il s'agirait donc avant tout d'écrire le corps-vécu, de capter l'espace pulsionnel. Fort peu de critiques se sont interrogées sur cette question, à savoir: «de quel corps parle-t-on?». Seule Claude Pujade-Renaud envisage la question dans l'article cité ci-dessus (rédigé en 1979). Elle suggère en réponse que l'écriture du corps est un nouveau mythe: «Par rapport à ce mythe d'une continuité reliant inconscient-corps-écriture, il convient de rappeler combien le corps peut aussi servir de défense contre l'inconscient ou combien l'inconscient peut venir s'y camoufler en un jeu de dérobades symptomatiques. Ainsi des «maux-de-corps» de «l'hystérique» (art. cité, p. 110). Julia Kristeva, d'autre part, a exposé une distinction qui, pour être difficile à cerner en certains points, n'en est pas moins à méditer:

> L'expérience psychanalytique nous invite à tenir compte, en dehors de la différence masculin/féminin, de deux types de corps: le *corps névrosé* et le *corps psychotique*. Le premier, le corps de l'hystérique notamment, est le corps vraisemblable, construit de phantasmes, de projections, à partir du narcissisme. En face, le corps du psychotique est l'équivalent du signifiant, c'est un corps que j'appellerais *vrai*. Le corps vrai et le langage ouvert à son jeu, c'est la même chose — le travail sur le corps est le travail sur le langage. L'expérience vraie du corps se désigne par le meurtre de la langue qui s'appelle *texte*, et ce texte est un corps refait. Corps vrai et texte, c'est le Même d'une Transsubstanciation. Tandis que le corps vraisemblable se constitue par rapport à une instance extérieure qui provoque toute la gamme de la psychologie, le corps psychotique explore le spectre du langage. La revendication féministe du corps,

> qu'on oppose au langage ou à la pensée, me semble le plus souvent être une revendication de corps vraisemblable, corps fétiche, paré ou refusé, gratifié ou souffrant, mais coupé toujours du signifiant et ne l'approchant que par feintes, mimes ou symptômes. Les expériences d'un corps vrai comme celles de Virginia Woolf ou de Sophie Podolski restent très marginales... («femme/mère/pensée», *Art Press*, n° 5, mars 1977, p. 6-7).

Il y aurait lieu de s'interroger, ou d'interroger la psychanalyse, sur la distinction nette que pose Kristeva entre corps «vrai» (corps-texte psychotique) et corps «vraisemblable» (corps névrosé, coupé du signifiant), recherche qui devrait prendre en compte le fait que les troubles psychiques sont de plus en plus souvent conçus en termes de continuité (de la normalité à la «maladie») et d'interférence des névroses et psychoses relativement au principe de réalité. Certaines recherches d'ordre psycho-linguistique montrent en particulier que la capacité de reconnaître la métaphore (donc de ne pas la prendre littéralement) se manifeste chez les psychotiques et les débiles mentaux[4]. La fonction métaphorique n'est donc pas l'apanage des discours de corps «vraisemblables» ou névrotiques et le corps «vrai» reste susceptible de se distancier du langage (de l'objectifier en tant que tel) plutôt que de s'y mettre en jeu par coïncidence avec le signifiant. La genèse des textes d'Emma Santos, tout comme les entreprises littéraires de la malade soignée par Lacan («Le cas *Aimée*») ont amplement illustré cette question du côté des écritures féminines.

Si nous ne savons toujours pas «de quel corps» part/parle une écriture «féminine», nous pouvons cependant constater que, depuis 1975, les signifiés du «féminin» se sont remarquablement renouvelés. Il y a eu «vidange» de ce signifiant-clé dans toute culture (rappelons-nous nos réticences devant le terme il y a dix ans) et le «plein» est en train de se faire par accumulation de signifiés flous mais positifs, issus de recherches et d'explorations nouvelles. Ce qui était en 1975 une «parole» (comme «Le rire de la Méduse» d'Hélène Cixous dans *L'Arc*, n° 61, 1975) s'est avéré capable de s'incorporer à la culture, par suite d'une sédimentation de textes posés comme «féminins». Comme le formule énergiquement Derrida (une fois n'est pas coutume) dans *Éperons: les styles de Nietzsche* (1978): «Une femme est une femme: plus jamais». Plus jamais on ne lui dira qu'elle est ce qu'elle est (sa «nature»), ou qu'elle est «manque» et silence. Un corpus assez distinct de textes posés comme «féminins» a donné existence à une parole qui les appelait: les premiers textes de Chantal Chawaf, et ceux de Monique Wittig (*Les Guérillères*, 1969 en particulier) ont précédé l'exorde d'Hélène Cixous. Nous savons d'ailleurs bien que les écrivaines en question se gardent les unes des autres et ne se lisent quasiment pas. C'est donc la parole qui a précipité, au sens chimique, une réflexion théorique sur un mouvement en branle depuis 1968. Indépendamment mais sans isolement véritable, ces femmes ont éprouvé le besoin d'explorer, célébrer, méditer et inscrire le corps en de «nouveaux langages». À ceux qui verraient là une prétention utopique ou une prise de pouvoir (rappelons la formule fasciste d'Humpty Dumpty dans *La traversée du miroir*: «Un mot veut dire ce que je veux qu'il dise... Il s'agit de savoir qui sera le maître, c'est tout!»), on pourra répondre en invoquant la sagesse d'Eugène Ionesco: «Renouveler le langage c'est renouveler la conception, la vision du monde[5].»

Il s'agit alors de se demander si ce qui définit ce mouvement des écritures féminines, le passage du corps dans l'écriture ou la symbolisation du corps est de l'ordre de la création poétique simple (si l'on peut dire); si «l'écriture du corps» est une métaphore, et en quel sens. Qu'est ce «corps écrit», corps textuel, corps-texte, texte-femme, quels rapports entretient-il avec les corps vécus et vus, toujours précédés de leurs noms? J'avancerai deux ébauches de réponses parallèles et non opposées, empruntées à Chantal Chawaf et à Maurice Merleau-Ponty, ce philosophe responsable, après Saussure, de la distinction entre «langue» et «parole». De Chantal Chawaf, voici des fragments inédits de correspondance (1977-1979), c'est-à-dire de «parole» jetée sur le papier, des remarques vives, non travaillées pour passer au public:

> — je pense que toute femme qui a en elle assez d'amour pour la vie et pour les autres doit l'exprimer.
>
> — elle est aujourd'hui quelqu'un qui débouche sur une sorte de spiritualité complètement reliée à son corps, à sa souffrance et à son expérience passée qui ne l'a pas vaincue, qui ne l'a pas bloquée mais qui, au contraire, l'a obligée à dépasser son refus...
>
> — L'écriture individuelle n'existe pas. Elle est toujours collective... Nous «nous» écrivons, nous nous traçons, nous

> nous dessinons, nous nous modulons (les uns) les unes à travers les autres... Ce qu'il faut c'est que le flux circule, qu'il ne se cristallise pas...
>
> — *Rétable:* recherche dirigée vers vivre-sentir-donner à toucher-à caresser, en finir avec un langage qui me paraissait épuisé, moribond, un cadavre, le vieillissement qui condamnait le langage, les mots à ne plus exprimer, à ne plus créer... de même que le corps perd ses sensations dans un décor de béton où la vie animale, végétale a été arrachée... Là sont les sources, dans le vécu contemporain... transfusions de mots pour le corps-langage qui dépérissait... blessé-violé, abîmé massacré sous les livres-cercueils. L'éternité de l'art est imprégnée par la mort qui suinte des cathédrales interdites au désir, à la chaleur et au mouvement de la vie. Nous secouons tout ça. Nous toutes, nous ensemble.
> — Écrire: c'est commencer. C'est toujours pousser plus loin le commencement, car dans le langage rien du corps, rien de la femme n'est encore vraiment intégré. C'est donc un travail sur le langage que nous devons faire, dans ce que vous définissez comme a-théorique et poétique et fictions... mais qui en fait est l'initiative de l'élan subversif. Tout part du corps et de nos sens et de nos désirs et de notre imaginaire, sans quoi nous restons dépendantes d'un symbolique qu'il nous faut au contraire faire éclater pour poser des structures autres et plus respectueuses du corps et de la vie.
> — l'écriture féminine, quant à moi, est venue de racines (beaucoup plus) immédiates: mon vécu, mon senti, souffrances, désirs et ma liberté devant l'espace du langage qui s'ouvre à un échange continuel entre conscient-inconscient.
>
> — (il faut) rendre au langage son poids matériel exactement adapté à l'ensemble du corps vivant et fonctionnant.
>
> — je refuse une origine théorique quelconque du langage. Je ne reconnais comme origine qu'une origine beaucoup plus primitive et essentielle: tout l'ensemble vivant du corps et de ses relations avec l'extérieur.

Si j'ai cumulé ces citations-paroles, c'est pour illustrer sans laisser de doute que, pour Chantal Chawaf, «écrire le corps» n'est pas une métaphore au sens banal d'une image mettant en rapport deux niveaux de réalité incompatibles pour la logique cartésienne: le symbolique par excellence qu'est l'écrit, tissu-texte de signes, et le réel par excellence (inaccessible-inconscient dans la vision lacanienne) qu'est le corps vécu, la vie du corps. Ces remarques de Chantal Chawaf pourraient se résumer en une paraphrase: «ceci (ce texte) est mon corps» et cela nous renverrait au mystère de la transsubstanciation dans l'Eucharistie. Mais plutôt que d'évoquer une tradition (la catholique) où, comme l'a exposé Jeanne Lapointe, le corps féminin est le négatif du sacré[6], c'est à une pensée non légiférante, ouverte et in-finie que l'on peut demander un éclairage «doux» sur cette métaphore qui n'en est pas une.

Dans «Le phénomène du langage» (*Éloge de la philosophie et autres essais*, Paris, Gallimard, 1953, Idées, 1960), Merleau-Ponty représente que la philosophie doit interroger le mode de présence de l'objet pour le sujet (p. 102) et que dans la tradition dominante occidentale (de Descartes à Husserl et Sartre) le corps ne peut être conçu que comme objet posé par la conscience. C'est l'extériorité radicale du corps, son hétérogénéité par rapport au sujet du cogito-conscience que conteste la phénoménologie. C'est une nouvelle «révolution copernicienne» qu'effectue Merleau-Ponty en montrant que le (soi-disant) sujet qui s'éprouve constitué dans l'expérience d'autrui est mon corps (imaginé-vu). De même, Lacan a montré que la rencontre avec (la reconnaissance de) l'image du corps dans le miroir est le point de départ de la structuration du sujet. D'après Merleau-Ponty, nous comprenons d'abord (chronologiquement et spatialement) avec nos corps, et c'est la logique des mouvements possibles pour le corps qui constitue la base de l'usage de la langue. Le langage serait un second milieu ou «corps second» que le sujet découvre comme matériau de construction du monde. Le corps phénoménal ou corps-vécu est à distinguer du corps-objet ou corps pensé (et remémoré) par la conscience. C'est cette distinction qu'éprouve obscurément la vieille femme de la nouvelle d'Andrée Chedid, «Les corps et le temps» dans le recueil du même titre (Paris, Flammarion, 1978): «Elle se le rappelait» (qu'elle avait été belle) sans amertume; comme si à l'intérieur de ce corps en décomposition, l'autre corps continuait de veiller. (...) Sa propre décrépitude lui avait toujours semblé plus supportable que celle des proches» (p. 86). La raison étant, évidemment, que le corps vécu l'est sur le mode inconscient la plupart du temps (sauf devant le miroir, devant l'autre et dans la pulsion narcissique) tandis qu'il est impossible au sujet de saisir l'autre autrement que comme corps-objet-miroir.

Dans les dernières pages de *Le visible et l'invisible* (essai inachevé, publié à titre posthume chez Gallimard, 1964), Merleau-Ponty explore la relation difficile à penser du corps vécu à la conscience du corps et propose:

> On ne sortira d'embarras qu'en renonçant à la bifurcation de la «conscience de» et de l'objet, en admettant que mon corps synergique n'est pas objet... que «ma conscience» n'est pas l'unité synthétique incréée, centrifuge, d'une multitude de «conscience de...», comme elles centrifuges, qu'elle est soutenue, sous-tendue, par l'unité pré-réflexive et pré-objective de mon corps (p. 186).
>
> On touche ici au point le plus difficile, c'est-à-dire au lien de la chair (non la matière, p. 191) et de l'idée, du visible et de l'armature intérieure qu'il manifeste et qu'il cache. Personne n'a été plus loin que Proust dans la fixation des rapports du visible et de l'invisible, dans la description d'une idée qui n'est pas le contraire du sensible, qui en est la doublure et la profondeur (p. 195).

Enfin, le thème dominant de cet ouvrage interrompu est le phénomène de la réversibilité «qui se manifeste par une existence presque charnelle de l'idée comme par une sublimation de la chair» (p. 203) et le parallèle établi selon lequel le corps imaginaire (corps-objet de la conscience) est au corps-vécu (inconscient/système de possibilités d'actions à venir) ce que la parole (discours ou texte-objet) est à la langue (réservoir des possibilités, non pensé et inconscient). Cependant, la parole opère des changements et dislocations continuelles dans la langue. C'est bien, nous semble-t-il, ce que l'on a pu observer au sujet du vocable de «féminin» depuis une dizaine d'années.

Si nous disons que «symboliser le corps» ou «l'écriture du corps» sont des métaphores au sens de la rhétorique, nous allons non seulement à l'encontre de ce qu'affirme la parole féminine (Chantal Chawaf en l'occurence), mais nous restons pris dans l'idéalisme dualiste, celui qui se soutient du principe de l'unité perdue et ses corollaires: la distance, la chute, la castration irréversible et nécessaire. C'est paradoxalement en voulant purger le roman de la métaphore et donc de la vision tragique (existentialiste) du monde que Robbe-Grillet inscrit la plus grande distance entre le sujet (objectif ou oeil) et le monde. Le discours cartésien non métaphorique ne peut pas franchir la distance même qui le constitue, celle de l'extériorité du corps-objet par rapport au sujet-conscience. L'évolution du jeu de Robbe-Grillet vers le sado-masochisme n'est pas un hasard, là où le principe originaire du nouveau roman était l'objectivité pure, c'est-à-dire l'extériorité du sujet-auteur par rapport au texte-jouet; le *jeu* substitué au *je* et garantissant son intégrité idéale.

Dans les écritures féminines au contraire, il y a non seulement retour au corps ou «bio-graphie», mais mise en place du corps comme sujet-agent de l'écriture. C'est du corps phénoménal vécu qu'il s'agit, de l'espace pulsionnel[7], et non pas du corps-objet féminin qui a toujours tenu l'avant-scène des productions artistiques (et commerciales). Je pense que pour que ce corps s'écrive — les écrivaines le soulignent elles-mêmes souvent — il lui faut d'une certaine manière se mettre en veilleuse, diriger l'éclairage *en dedans*, ou encore «rentrer en lui-même» et devenir «plus corps». Il (elle, corps féminin) s'écrira alors «ses forces branchées directement sans la moindre censure sur une batterie d'inconscients aux ressources intarissables» (Hélène Cixous, *La*, Paris, Gallimard, 1976, p. 204). Écrire le corps se fera en particulier aux petites heures du jour, entre rêve et sommeil, à l'heure où le monde extérieur est encore entre parenthèses, où corps vécu et conscience coïncident ou restent interpénétrants, comme dans le rêve. Écrire le corps, ce sera laisser passer le pulsionnel dans la langue, y capturer des mots/signifiants et en jouer-jouir. Pour Chantal Chawaf, écrire le corps, ce sera aussi l'exploration des diverses saisons ou états du corps féminin: frustration sexuelle dans *Landes*, hystérie dans *Rougeâtre*, corps jouissant dans *La Rêverie* et *Blé de semences*, corps maternel anxieux dans *Cercoeur*, etc.

Et finalement, si cette écriture du corps est bien métaphorique, c'est qu'elle porte le langage au-delà de la barre (de la censure), en pleine mèr(e), vers le corps-à-corps, la coïncidence désirée du corps-vécu et du corps symbolisé. Peut-être Merleau-Ponty, en posant dans une note de travail de novembre 1960, l'équation «chair» et «mère» marquait-il la direction à explorer vers la question du féminin. Il s'est d'ailleurs trouvé un critique pour lui reprocher le lyrisme malséant de ses derniers écrits et l'éloge du silence qui hante sa pensée dans *Le visible et l'invisible*[8]. Sans avoir voulu même suggérer influence ou rencontre de la théorie de l'écriture féminine et de la réflexion phénoménologique, j'ai tenu à montrer qu'il s'agit d'un mouvement comparable, d'un divorce provoqué par une réflexion authentique sur le corps. Je pense que le phénoménologue aurait entendu avec recueillement la parole de Luce Irigaray: «dans un parler-femme, il n'y a pas un sujet qui pose devant lui un objet. Il n'y a pas cette double polarité sujet-objet, énonciation/énoncé. Il y a une sorte de va-et-vient continu, du corps de l'autre à son corps» (*Le corps-à-corps, op. cit.*, p. 49).

The Pennsylvania State University
1982.

Notes

1. Je paraphrase ou cite les remarques d'Hélène Cixous lors d'un débat au Théâtre Ouvert (Paris) sur les écritures féminines, du 7 juin 1982.
2. Ce thème de la «leçon de pomme» ou Ève devant la Loi a été développé par Hélène Cixous lors d'une conférence à Vassar College (cf. *BREFF*, n° 19, 1981).
3. Luce Irigaray, *Le corps-à-corps avec la mère*, Montréal, Les éditions de la pleine lune, 1981, p. 13.
4. Recherches en cours sous la direction de David Palermo, Département de psychologie, Pennsylvania State University.
5. Notes et contre-notes, p. 157, cité par Jean-Yves Guérin, «Texte et théâtralité chez Audiberti», *Modern Language Studies*, vol. XI, n° 1, hiver 1980-81, p. 64.
6. Jeanne Lapointe: «Le meurtre des femmes chez le théologien et chez le pornographe», infra.
7. Voir sur ce point le compte rendu d'Anne Fabre-Luce sur *Passions élémentaires* de Luce Irigaray, Paris, Éditions de minuit, 1982, dans *La Quinzaine Littéraire*, n° 368, 1-15 avril 1982.
8. Voir dans le numéro spécial d'*Esprit* consacré à Maurice Merleau-Ponty (juin 1982) l'article intitulé «La folie de la vision» de Michel de Certeau, p. 89-99.

Des résonances de la petite phrase: «Je suis un noeud» de France Théoret

Suzanne Lamy

Pour le dernier livre de France Théoret, *Nous parlerons comme on écrit,* paru aux éditions des Herbes rouges en 1982, je m'en tiendrai à cette seule phrase «Je suis un noeud[1]». Une métaphore en quatre mots, c'est peu. Aussi ce corpus m'a-t-il imposé une lecture de précision et de rigueur.

En me cantonnant à cette petite phrase, force m'est de m'attacher à la littérarité du texte. Le féminin ne recouvrant pas, et de loin, l'ensemble de *Nous parlerons comme on écrit,* j'ai précisément voulu que soient mises en évidence les qualités littéraires de ce livre, condensées dans cette phrase laconique et sèche. En isolant le détail qui, à mes yeux, renvoie à l'ensemble, je n'innove pas et sans plus tarder, je cite d'illustres prédécesseurs:

> Il m'a semblé ainsi, à l'expérience, qu'à partir du plus petit, c'était le plus précieux, en tout cas le plus singulier d'une oeuvre qui pouvait être lu et dit. Jean-Pierre Richard, *Microlectures.*

> on croit (...) que n'importe quel fragment de vie, pris au hasard, n'importe quand, contient la totalité du destin et qu'il peut servir à la représenter (...). On peut comparer cette technique de certains écrivains modernes avec la démarche de quelques philologues modernes qui pensent que d'une interprétation de quelques passages de *Hamlet,* de *Phèdre* ou de *Faust* on peut tirer plus de choses, et des choses plus essentielles, sur Shakespeare, Racine ou

> Goethe et leur époque que d'études qui traitent systématiquement et chronologiquement leur vie et leurs oeuvres; le présent ouvrage peut aussi être cité à titre d'illustration. Auerbach, *Mimésis*.

> On se souvient aussi que Serge Doubrovsky a interrogé la métaphore «*faire catleya*» de façon telle que l'expression est devenue une véritable mise en abyme de la relation Swann-Odette. *Poétique*, n° 37.

En lisant de cette piégée lucide qu'est France Théoret, son livre *Nous parlerons comme on écrit*, on ne peut que buter sur cette image donnée comme réponse à la question fondamentale: «Qui suis-je?» et qui revient en leitmotiv dans son texte. L'assertion frappe, force à l'interrogation par sa fermeté, sa concision. Comme un sigle, un archétype, elle est de ces phrases qui peuvent supporter cinq, dix, quinze lectures différentes, antithétiques tant chacune ravive une laine de l'écheveau, découvre un pan du kaléidoscope, recouvre en même temps la multiplicité vivante du «je».

On pourrait glisser sur la phrase tant sa forme paraît commune. Et pourtant, l'incursion dans les différents niveaux linguistiques et dans les rapports que ces niveaux entretiennent entre eux, est à l'évidence, productrice de sens. La littérarité de la phrase, et même plus, ses qualités poétiques et structurantes ne cessent de s'affirmer.

Que montre *le niveau phonique* de:

ʒə sɥi z œ̃ nø ?

La phrase est parfaitement équilibrée sur le plan des phonèmes: aux quatre voyelles (ə muet, diphtongue ɥi, voyelle nasalisée œ̃, voyelle ø, correspond un nombre égal de consonnes: ʒ (chuintante), s, z (sifflantes), n (nasale).

La trame vocalique possède de l'unité du fait que toutes les voyelles sont des antérieures, que trois voyelles sur quatre appartiennent au registre du ø. À l'exception de la diphtongue claire ɥi, les autres voyelles appartiennent à un champ assourdi par la présence du ə muet, d'une sonorité faible ou nulle et par la voyelle nasalisée œ̃.

La trame consonantique suit un itinéraire similaire dans le sens de l'assombrissement: aux constrictives ʒ, s, z, succède l'occlusive nasale n. Comme pour les voyelles, trois consonnes sur quatre appartiennent au même registre. Aux trois constrictives s'oppose le n occlusif, et cela, d'autant plus que le s et le z sont deux sifflantes, très proches l'une de l'autre, la seule différence entre elles étant que l'une est sourde et l'autre sonore. Les consonnes sonores l'emportent de beaucoup sur les sourdes: trois sur quatre sont sonores: ʒ, z,n.

Le nombre élevé de voyelles (4) et le nombre élevé de consonnes sonores concourent à donner une forte intensité à cette phrase d'une grande brièveté.

L'unité au plan phonique est remarquable, d'autant plus forte qu'à la liaison par le z entre les deux membres de la phrase, s'ajoute le couplage entre la voyelle nasalisée œ̃ et la consonne nasale n juxtaposées.

Sur le plan du *rythme*, l'équilibre est créé par le parallélisme syllabique:

ʒə sɥi // z œ̃ nø

2 2

Cet équilibre trouve son correspondant sur *le plan syntaxique:*

sujet + verbe // article + prédicat.

La syntaxe très simple est la plus banale qui soit, celle de la séquence progressive qui permet l'identification de l'être à la chose.

La phrase qui constitue un tout syntaxique intéresse surtout par son *niveau sémantique*, en particulier par la présence du mot «noeud», attribut du «Je».

Comment ne pas remarquer ici que la graphie du ø (œ pris ensemble) sert le sens du mot «noeud», que ce mot «noeud» répète le son de la lettre n qui, majuscule, peut désigner une personne indéterminée et en mathématiques et en minuscule, un nombre indéterminé?

Impossible non plus de ne pas lire dans cette phrase:

«Je suis un ne»,

alors que les deux ə muets sont en position symétrique, respectivement accouplés à une consonne sonore, en début et en fin de phrase. Cette muette, droit venue du a latin, marque du féminin est le signe même de la perte dans l'autre. Être «ne», c'est être rien, belle image-reflet en vérité, en tous points conforme à celle que la société renvoie au «je» de la narratrice, à la femme.

Mais la phrase peut s'entendre aussi d'autre façon:

«Je suis un ə»,

la consonne n se fondant dans la voyelle nasalisée œ̃. Voici ce ə, si discret, paradoxalement mis en évidence. Ce ə, rappelons-nous qu'il est venu aussi de l'accusatif latin *em* (comme dans *patrem*: père, *fratrem*: frère). Il se présente alors comme un masculin affaibli, châtré dirions-nous. Ce qui n'est pas sans produire quelques effets de sens.

Une autre lecture de la phrase est encore possible:

«Je suis un euh»,

avec, en finale, l'interjection qui marque l'embarras, le doute, l'hésitation, l'interjection qui est utilisée — comme dit le dictionnaire — «pour ne répondre ni oui ni non». Ceci en parfait accord avec ce qui apparaît à la page 59 du texte: «la nuit je m'appelle Ninon», ou encore avec ces phrases: «Et je bafouille. Et je bégaie» (p. 18).

Autant de lecture du «noeud» qui font entendre combien la gorge est serrée, combien l'étouffement et la rétention compromettent et menacent la parole. Comme s'il s'agissait ici d'un état antérieur à sa naissance, à son éclosion, de ce qui fait «noeud» ou blocage, ainsi que dans certains fonctionnements du langage[2].

De plus, à lire et à relire cette phrase, des rapports d'intertextualité se découvrent immanquablement. Comment ne pas se rappeler, par exemple:

«Je suis le Ténébreux, — le Veuf, — l'Inconsolé»

El Desdichado

et «Je suis l'âme errante»

Nadja?

Mais alors que dans ces textes célèbres qui hantent toutes les mémoires des lecteurs de France Théoret, le prédicat est précédé de l'article défini, dans la phrase qui nous occupe, l'article indéfini n'annonce aucune singularité. Au contraire, il y a comme un renforcement dans la banalité, du fait que l'article précède un nom commun dont le premier sens relève de la vie prosaïque, des occupations journalières. La douleur est là, dans le passage, le glissement du «Je» si personnel au «un» si anonyme.

Ainsi la deuxième partie de la phrase s'oppose-t-elle avec netteté à la première partie (opposition soutenue par le plan phonique) par l'écart très grand dans le paradigme des prédicats qui ont précédé dans l'histoire littéraire.

L'opposition entre le «Je» et le «noeud» demeure très forte même si l'isométrie entre les deux mots est très grande. Cette tension est du plus grand intérêt puisqu'elle inscrit le texte dans la poésie. En effet:

> la construction poétique crée un monde particulier de rapprochements sémantiques, d'analogies, d'oppositions qui ne coïncide pas avec le canevas sémantique de la langue naturelle, entre en conflit et en lutte avec lui.
>
> L'effet artistique est créé précisément par le fait de la lutte[3].

En lui-même, ce «noeud» n'a rien de poétique. Et cependant, quelle fascination il exerce: à l'image du sens même, les trois voyelles écrites sont fondues en un seul phonème ø, évoquant la complexité de la singularité plurielle constitutive de tout noeud. À être mis en équivalence avec le «Je», ce «noeud» prend des dimensions imprévues, diversifiées, le «Je» étant à la fois sujet et objet de cette prose donnée comme un roman selon ce qui est dit sur la couverture du livre et si l'on s'en tient à la définition assez réductrice de Lukàcs pour qui le roman serait «la voie qui mène un homme à la connaissance de lui-même[4]» (et une femme aussi). Mais cette mention n'empêche nullement de voir ce texte comme une autobiographie, non dans le sens d'une confession, mais d'un essai, du livre «consubstantiel» à son auteur, comme l'histoire d'une quête[5].

Dégagé de la gangue du quotidien, le mot «noeud» étonne par sa richesse sémantique. Un rappel de ce qui apparaît pour ce terme dans un dictionnaire* courant découvre des sens figurés nombreux, des potentialités[6] contenues dans la littéralité de ce mot particulièrement susceptible d'acquérir des sens littéraires.

En effet, «Je suis un noeud» se lit comme le microcosme de ce texte écrit sous le signe de l'aporie[7]. Qu'est-ce que l'aporie sinon une situation plus que difficile, intenable, ici de cet être,

* Voir l'appendice en fin de texte.

de cette femme qui se dit coincée, contrainte, dénuée des ressources nécessaires pour s'extirper de l'inextricable mêlée:

«Je suis un noeud bloqué, dur, tourné, vissé, sûr de la solitude» lit-on (p. 17) et un peu plus loin: «C'est noué» (p. 26)?

«Noué», où, en quels lieux?

Dans la pensée d'abord puisque dès les premières pages, la difficulté est pointée, mais aussi dans le langage:

«Où est la pensée quand le cauchemar prend le dessus» (p. 15), et quelques pages plus loin: «Virer folle, on pense avec les mots qu'on a» (p. 18).

Les mots sont inadéquats et le rapport entravé pour l'individu et pour la Québécoise: «Je parle peu» (p. 25), constate-t-elle, et «Le français québécois me dépossède» (p. 16).

Aucun étonnement à ce que l'angoisse, la semi-paralysie dans la parole atteignent et attaquent le corps: «Je deviens rigide et me mets à vomir partout» (p. 25), «Une chiasse sans nom me monte à la gorge» (p. 101).

Comment en serait-il autrement quand il faut se frayer un chemin en dépit des insuffisances, quand l'aporie se traduit en termes contradictoires, en oxymores qui, dans ce texte, ne débouchent pas sur une troisième réalité comme cela se produit dans certaine poésie (pensons au «*Soleil noir* de la *Mélancolie*»? Chez France Théoret, les termes antithétiques relèvent plutôt du «nonsense», comme chez d'autres femmes du Québec, Carole Massé ou Madeleine Gagnon.

La narratrice, qui se dit «vivante enfermée» (p. 17), ose l'aveu des interférences jusqu'à l'incohérence: «J'ai affirmé et nié en même temps» (p. 45), «Les mots appartiennent, n'appartiennent pas à tous» (p. 95), «je ne vois pas ce que je vois», «Je ne fais pas ce que je fais. Je ne dis pas ce que je dis» (p. 103). Et encore dans cette image «sereines ondes souffertes» (p. 161). Mais dire l'aporie, n'est-ce pas savoir qu'on ne sait pas, et en savoir plus que ceux qui croient savoir?

Le «je» qui affiche un moi diffracté, morcelé, se voit comme béance traversée de courants, — de fils, fils à tirer à n'en plus finir, qui n'ont nulle part à nous mener, fils difficiles, impossibles à débrouiller, et hors de cet enchevêtrement, que reste-t-il? Rien. Les mains ouvertes. Les mains nues.

Expériences aliénantes, savoirs dissociatifs, codes proposés perçus comme inacceptables quand «vie de femme» égale «vie de cul» (p. 48), tout est en place dans la vie professionnelle comme dans l'histoire des femmes et dans l'Histoire en général pour que du moi inaccessible émerge un langage parfois à la limite de l'inarticulé: «Ombres la folie» (p. 46), «Ça n'a pas les mots» (p. 84) d'une part, et d'autre part, il n'y a «pas de pensée dans les mots qui tiennent la place» (p. 85). Mais l'effraction dans la langue est une affirmation, un acte critique quand elle met à nu, dans un monde bardé d'interdits, le clivage entre le réel et les mots, entre les discours reçus et entre les langages, du trivial au plus savant. Dans le refus de tout ordre qui serait issu de l'extérieur, le «je» se veut au plus près de la chose. Non qu'il renonce à la forme. C'est le travail qui devient forme.

Pour celle qui écrit, se saisir comme «noeud», c'est avoir l'acuité de regard du clinicien, sans en avoir la froideur; c'est aussi appréhender un noyau de résistance, se donner un moyen de défense. Et en se souvenant du «noeud borroméen» de Lacan[8], retrouver la part de raison qui a précisément permis le noeud. Et n'oublions pas que défaire le noeud, c'est aussi risquer l'entière dispersion. Ainsi poursuit-elle son travail de déchiffrement, son questionnement acharné (qui a gardé un goût de chair):

> Je tente avec soin de mettre au jour comment j'ai appris à penser et à dérouler l'apprentissage d'une femme sans langue, destinée au silence et à l'obéissance (p. 26-27).

Sommée de ravaler sa langue, elle ne peut l'expurger. La langue qui l'a nourrie, elle ne l'arrache pas de son histoire. Elle la sait coulée dans ses veines. Seulement ça lui fait une drôle de voix. Discordante, fêlée, en résonance avec la traversée.

Une voix qui parle pour les failles des autres et qui, dit-elle, «parvient des catacombes» (p. 118). Contrainte biologiquement par l'inscription de son corps dans la lignée des femmes, mais première à *prendre* la parole. Comment ne pas se souvenir de ce qui est nommé «noeud d'écoute» en termes de marine pour celle qui ne fait pas la sourde oreille? Elle ne représente pas. Elle n'invente pas. Elle fouille. Elle transmet. Et, en conclusion, affirme: «On n'aura pas ma peau» (p. 174). Cela, dans son langage rude, brut, qui escamote les articulations, multiplie les juxtapositions surprenantes et les phrases nominales, s'en tient à des fragments en suspens, frôle le chaos et les profondeurs dangereuses.

D'ailleurs la fissure était déjà présente au niveau de l'énonciation dans le titre même, par l'écart entre la parole du «nous» collectif des petites filles devenues femmes et l'indéfini du «on»[9] directement issu du nominatif latin *homo*, on qui renvoie à «ils», à la masse de ceux qui possèdent l'écriture et qui font la loi. Cette remontée vers les origines du langage par la voie des étymologies du «on» ou du ə issu de noms masculins n'est pas aussi fantaisiste qu'elle pourrait le paraître. En effet, de l'apprentissage du latin — langue masculine s'il en est — il est justement question dans ce texte. Cela ne s'est pas fait sans créer des tensions très fortes chez l'adolescente: cet apprentissage jugé non rentable a été condamné par nul autre que le détenteur de la loi, par le père (p. 18). Le futur du verbe «nous parlerons» marque aussi la cassure entre le «nous» et le «on» en opposant au présent de «on écrit», l'action des femmes qui prendra acte sur ce qui a été consigné jusqu'ici. De tout cela relève le caractère d'esquisse de cette écriture qui est aussi un savoir et une éthique.

Le «noeud», structure ambiguë formée par celle qui s'«enserre au plus près» (p. 100) — image de l'ophidien gardant l'entrée du temple — dessine aussi bien la mort, l'«entière confusion» (p. 136) que la vie, la «concentration» (p. 73), le lien avec les autres femmes puisqu'il est le «noeud des générations» (p. 173), proche de l'amie anglophone et de «la modulation» de ses «quelques mouvements repliés» (p. 46). Demeure le fil du texte fait de tous les autres fils, appelé peut-être à devenir fil conducteur.

Dans ce texte qui va par répétitions, réitérations et alternances, la phrase «Je suis un noeud» n'est pas seulement figure spéculaire; elle occupe la fonction génératrice du thème en musique. L'ensemble «dénoue» la petite phrase, étire la corde des mots qui s'y lovait, dans des variations presque infinies qui confirment le caractère poétique de cette écriture puisque fondée sur le retour (*versus*). Ceci en correspondance avec les longues allusions aux partitions des compositeurs Schönberg, Varèse, Purcell, Listz, Mahler. En contraste et en contrepoint aussi, la chaîne des compositeurs écoutés constitue la complémentarité et l'accompagnement, l'espace acceptable puisque totalement abstrait, n'avouant autre chose que lui-même et par là, le plus éloigné du leurre, mais leurre tout de même, puisque intégrer Mahler, Purcell et les autres compositeurs à son écriture, c'est encore s'inscrire dans un domaine codé, hautement valorisé par certaine société. La musique, soit le plus immatériel des arts, reste l'ailleurs fermé sur lui-même, le lieu de l'harmonie et de la convergence. N'est-ce pas là, dit la narratrice, que meurt «la rivalité» entre les «voix d'homme» et «de femme» qui y vivent en «alternance» (p. 20 et p. 54)?

Comme les évocations des partitions, la petite phrase et ses variantes ont une fonction de rituel. Dans le déroulement temporel qui appartient à l'autobiographie et à la musique, le leitmotiv répond à l'attente. Il y est source de repos, de gratification, de jubilation. La petite phrase, c'est l'hiatus, l'aveu aussi du besoin de répétition quand on a tellement tourné en rond, la formation obsessionnelle dans l'acceptation de la violence, avec ce que cela laisse supposer de déplacement, de refoulement sans doute.

Ainsi devant nous, dans ce dire bien plus que dans ce dit, le «je» se fait. Mais son mortier, dirait-on, n'est pas encore sec. Le cheminement reste rocailleux, la blessure cuisante. Et d'elle, tiraillée, douloureuse, lente à venir, comme on dit en amour, n'attendons pas les mots passés à l'amidon de la beauté.

«Je suis un noeud»: une phrase de clairvoyante qui fait de nous des voyeurs et des voyeuses, de ce texte et de nous mêmes. Ne nous confronte-t-elle pas à ce qui se tord indéfiniment en nous, à ce qui s'y défait comme à ce qui s'y trace en courbes et en ombres secrètes, en vrilles et en tresses?

Cégep du Vieux-Montréal
1983.

Notes

1. France Théoret, *Nous parlerons comme on écrit,* Montréal, Les herbes rouges, 1982, p. 73.
2. R.D. Laing, *Noeuds,* Paris, Stock, 1971.
3. Iouri Lotman, *La structure du texte artistique,* Paris, Gallimard, 1973, p. 280.
4. Georg Lukács, *La théorie du roman,* Paris, Denoël/Gonthier, 1963, p. 76.
5. Gérard Genette, *Palimpseste,* Paris, Seuil, coll. «Poétique», p.11: «À la limite, la détermination du statut générique d'un texte n'est pas son affaire (de l'écrivain), mais celle du lecteur, du critique, du public, qui peuvent fort bien récuser le statut revendiqué par voie de paratexte.»
6. Ces potentialités ont aussi été exploitées de façon très originale par Gilbert Lascaux, dans *Boucles et noeuds,* Paris, Balland, 1981.
7. Sur l'aporie, voir un texte éclairant qui a paru cette année: *Comment s'en sortir?* de Sarah Kofman, Paris, Galilée, janvier 1983.
8. Jacques Lacan, «Ronds de ficelle», dans *Séminaire, livre XX, Encore,* Paris, Seuil, 1975, p. 111.
9. Émile Benveniste, *Problèmes de linguistique générale,* Paris, Gallimard, 1966, p. 235: «Quant à la non-personne (3e personne), la pluralisation verbale, quand elle n'est pas le prédicat grammaticalement régulier d'un sujet pluriel, accomplit la même fonction que dans les formes «personnelles»: elle exprime la généralité indécise du *on* (type *dicunt,* they *say*). (...) Dans le verbe comme dans le pronom personnel, le pluriel est facteur d'illimitation, non de multiplication.»

APPENDICE

Noeud (dans les dictionnaires Robert):
prend deux sens distincts suivant que l'on considère le croisement lui-même ou la saillie produite par le croisement.

— enlacement serré d'une chose flexible, croisement,
— *Fig.* difficulté, problème quasi insoluble,
— jointure, centre, chaîne,
— enroulement d'un reptile (sur lui-même, autour d'un corps qu'il étreint),
— lieu de croisement de plusieurs lignes, d'où partent plusieurs embranchements,
— *Vx et littér.* attachement, lien très étroit entre des personnes,
— point où gît la difficulté à résoudre (le noeud de la question),
— ruban noué servant de parure,
— *Littér.* péripétie ou suite de péripéties qui amènent l'action à son point culminant,
— *Astron.* point d'intersection de l'orbite d'une planète avec l'écliptique,
— point où se trouve un centre d'une unité structurale (ion, atome, molécule) d'un édifice cristallin,
— point essentiel d'un ensemble complexe,
— *Électr.* point d'un circuit où aboutissent plusieurs conducteurs,
— *Anat.* partie du larynx qui fait saillie à l'extérieur,
— protubérance extérieure d'un arbre constituée par un faisceau plus ou moins contourné de fibres ou de vaisseaux ligneux,
— partie très dense et dure, à l'intérieur de l'arbre,
— *Vulg.* gland, *Tête de noeud!* (injure).

Nathalie Sarraute: un itinéraire féminin au sein du Nouveau Roman?

Martine Léonard

Poser à propos de l'oeuvre de Nathalie Sarraute la question du féminin peut paraître absurde: celle-ci en effet ne se situe ni dans l'une ni dans l'autre des catégories où l'on peut grossièrement ranger les textes féminins:

— textes contemporains qui explicitent leur visée féministe, qui revendiquent leur spécificité comme textes au féminin.

— textes anciens, qu'il s'agit de (re) découvrir, car, plus ou moins explicitement féministes, ils permettent de constituer une histoire de l'émergence du féminin.

L'oeuvre de Nathalie Sarraute est trop contemporaine pour être prise dans la deuxième démarche — pourtant elle ne thématise aucune perspective féminine. Il semble que cette oeuvre nous oblige à poser le problème à l'envers: comment le texte d'une femme peut-il ne pas être féminin? Évidence dira-t-on: «Ce n'est pas parce que c'est signé avec un nom de femme que c'est une écriture féminine» (Hélène Cixous: «Le sexe ou la tête»). Mais ce n'est pas si simple: même si la problématique féminine est absente, je fais le pari que cette oeuvre, qui me touche (je dis cela surtout après avoir lu *L'usage de la parole* [1], paru en 1980 et sans lequel il ne me serait pas venu à l'esprit de poser la question) — je fais le pari que cette oeuvre a quelque chose à voir avec le féminin, même absent. Le danger serait de l'enfermer dans une interprétation, alors que précisément Nathalie Sarraute a lutté de toute son écriture contre le stéréotype: il serait dérisoire de prétendre la soumettre à une grille.

L'intérêt que je vois à la problématique féminine, c'est qu'elle se présente moins comme une «théorie» que comme un questionnement global sur «qu'est-ce que le féminin?»,«y-a-t-il une écriture au féminin?»; en somme, il n'y aurait pas de postulat de départ et la réponse à la question dépendrait tout autant de ma lecture que d'une image préexistante de l'écriture féminine. Dans cette perspective, l'oeuvre de Nathalie Sarraute nous aidera peut-être à formuler cette question et en tout cas à approfondir notre rapport à la littérature.

Au départ, une image qui me frappe: une photo qui immortalise quelques écrivains de l'école du Nouveau Roman, en 1959: au milieu, une femme se laisse à peine reconnaître: Nathalie Sarraute, isolée (forcément), oubliée (?) — à côté de Robbe-Grillet, Claude Simon, Robert Pinget, Claude Ollier. Les relations de Nathalie Sarraute avec les autres romanciers du Nouveau Roman sont ambiguës: elle joue le rôle de précurseur (de la mère?) puisqu'elle commence à écrire *Tropismes* en 1932 (il ne s'agit pas d'un roman de jeunesse: elle a déjà une trentaine d'années et ce livre, nous le verrons, n'est pas un essai), donc bien avant qu'on ne parle du Nouveau Roman. D'autre part, ce n'est que tardivement, et grâce au succès tapageur de ses épigones, qu'elle sera connue (guère avant *Les fruits d'or*, en 1963) — et cela malgré une préface de Sartre à *Portrait d'un inconnu*, en 1947. Ce qui est presque étonnant, c'est qu'elle ne garde pas de rancune à tous ces romanciers, plus choyés qu'elle par la critique, et qu'elle a toujours accepté (contrairement à Marguerite Duras) d'être associée à des écrivains si différents d'elle.

J'envisagerai cette oeuvre sous deux aspects, qui me semblent poser des problèmes intéressants pour la perspective féminine: la «théorie» et l'oeuvre proprement dite.

LES CONFIDENCES MÉTA-ROMANESQUES

dès qu'une femme ouvre la bouche — une femme plus qu'un homme — on lui demande tout de suite au nom de qui elle parle, à partir de quelle théorie; qui est son maître et d'où elle vient; bref il faut qu'elle décline... qu'elle montre ses papiers d'identité.

Hélène Cixous, «Le sexe ou la tête»,
Les cahiers du GRIF, n° 13, oct. 1976.

Nathalie Sarraute est d'une pudeur remarquable vis-à-vis de sa biographie: c'est tout juste si on connaît sa date de naissance! Son dernier texte est à peine une exception à cet égard: *Enfance* (Gallimard, 1983) arrête ses souvenirs à l'âge de douze ans; ce qui me fait penser à la remarque de Roland Barthes: «il n'y a de biographie que de la vie improductive» (*Roland Barthes*, p. 6).

Au contraire, en ce qui concerne son travail d'écrivain, elle s'est maintes fois expliquée dans des interviews ou des articles de critique littéraire — dont certains ont été réunis en un recueil en 1956: *L'ère du soupçon*. Il est d'ailleurs curieux de noter que d'après Nathalie Sarraute elle-même, c'est ce livre qui l'a fait connaître alors qu'elle avait déjà publié *Tropismes* (1939), *Portrait d'un inconnu* (1947) et *Martereau* (1953). (C'est du moins ce qu'elle affirme dans l'entrevue accordée à Lucette Finas [2]). Or tous ces textes me paraissent très révélateurs d'une angoisse (féminine?) qui est contradictoire: recherche du père et rejet de l'autorité. Le père ou plutôt les pères, ce sont Proust, Joyce et Kafka, cités en leitmotiv et comme pour se donner des garants. Elle se place dans la lignée des écrivains «à psychologie», comme le russe Dostoïevski (sans jamais, bien sûr, nous rappeler qu'elle est russe elle aussi). Pour ce qui est des mères, la référence à Virginia Woolf est très discrète et le seul écrivain pour lequel elle exprime sans réserve son admiration (d'une façon moins convenue), c'est justement une femme: Ivy Compton-Burnett. À ce sujet, j'ai d'abord pensé à une coquetterie de sa part: cette romancière était assez peu connue en France pour ne pas être encombrante. Depuis, j'ai travaillé un peu cette auteure et je comprends pourquoi elle lui doit tant: ce serait un sujet de travail passionnant de montrer que les conversations de la romancière anglaise sont à l'origine des sous-conversations de Nathalie Sarraute.

Vis-à-vis de ses précurseurs, Nathalie Sarraute est pleine de modestie: elle ne cesse de revendiquer «son petit domaine», comme Virginia Woolf, «une chambre à soi», loin de «ces modèles admirables et écrasants» («Ce que je cherche»). Cependant le fait qu'elle s'installe à l'ombre de ces grands écrivains ne doit pas faire oublier qu'en même temps elle exprime son refus violent, (viscéral pourrait-on dire), de l'autorité de la tradition. Sa critique de Balzac est demeurée la forme la plus frappante de sa révolte: le romancier du XIXe siècle cristallise son angoisse du «déjà-fait», mais il n'est pas le seul bouc émissaire. Elle ne cesse de répéter de façon quasi obsessionnelle son refus des mythes qui entourent l'écrivain: mythe de Flaubert ou de Valéry, mythe du personnage «vivant», mythe du réalisme... Elle élabore une théorie originale sur les rapports de la littérature et du réel: les oeuvres littéraires du passé font partie de notre réalité même; il faut donc retrouver une nouvelle réalité, en défaisant le travail «banalisateur» qui a été fait auparavant. *C'est toujours à recommencer*: telle est la philosophie sous-jacente.

Mais Nathalie Sarraute va encore plus loin: sa méfiance embrasse le langage lui-même et il est frappant de noter combien cette attitude l'isole des romanciers du Nouveau Roman (cf. colloque de Cerisy 1971). En cela, elle est aussi précurseur: elle fait entendre une voix qui préfigure celle de Roland Barthes, dans *Leçon* (1978): «la langue entre au service d'un pouvoir... il ne peut y avoir de liberté que hors du langage.»

Apparemment, bien sûr, le langage rapproche, c'est même le seul moyen de communiquer (nous disent les linguistes); communiquer à travers un «lieu commun», rétorque Nathalie Sarraute. Elle ne cesse de déplorer le rôle du langage: «il assèche, durcit, sépare ce qui n'est que fluidité...» («Ce que je cherche», p. 37). Le langage est un élément d'ordre, «si puissant et si bien armé», il est une menace, «l'arme quotidienne, insidieuse et très efficace, d'innombrables petits crimes» (*L'ère du soupçon*, p. 122). D'où la revendication d'une région existant indépendamment du langage — le «pré-nommé» — et l'écriture va devoir s'instaurer, fragilement, *contre le langage* (non à partir de lui, comme le suggèrent tous les autres écrivains du Nouveau Roman). Nathalie Sarraute invente un mot pour caractériser *son* domaine, *sa* tâche va consister à faire la description du monde des *tropismes* (un mot qu'elle emprunte à la biologie). Sartre a bien vu qu'il y avait là quelque chose de radicalement nouveau (Préface à *Portrait d'un inconnu*), en ce sens que cela lui permet de faire apparaître un «personnage» (quel mot employer sinon celui-ci?) en ne se situant ni en dedans ni au dehors: façon de refuser une opposition qui permettait jusque-là les différentes techniques d'approche du romancier: monologue intérieur/point de vue omniscient. On pourrait remarquer aussi que la définition originale du tropisme, comme «réaction d'orientation sans locomotion véritable» (dictionnaire), montre que c'est du mouvement sans en être et, d'autre part, cela s'applique normalement à la fois aux végétaux et aux animaux. Là encore, il s'agit de subvertir plusieurs oppositions très enracinées dans nos habitudes de lecture et que les textes de Nathalie Sarraute vont bousculer audacieusement. Ils vont développer toute une série de métaphores pour rendre compte de cette opposition fondamentale de la fluidité du tropisme et de la rigidité du langage. À partir de là, elle va pouvoir se mettre à «rêver»: «il est donc permis de rêver d'une technique qui parviendrait à plonger le lecteur dans le flot de ces drames souterrains que Proust n'a eu le temps que de survoler et dont il n'a reproduit que les grandes lignes...» (*L'ère du soupçon*, p. 139). Proust n'a pas eu le temps: Nathalie Sarraute saura le prendre.

Ce qui se théorise ici, c'est la haine de l'ordre, du pouvoir qui vient de l'autre: c'est la méfiance qui ébranle tout l'édifice: on n'est jamais très loin de Kafka.

Comment alors retrouver un peu de l'authentique? L'écriture est postulée, de cette position très inconfortable que la romancière s'est choisie: telle est la gageure que Nathalie Sarraute va tenir tout au long de ses livres, rusant avec le langage comme avec un ennemi tout-puissant; comme beaucoup de femmes, elle devra se faire «voleuse de langue», selon l'expression de Claudine Herrmann. Il faut écrire dans l'angoisse (mais aussi pour éviter l'angoisse, comme elle le confie à Lucette Finas), au bord de la folie et de la mort: tel cet homme qu'elle cite en parabole, qui «tombé évanoui et percevant à travers le brouillard qui l'enveloppe que le médecin appelé à l'examiner déclare qu'il est mort, rassemble ses forces, ouvre un oeil et balbutie «Mais je ne suis pas mort» et se voit vertement remis à sa place — de mort — par sa femme qui lui dit: «Tais-toi donc. Le docteur le sait mieux que toi.» Il faudra donc crier — tel est le rôle de l'écriture — «je ne suis pas mort/e» — jusqu'à la limite de ses forces.

Tout ce dont j'ai parlé ici pourrait se retrouver à l'intérieur de l'oeuvre. Tant il est vrai que le Nouveau Roman met en fiction la théorie du Nouveau Roman. Cela n'est pas propre à Nathalie Sarraute, c'est même ce qui justifie le plus son rattachement à ce groupe, où la fiction se définit comme mise en fiction de la théorie: ainsi le rapport au langage, la méfiance des stéréotypes, sont mis en scène dans différents romans. Mais ce n'est pas là l'aspect qui nous retiendra ici.

ITINÉRAIRE ROMANESQUE

Comment l'oeuvre de Nathalie Sarraute se déroule-t-elle? Quel est son itinéraire? Quelle est sa FIN? (dans le sens chronologique et philosophique du terme). Je mettrai en exergue encore une citation d'Hélène Cixous:

> *Un corps textuel féminin se reconnaît au fait que c'est toujours sans fin (f-i-n): c'est sans bout, ça ne se termine pas, c'est d'ailleurs ça qui rend le texte féminin difficile à lire, très souvent. C'est que nous avons appris à lire des livres qui, au fond, posent le mot «fin». Eh bien ça ne finit pas, un texte féminin, ça se poursuit et à un certain moment le volume se clôt mais l'écriture continue et pour le lecteur ça signifie le lancer à l'abîme. Ce sont des textes qui travaillent sur le commencement (...) Un texte féminin commence de tous les côtés à la fois, ça commence vingt fois, trente fois.*
>
> Hélène Cixous, *op. cit.*

Notons que les critiques jusqu'ici ont procédé oeuvre par oeuvre plutôt que d'essayer de prendre l'ensemble: ce qui m'intéresse, c'est précisément le mouvement, la respiration de l'oeuvre et non la description de tel ou tel roman.

Ce qui est frappant, quand on aborde l'ensemble de l'oeuvre de Nathalie Sarraute, c'est que *tout est dans le premier texte*: *Tropismes,* texte-noyau, texte-embryon, qui pourrait s'intituler «fragments pour des romans». Rappelons rapidement comment le livre se présente. *Tropismes* est un recueil de 24 textes très courts (une page ou deux), non titrés. On peut s'amuser à proposer des titres: «Foule» (n° 1) ou «Femmes entre elles» (n° 10), mais le plus souvent, lorsque le personnage ne se laisse pas définir par son âge (ex. «Le vieillard et l'enfant»), le titre devrait se ramener à un simple pronom: *ils, elles* au pluriel ou au singulier. Aucun personnage n'est nommé — sauf précisément de façon ironique, dans le cas d'une demoiselle et de sa cuisinière Ada (n° 18). Ce sont les catégories de la langue (singulier/pluriel, féminin/masculin) qui demeurent, c'est tout ce qui reste du personnage. Quant aux rapports tissés entre ces *ils* et ces *elles,* ils se ramènent à deux types: l'engloutissement dans le groupe (le lieu commun) ou la solitude et la folie; il faut vaincre la peur du contact (qui ne peut être que «contact horrible»), le refus de «l'homme normal»: la révolte ne peut être que réveil, mais elle est toujours pensée au mode conditionnel. Tous ces rapports se ramènent donc à un noyau commun: la haine de l'autre — et les variantes sont d'ordre métaphorique (images de la lutte).

Tous ces textes sont écrits au passé, on ne peut donc leur poser la question «qui écrit ici?», car aucun *je* ne s'exprime et l'écrivain est relégué très loin, au point de rencontre de ces multiples recherches. *Tropismes* est donc une oeuvre déconcertante, on comprend qu'elle ait dérouté ses lecteurs de 1939. D'emblée en effet, Nathalie Sarraute se situait à la limite de l'écriture en dépouillant son texte au maximum («Ce que je voudrais faire», disait Flaubert, «c'est un livre sur rien».) Ce sont des textes très violents, mais la violence ne passe pas par un *je.* Nathalie Sarraute, comme écrivain, s'est absentée elle aussi, à part quelques textes (les seuls bouleversants) où une expérience de pitié passe malgré tout (n° 3).

Alors, comment lire ce «premier texte» qui ne saurait l'être dans le sens habituel du terme, c'est-à-dire dans le sens d'une oeuvre de jeunesse qu'on lit après-coup avec un regard amusé: comment a-t-il/elle pu écrire ainsi? (je pense aux premiers romans de Marguerite Duras ou de Claude Simon). Il se présente, me semble-t-il, à la fois comme un en-deçà et un au-delà des sept romans qui l'ont suivi: il y a une double lecture qui n'est possible que rétrospectivement.

— *un en-deçà*: à ce titre, c'est un programme de travail et les romans qui suivront seront le développement de certains textes (exergue). Pourtant il ne s'agit pas ici d'un inventaire: pas de geste démiurgique à la Balzac, qui dessinerait à l'avance un découpage du réel. Il ne s'agit pas d'une énumération: l'ordre des textes n'est pas significatif, tout au moins pas dans le sens arithmétique.

— *un au-delà*: c'est une oeuvre qui a commencé par sa *fin*: en effet pour développer les textes en question, il faudra, d'une certaine façon, réintroduire (non sans ironie) ce qui est ici exclu: intrigue, personnage, auteur, mais c'est pour mieux les remettre en question. Tous les romans mettront en scène l'écrivain ou l'oeuvre, pour montrer qu'on ne saurait les saisir tous les deux à la fois: c'est l'homme *ou* l'oeuvre, pour caricaturer une formule célèbre (où le premier terme n'accepte pas de féminin).

D'où un jeu de va-et-vient, autour du même objet fictif, le *tropisme*, et du même texte, le premier, où il s'agit de revenir. C'est pourquoi je dis que «c'est une oeuvre qui a commencé par sa fin». Alors, dira-t-on, Nathalie Sarraute tourne en rond? Oui: le déplacement est de type circulaire, il le faut bien puisqu'elle s'est placée avec son premier texte à une limite. Mais «tourner en rond» ne veut pas dire se répéter, tel est le paradoxe: au contraire, d'un roman à l'autre des variations interviennent, comme dans un jeu de cache-cache. Est-ce le mode d'être des écrits féminins que le «ressassement»? Mais il faudrait alors essayer d'entendre ce terme *sans* son aspect péjoratif.

Mais si la FIN est derrière, qu'en est-il du dernier livre, de *L'usage de la parole*, dont la ressemblance avec *Tropismes* est assez frappante pour nous faire croire que la boucle est bouclée (même si c'est triste); que Nathalie Sarraute est revenue à son point de départ. En effet *L'usage de la parole* recommence *Tropismes*: c'est aussi un recueil, mais où chaque texte est comme gonflé par rapport au premier livre (on passe de 24 à 10). Or ce qui amplifie les textes est aussi ce qui les troue, les fait éclater: on retrouve des «fragments», car l'écriture a le pouvoir de se faire proliférer elle-même. Ce qui est introduit, c'est le présent, une mise au *je* des tableaux de 1939. C'est presque un bavardage par rapport au dénuement premier, une conversation sur les tropismes: les textes sont plus longs, beaucoup moins fermés et lisses (moins étranges), fissurés par d'innombrables points d'interrogation ou de suspension. C'est comme un dernier compte à régler avec le langage, apparemment vainqueur, puisque le point de départ de tous les textes, ce sont des citations, des fragments de discours — langage de l'autre, stéréotypes («À très bientôt») ou expressions anodines («Ton père. Ta soeur»), sortes de points fixes autour desquels tournoient les tropismes. Le travail d'écriture qui s'est opéré, de *Tropismes* à *L'usage de la parole,* est une déconstruction: à partir d'un noyau du texte antérieur (les paroles) s'opère une redivision qui le fait éclater et libère le sujet de l'écriture. L'angoisse n'est plus aussi dominée et par le détour du langage de l'autre, c'est la mort qui est nommée, ou plutôt (telle est la force de cette voix) *ma* mort. Le premier texte (le plus beau) «Ich Sterbe», part d'une anecdote — la mort (passée) de Tchekhov — un Russe (encore) qui mourra en allemand («je meurs»), donc dans la langue de l'autre. Mais si ce texte, au-delà de l'anecdote, peut nous toucher, c'est parce qu'en lui, un second texte s'écrit, dont les personnages sont un *je* (qui pourrait bien être Nathalie Sarraute) et un *vous* (le lecteur: Moi)

> Et voilà que ces mots prononcés sur ce lit, dans cette chambre d'hôtel, il y a déjà trois quarts de siècle, viennent... poussés par quel vent... se poser ici, une petite braise qui noircit, brûle la page... Ich Sterbe.

Il me semble que ces lignes viennent clore de façon bouleversante l'entreprise de Nathalie Sarraute: trouver la force de dire «je meurs» dans la langue de l'autre: «je suis arrivé tout au bout... Je suis tout au bord... Ici où je suis est le point extrême... C'est ici qu'est le lieu.»

Et pourtant le texte que je viens de lire est le *premier* du recueil: serait-ce par hasard que Nathalie Sarraute ne l'aurait pas mis à sa place (la dernière)? En mettant là encore sa *FIN* au début, elle déjoue nos catégories habituelles. C'est sa façon de ne pas inscrire le mot FIN, puisqu'elle termine (pour de bon) par une phrase énigmatique, sur un ton léger: «Mais vraiment, c'est à croire que toute cette belle, trop belle histoire n'était *finalement* rien d'autre qu'un conte de fées.» Qui dit ces mots? C'est le mirage de la littérature que de nous faire croire que c'est nous. Le texte pourrait alors recommencer, rebondir sur ce «finalement» autour duquel pourraient se remettre à grouiller des tropismes.

Université de Montréal
1983.

Notes

1. Tous les livres de Nathalie Sarraute sont édités chez Gallimard.
2. «Comment j'ai écrit certains de mes livres», Entretien avec Lucette Finas, *Études littéraires*, vol. 12, n° 3, déc. 1979.

FÉMINISME ET THÉORIE LITTÉRAIRE

Manifester au féminin: pour une approche pragmatique de l'autre discours

Jeanne Demers et Line McMurray

> *J'écris parce que j'aime ÇA et que Ça m'aime et me pousse à écrire. Sous pression. Pour publier un «manifeste d'existence» qui serait le mien, le nôtre.*
>
> Louky Bersianik[1].

> (...) *il est vain d'attendre que le monde soit transformé pour y entrer, il faut y entrer pour le transformer.*
>
> Gisèle Tremblay[2].

Le discours manifestaire est un acte performatif au sens de la pragmatique américaine. Il est une prise de parole — prise d'assaut de l'Institution — qui articule le vouloir, le savoir et le pouvoir dans une crise du système. Il suppose un sujet plein qui affirme son existence comme sujet désirant le pouvoir et appuyant ce désir sur un savoir présenté comme absolu: le monde ne peut plus tourner comme avant, il faut en renverser le mouvement, le placer sur une autre orbite.

Une exigence aussi radicale, qui n'implique rien de moins que le remplacement de la Loi par la Loi ne peut qu'être violente, d'autant qu'elle se place généralement sous le signe de l'urgence. Violence de l'intolérance alors inévitable — et paradoxalement de l'impuissance des mécanismes «crisiques» toujours récupérés — que seul peut épuiser un discours impératif pris en charge par un «je-nous» fortement identifié et qui fait le poids. Ne peut parler de façon efficace en effet que celui ou celle dont la parole est reconnue comme crédible. Or que vaut celle des femmes, considérées comme mineures jusqu'à tout dernièrement?

C'est au fond la question scandaleuse qu'ont soulevée, à leurs dépens d'ailleurs, Lise Balcer et sept femmes du Front de libération des femmes (FLF) au procès de Paul Rose, en mars 1971: comment une femme peut-elle être forcée à témoigner devant une cour qui ne l'admet pas comme juré, qui, en fait, ne lui reconnaît pas le statut de sujet[3]? La crédibilité de la parole féminine, voilà de toute évidence ce qui n'est pas encore assuré... Aussi, rien d'étonnant d'une part à ce que le discours manifestaire soit historiquement masculin et d'autre part à ce qu'un nombre important de textes de femmes — *Le journal d'une folle*[4], *La nef des sorcières*[5], *Les fées ont soif*[6], le «Plaidoyer pour le droit à l'existence des femmes» dans *Une voix pour Odile*[7], etc., pour nous en tenir à un corpus québécois — se présentent d'abord comme une quête d'identité, quand ils ne se réclament pas du simple bavardage. Faut-il conclure que «l'autre discours» en reste ainsi à l'acte de parole intransitif et n'atteint jamais la performativité[8]? Nous faisons au contraire l'hypothèse que la somme de ces actes de parole apparemment gratuits, forme en réalité une chaîne dont la force manifestaire est d'autant plus grande qu'elle se trouve à échapper au système.

TOI TARZAN, MOI JANE[9]: L'EN-DEÇÀ DU DISCOURS MANIFESTAIRE

Objet d'échange dans la plupart des civilisations, «signe et symbole de la communication entre les hommes[10]», la femme, faut-il le répéter, est amenée à ne préciser son identité que dans une relation dichotomique avec le père, le mari, le frère, le fils. «Toi Tarzan, moi Jane», module-t-elle tout au long de sa vie dans une sorte de point limite de sa mesure personnelle. Les quelques femmes qui ont cherché à échapper à ce modèle ont cru le plus souvent pouvoir y arriver en se plaçant résolument du côté de Tarzan. Femmes-alibis dont on sait maintenant qu'elles servaient plus le système que la cause des femmes. Femmes-alibis peut-être, mais qui ont au moins eu le courage de franchir l'espace interdit et de proposer à la société une nouvelle image: la femme sujet.

La tendance féministe récente tente de dépasser toute quête du sujet qui demeure individuelle pour examiner de façon globale la condition de la femme. La démarche fondamentale de ce mouvement très divers, incarné par des écrivaines — historiennes, poètes ou romancières —, s'appuie d'abord sur la constitution d'une mémoire féminine. Quelle a été l'histoire des femmes au Québec se demandait tout dernièrement par exemple le collectif Clio[11]? En quoi la situation des femmes québécoises se rapproche-t-elle de celle des autres femmes, qu'elles soient européennes ou américaines? Question sans cesse reprise par des auteures comme Nicole Brossard ou Jovette Marchessault[12]. À l'occasion, cette recherche d'une mémoire féminine provoque le mythe — c'est le cas pour *L'échappée du discours de l'oeil* de Madeleine Ouellette-Michalska[13] — ou encore le réinvente par le biais de textes comme *Le pique-nique sur l'Acropole* de Louky Bersianik[14]. Le but de cette double opération: créer une histoire et une mythologie susceptibles de mettre de l'avant les valeurs féminines.

Une démythification des rôles traditionnels de la Mère, de la Femme, de la Putain constitue l'étape préalable à cette démarche. Il suffit de rappeler la censure exercée contre *Les fées ont soif* pour mesurer l'impact d'une atteinte aussi fondamentale au système. La remise en question des stéréotypes et conséquemment l'établissement d'un «je» féminin autonome ne pouvait que choquer, faire peur même. Un je-sujet, soudain conscient de son aliénation dans une société fondée sur sa traditionnelle passivité, risquait en effet d'en bouleverser les structures. Une Jane trouvant sa différence dans un MOI intégral et hors du reflet de Tarzan, n'était-ce pas le signe annonciateur de changements importants?

> JE Pris La Parole à mon Tour, dit Ancyl
> (...)
> Parole que j'incorporai (...) et qui Prit corps en je-me-moi. Une fois la Parole Prise au piège du féminin singulier, elle ne peut faire autre chose que de s'exhiber, bien malgré elle, dans toute son infor/infirmité et incongruité[15].

Passage particulièrement significatif d'une stratégie de reconnaissance du sujet par la Parole et de la Parole par le sujet. Un lieu corps-langue se trouve soudain défini, sorte d'espace purgé du «*Pénis-Verbum*» dans lequel peut prendre naissance et se développer un imaginaire féminin potentiellement manifestaire. Imaginaire qui, à long terme, devrait contribuer à une nouvelle vision de la différence entre les sexes, non plus marquée au fer de la distinction radicale nature/culture, mais informée par une langue vraiment féminine qui crée sa culture.

Cette stratégie, assez bien résumée par ce commentaire de Jovette Marchessault — «Nous ferons bouger, basculer la langue par la force de nos images[16]» —, prend plusieurs formes que l'on pourrait en simplifiant quelque peu, nommer *automatisme, parlage, théorie-fiction, didactisme* même. L'automatisme, tel que pratiqué par France Théoret: «je déparle et fais resurgir le sens commun la plupart du temps lorsque je sens du pouvoir dans l'air[17]»; le parlage comme moyen de création au Théâtre expérimental des femmes:

> Le parlage. On a *énormément* parlé de nos vies, de nos enfances, de nos mères, de nos familles, de nos «mythologies personnelles», et aussi évidemment de nos désirs de spectacle. Il y a quelque chose dans ce «parlage» qui peut s'apparenter au «consciousness-raising» que les féministes américaines ont beaucoup pratiqué, etc.[18].

La théorie-fiction de Nicole Brossard, — ou la fiction-théorie de Louky Bersianik —, le didactisme de Madeleine Gagnon, de Denise Boucher, de Mary Daly, etc.

LE «BAVARDAGE» COMME INSTITUTION PARALLÈLE

Paradoxalement, une telle stratégie qui vise au bout du compte à changer la société, choisit de s'exprimer par le biais d'une pratique décriée et vaine: le bavardage. Elle choisit en fait et très lucidement de s'installer sur un terrain concédé depuis toujours aux femmes —

> (Le bavardage) Lie l'indiscrétion à la futilité, le psittacisme à la prolixité qui va jusqu'à l'incontinence. Bien que de

> genre masculin, il désigne une activité éminemment féminine.
>
> (...)
>
> Aux hommes — en sous-entendu — le privilège de dialoguer, de discuter, d'avoir des entretiens, de posséder et maîtriser la parole[19]. —

et de s'en servir comme tremplin vers une éventuelle performance manifestaire. Les avantages sont évidents: aller chercher les femmes où elles sont, dans leur cuisine au besoin, et leur permettre d'utiliser de façon positive leur

> cancan, commérage, papotage (...), parlotte (...), potin, ragot, blabla, verbiage, bagou, baratin, boniment, jaspin, bavassage, et les petites dernières: causette et jasette au Québec, inoffensives et gentilles nièces[20]!

À ces avantages qui sautent aux yeux s'ajoute un élément important: le discours des femmes se trouve rester dans la marginalité, y proliférer et s'y développer en toute quiétude. Ainsi s'élabore peu à peu une autre rationalité qui sans s'opposer ouvertement au patriarcat le prend de court en constituant l'équivalent d'une institution parallèle. Institution parallèle qui ne dresse pas comme l'autre, l'officielle, de barrières liées au pouvoir, sans se trouver pour autant à l'abri des discours de classes, tout au moins d'une certaine perception de leur existence. Comment interpréter autrement la dernière phrase de ce passage du *Manifeste des femmes québécoises*:

> Ce qu'il faut organiser pratiquement c'est une façon de se parler de nous entre nous, à trois millions. C'est la première tâche. Ben concrète. Ben dure mais ben le fun aussi. Une élite de femmes conscientes, c'est ben beau mais ça donne quossa donne, des marginales[21].

Dès que des femmes intellectualisent leur discours, il est inévitable en effet qu'elles s'éloignent des trois millions à atteindre.

Mais s'en éloignent-elles vraiment? La néopréciosité[22] que l'on peut déceler dans plusieurs ouvrages féminins contemporains ne se coupe jamais du corps avec lequel un rapport privilégié au sens se crée. C'est évident pour une auteure comme Nicole Brossard, dont l'orientation féministe est indissociable de la recherche d'une nouvelle écriture et pour qui «toute ontogénèse du féminin passe d'abord, par une parthénogénèse psychique[23]». C'est évident pour Mary Daly, qui pousse sa réflexion jusqu'à une sorte de nominalisme dit «gyn-écologique[24]», difficilement accessible; c'est évident également pour France Théoret, Madeleine Gagnon, Francine Déry ou même Denise Boucher qui toutes «parlent femmes», qui toutes «polyglossent» pour emprunter à Françoise Collin:

> (...)Le langage-femmes c'est la liberté de pouvoir parler n'importe comment, et de toutes les manières possibles, à prendre la langue à bras-le-corps, à s'y plonger, à s'y vautrer, à en jouer, à la retourner, à la ficeler, sans jamais privilégier un seul organe, une seule figure. Parler femmes c'est redécouvrir que le corps est une étendue non un organe ou un système d'organes. Parler femmes, c'est se tenir toujours tout près du corps, et dire ce corps nombreux. Le langage-femmes (...) est polyglotte[25].

«Parler femmes» donc parler le corps — au besoin jusqu'au lesbianisme politique — ne peut laisser aucune femme indifférente: le corps qui s'écrit[26] a des résonances majeures dans le quotidien de chacune. Aussi cette stratégie du bavardage est-elle d'abord orientée vers une découverte de soi et la quête d'une langue, vers «la voix de la mère (...), ce qu'il y a de plus archaïque (...) et qui affecte un corps», comme l'écrit Hélène Cixous[27]. Jane doit se connaître, se nommer, se dire autonome pour être en mesure de passer à un discours performatif qui n'a toutefois pas à se calquer sur celui des hommes. Pourquoi le ferait-il? Le discours-bavardage mène à la performativité de façon absolument démocratique — n'est-il pas ouvert à toutes? — et d'autant plus sûrement qu'en marge du système, il n'est pas récupérable.

Il ne peut l'être au moins dans l'immédiat puisque non prévu par celui-ci, même comme crise. C'est d'ailleurs ce qui fait sa force, force décuplée par la multiplicité du phénomène devenu irréversible. Rien d'étonnant alors que certains hommes y aient vu un modèle à suivre. Marina Yaguello rapporte par exemple que:

> Marc Fasteau, dans un court article publié dans le magazine féministe *Ms* (Juillet '72), invite les hommes à abolir les barrières qui les séparent et qui sont imposées par l'idéologie mâle; il leur conseille d'apprendre à communiquer entre eux comme le font les femmes, c'est-à-dire à libérer la parole entre hommes[28].

PERFORMER OU JOUER À QUI PERD GAGNE

Si le bavardage paraît, pour le moment du moins, tenir lieu de manifeste pour les femmes, il n'exclut pas la participation de certaines d'entre elles à des performances scandaleuses (*Place à l'orgasme*[29], les colombes égorgées sur la scène du Gésu[30], etc.) ou encore à des textes manifestaires dont *Refus global* reste l'exemple le plus célèbre. On peut se demander toutefois ce qu'elles y ont gagné... Ainsi leur collaboration à *Refus global* a eu le plus souvent le sort d'être reléguée aux oubliettes. Qui se souvient en effet que sur quinze artistes, six étaient des femmes? C'est qu'il était difficile à la société de l'époque de reconnaître à la femme un statut de sujet.

De plus, manifester avec les hommes, n'était-ce pas accepter d'entrer dans un modèle d'abord masculin de contestation? N'était-ce pas performer en remplaçant le père par le fils? N'était-ce pas surtout demeurer à l'intérieur du système? Genre piégé, s'il en est, que le manifeste pour celui ou celle dont l'utopie est de changer radicalement le monde. Il est la crise du système et son moyen d'autorégulation, d'où d'ailleurs le paradoxe de sa récupération qu'il n'évite que s'il arrive à tromper l'«horizon d'attente».

Les manifestes féministes qui concernent le corps des femmes[31], ont échappé jusqu'à ce jour à la récupération, parce qu'ils se sont trouvés à jouer sur l'effet de surprise. Parler du viol, des femmes battues, de l'avortement, de la pornographie, de la folie, pour lever le voile sur les injustices qui fondent la société, tel était et demeure encore le discours inattendu et intolérable des femmes. Quant aux textes qui relèvent du bavardage, l'on a vu plus haut qu'ils se situent en marge de toute récupération, puisque en marge du système.

La lucidité, telle que pratiquée par une poétesse comme Michèle Lalonde, est une autre manière de prendre ses distances face à la réalité du manifeste. Il n'y a qu'à lire ces quelques lignes tirées d'un texte au titre significatif — *Portée disparue* — pour s'en convaincre:

> Je vous fais mes adieux d'une page blanche. Je l'agite en guise de manifeste sur le quai du métro (...). J'entends échapper vive au discours économico-politique de vos manuels (...) Femme, je ne vaux déjà pas grand chose (...) Le temps me biffera des mémoires. (Vous me récupérerez alors, grattant d'un ongle délicat quelques exemplaires de ma décadente écriture (...) Mais sur la brique ou le béton, vous ne saisirez jamais que les fragments de l'immense texte collectif dont vous nous saviez faire lecture et que mes récupérables graffitis (sic) n'avaient servi qu'à ponctuer[32].

Il est inévitable en effet que l'Histoire accuse des lacunes ne retenant que ce qui fait le jeu du système. Aussi les femmes ont-elles été perdantes dans le passé. Le féminisme de maintenant qui consiste en «l'acte de penser à côté, de créer (...) de nouveaux rapports de réciprocité[33]», se dessine comme la performance historique de la femme qui s'affirme dans son autonomie et sa différence. Quand pourra-t-on parler d'acte réussi?

* * *

> QUAND ILS AURONT LAISSÉ TOMBER LEUR PRÉTENTIEUSE MAJUSCULE.
>
> Quand ils auront assumé l'e muet qu'il y a aussi au bout de l'homme.
>
> Quand ils auront déposé le Pouvoir. Et quand ils inviteront tous les humains, hommes, femmes et enfants, à le partager avec eux.

> (...) Jusqu'à ce que ce temps arrive, il se peut que nous nous arrangions seules, dit Exil. Il se peut que nous nous arrangions entre nous. Il se peut que nous nous arrangions sans eux... ou presque[34].

Par ce projet d'Exil, Louky Bersianik explique le choix d'exil des femmes et pose la CONDITION préalable à une nouvelle société. Indirectement, elle se trouve aussi marquer une limite à la stratégie du bavardage que guette toujours le risque d'en rester à la sui-référentialité quand ce n'est pas de tomber dans le discours hystérique ou obsessionnel.

«L'acte de penser à côté» répond sans doute aux besoins du court terme. Il ne peut toutefois continuer longtemps à ignorer tout à fait le système s'il veut atteindre une véritable performativité. Ce que les femmes doivent s'approprier — et le plus tôt possible —, c'est, pour emprunter à Austin, le droit au verdictif[35]. Gisèle Tremblay ne dit pas autre chose dans son *Manifeste pour les femmes*.

> Voilà pourquoi nous voulons nous aussi harnacher les rivières, jeter des ponts sur leurs rives, piloter des caravelles, dicter des lois, diriger des symphonies et peindre le plafond de la chapelle Sixtine[36].

Qu'elle parle *pour* les femmes à qui elle s'adresse par le biais d'un nous incitatif et dont elle est moins le porte-parole que la projection d'une image, ne change rien au programme!

Université de Montréal
1983

Notes

1. *Québec français*, n° 47, oct. 1982, p. 30.
2. *Possibles*, vol. 5, n° 3-4, 1981, p. 300.
3. Cet événement manifestaire est décrit dans *Québécoises deboutte!*, Montréal, Remue-ménage, 1982, p. 81.
4. Savard, Marie, Montréal, La pleine lune, 1975.
5. Blais, Marie-Claire et al., Montréal, Quinze, 1976.
6. Boucher, Denise, Montréal, Intermède, 1979.
7. Théoret, France, Montréal, Les herbes rouges, 1978.
8. La dinstinction entre acte de parole et acte performatif est de Benveniste. Shoshana Felman le cite dans *Le scandale du corps parlant* (Seuil, 1980): «N'importe qui peut crier sur la place publique: «Je décrète la mobilisation générale». Ne pouvant être acte faute de l'autorité requise, un tel propos n'est plus que parole; il se réduit à une clameur inane, enfantillage ou démence. Un énoncé performatif qui n'est pas acte n'existe pas» (p. 24).
9. Cf. la pièce de Janette Bertrand, *Moi Tarzan, toi Jane*, Longueuil, Inédi, 1981.
10. Magli, Ida, «Pouvoir de la parole et silence de la femme», *Les cahiers du Grif*, n° 12, juin 1976, p. 38.
11. *L'histoire des femmes au Québec, depuis quatre siècles*, Montréal, Quinze, 1982.
12. À titre d'exemples, quelques titres de Jovette Marchessault — *Lettre de Californie*, *La terre est trop courte*, *Violette Leduc*, etc. — et ce beau passage d'*Amantes* de Nicole Brossard: «Ma continent multiple de celles qui ont signé: Djuna Barnes, Janes Bowles, Gertrude Stein, Natalie Barney, Michèle Causse, Marie-Claire Blais, Jovette Marchessault, Adrienne Rich, Mary Daly, Colette et Virginia, les autres noyées, Cristina Peni Rossi, Louky Bersianik, Pol Pelletier, Maryvonne si attentive, Monique Wittig, Sande Zeig, Anna d'Argentine, Kate Millet, Jeanne d'Arc Jutras, Marie Lafleur, Jane Rule, Renée Vivien, Romaine Brooks...» (Montréal, Quinze, 1980, p. 108).
13. Montréal, Nouvelle optique, 1981.
14. Montréal, V.L.B., 1979.
15. Bersianik, Louky, «Noli me tangere», *Maternative*, Montréal, V.L.B., 1980, p. 14.
16. «Jovette Marchessault: de la femme tellurique à la démystification sociale, une entrevue de Donald Smith», *Lettres québécoises*, n° 27, automne 1982, p. 56.
17. *Op. cit.*, p. 13.

18. *À ma mère, à ma mère, à ma mère, à ma voisine,* Montréal, Remue-ménage, 1979, p. 55.
19. Lamy, Suzanne, *d'elles,* Montréal, L'hexagone, 1979, p. 17-18. Une linguiste, Marina Yaguello, ne dit pas autre chose dans *Les mots et les femmes* (Paris, Payot, 1978): «Les femmes parlent trop, nous dit-on. Elles causent, elles causent, c'est tout ce qu'elles savent faire. Elles jacassent, elles jactent, elles bavassent, elles papotent en d'interminables parlotes, elles caquettent, elles cancanent, pendant qu'ils pérorent, pontifient et discourent mais quand ils parlent, ce n'est jamais pour ne rien dire.» (p. 50) Soulignons de plus que l'article de Jacqueline Aubenas, «Abécédaire quotidien et tout en désordre» (*Les cahiers du Grif,* n° 12, juin 1976), porte entièrement sur la parole des femmes.
20. Lamy, Suzanne, *ibid.,* p. 17.
21. Montréal, L'étincelle, 1971, p. 10.
22. Yaguello, Marina, *op. cit.,* p. 39.
23. Causse, Michèle, «Sub-in-vertere», *La nouvelle barre du jour,* n° 118-119, nov. 1982, p. 147.
24. *Notes pour une ontologie du féminisme radical,* Montréal, L'intégrale éditrice, 1982.
25. «Polyglo(u)ssons», *Les cahiers du Grif,* n° 12, juin 1976, p. 7.
26. Bersianik, Louky, *Op. cit.,* p. 62.
27. Cixous, Hélène, «Le sexe ou la tête», *Les cahiers du Grif,* n° 13, octobre 1976, p. 14.
28. Yaguello, Marina, *op. cit.,* p. 62.
29. Le 8 décembre 1968, sept jeunes dont trois femmes pénètrent dans l'Église Notre-Dame pendant les cérémonies d'investiture des nouveaux adhérents de l'Ordre du St-Sépulcre. Ils envahissent le choeur de l'église en criant environ vingt-quatre cris tels que «Mort au Baptême» ou «Place à l'orgasme». Ce «manifeste agi» est décrit dans *Québec underground* (Montréal, Médiart, 1973, vol. 1, p. 382 et suivantes).
30. Au Gésu, lors de la représentation du 15 février 1969 de la pièce de Françoise Loranger, *Double jeu,* trois hommes et deux femmes montent sur scène, se mettent nus, étranglent 2 colombes et égorgent un coq. (*Québec underground, ibid.,* p. 307 et suivantes).
31. Quelques exemples: «Manifeste des femmes du Québec pour l'avortement libre et gratuit» (*Les têtes de pioche,* Montréal, Remue-ménage, 1980, p. 87), «Manifeste pour une politique de la planification des naissances» (*Québécoises deboutte!, op. cit.,* p. 192-196), «La femme violentée, une réalité persistante» (*La Presse,* 31 mars 1982, p. A7), «Nous aurons les enfants que nous voulons. Manifeste pour l'avortement libre et gratuit» (Montréal,

Comité de lutte pour l'avortement libre et gratuit, 1977), «Le discours des interventres» (*La nouvelle barre du jour*, n° 56-57, mai-août 1977, p. 245-256), «Les femmes ne sont pas nées pour se soumettre, Nous aurons les enfants que nous voulons» (*Le Devoir*, *Le Journal de Montréal*, 9 juin 1979).

32. Les Compagnons du Lion d'or, 1979, non paginé.
33. «Louky Bersianik et la mythologie du futur. De la théorie-fiction à l'émergence de la femme positive», une entrevue de Donald Smith, *Lettres québécoises*, n° 27, automne 1982, p. 87.
34. *Ibid.*, p. 69.
35. Chez Austin, les verdictifs constituent une classe d'actes locutoires caractérisés par le fait qu'un verdict est rendu par un jury, un arbitre ou un juge: des verbes comme «acquitter», «condamner», «décréter», entrent dans cette catégorie. (*Quand dire, c'est faire*, Paris, Seuil, 1970, p. 153-155).
36. Tremblay, Gisèle, *op. cit.*, p. 29.

Les numéros spéciaux de *La (nouvelle) barre du jour.* Lieux communs, lieux en recherche, lieu de rencontre

Louise H. Forsyth

Je vous présente ici quelques réflexions sur sept numéros spéciaux de *La barre du jour* et de *La nouvelle barre du jour*, sept numéros à thème, préparés par des femmes et auxquels seulement des femmes ont participé:

«Femme et langage» (hiver 1975) - préparé par Nicole Brossard

«Le Corps, les mots, l'imaginaire» (mai, août 1977) - préparé par Nicole Brossard

«Célébrations» (février 1979) - préparé par Nicole Brossard

«La Mermour» (février 1980) - préparé par Jovette Marchessault

«La Femme et la ville» (avril 1981) - préparé par Nicole Brossard

«La Femme et l'humour» (octobre 1981) - préparé par Germaine Beaulieu

«La Complicité» (mars 1982) - préparé par Louise Cotnoir[1].

Je m'intéresse à ces numéros parce qu'ils représentent un nouveau phénomène dans l'histoire du monde, l'histoire de la pensée humaine et surtout, l'histoire de la femme dans la société patriarcale. Les femmes qui ont participé à ces numéros de *La barre du jour* refusent leur isolement de femme et refusent également de se définir par rapport aux structures forgées par ceux qui monopolisent le pouvoir. Elles ont créé ensemble leur propre contexte, elles ont tissé des réseaux qui leur permettent de respecter la liberté de chacune, tout en s'écoutant mutuellement, s'offrant un appui nécessaire. Ces écrivaines font toutes des explorations: elles osent aller jusqu'au bout de leur expérience féminine pour, enfin, trouver les mots. Elles établissent de nouveaux rapports avec l'espace intime, l'espace social, l'espace culturel, l'espace spirituel, ce qui représente un éclatement et une réorientation radicalement autre. Elles ont en même temps affirmé de nouveaux liens entre femmes[2].

Celles qui ont participé à ces numéros à thème (voir appendice) sont pour la plupart celles qui ont assuré l'émergence au Québec, depuis le début des années 70, d'une littérature au féminin. Chez elles, la modernité a pris son élan et c'est à partir de cette modernité qu'elles font leurs recherches dans une ardente lucidité. Leurs écrits se déploient à l'infini sans possibilité de récupération. Elles ont pris la parole; elles sont passées à l'écriture; elles ont posé un geste collectif essentiel. Leurs textes, personnels et autonomes, qui s'ouvrent sur un thème les touchant et les concernant toutes, mais toujours différemment, ont libéré leur source d'énergie. Elles ont transgressé les tabous, ont refusé de se soumettre. Quand j'ai parcouru tous ces beaux textes, j'avais l'impression d'un important travail de déblayage. Tout un travail s'est ouvert. Le non-lieu féminin est en train de s'orienter selon ses propres dimensions. L'invasion massive d'un champ d'action possible, ouvert et déjà occupé par des femmes, a eu lieu.

Ce groupe de femmes, qui, depuis 1975, n'a cessé de s'élargir pour écouter la voix d'autres femmes, a découvert qu'on a le droit de rêver d'un langage commun. Elles sont allées à la recherche des richesses inédites et inconnues de leur imaginaire. Dans leur complicité, elles ont dénoncé les codes qui les ont exclues et mises à mort. Leurs pratiques créatrices ont transgressé, affirmé, célébré leur corps, leurs rêves, leurs fictions.

Aucun de ces numéros n'est une discussion finie et logiquement structurée du thème choisi. Les textes tournent plutôt autour de la question posée; ils ne font pas de démonstration et ne suivent pas d'ordre linéaire. La question reste ouverte. D'autres textes sont toujours possibles, d'autres perspectives à partir d'autres faits vécus. Le numéro à thème est une invitation chaleureuse à la lectrice de faire ses propres réflexions, de se lancer dans sa propre écriture. Grâce à la communauté de femmes qui se sont posé les mêmes questions et ont fait l'exploration collective de réponses possibles, il existe maintenant au Québec un public qui sait lire avec sympathie, et souvent avec passion, un texte moderne au féminin. À la différence de la situation au début des années 70, le livre féministe qui paraît n'a plus à attendre la bonne volonté de la critique universitaire ou journalistique qui, trop souvent il y a très peu de temps, déclarait que les textes féministes, textes qui *nécessairement* ne respectaient pas les codes reçus, étaient sans valeur, n'avaient aucun intérêt, et, d'ailleurs, étaient illisibles. Suzanne Lamy a parlé ainsi du progrès fait au cours des années 70:

> Tous les champs ont été pénétrés. Comme par une force déréglée, dans l'abondance, la passion, l'excès. (...) Par le journalisme, le cinéma, les femmes ont amené d'autres femmes à elles-mêmes, à se voir, à s'aimer[3].

Le critique du *Devoir*, Jean Royer, un des premiers à apprécier les textes de la modernité et à reconnaître l'écriture au féminin, est d'accord avec Suzanne Lamy:

> En réalité, il est évident que la décennie 70 a d'abord été celle de l'émergence du féminin. (...) Il éclaire tous les rayons, il occupe toutes les scènes. (...) Dans le roman, les romancières font éclater le genre. (...) l'écriture des femmes reprend à la poésie son bien et remet en question l'écriture même[4].

Le premier numéro spécial de *La barre du jour* à participation exclusivement féminine est paru en 1975. C'est l'époque où l'on trouve dans les écrits de plusieurs femmes, du Québec et d'ailleurs, la constatation suivante: «La vie privée est politique». C'est une phrase écrite par Nicole Brossard dans *La nef des sorcières*, au moment où il est question pour elle de délimiter le champ d'action politique des luttes féministes:

> Je parle dans la perspective d'un pacte politique avec d'autres femmes. Touchez-moi. La vie privée est politique. (...)

> J'écris et je ne veux plus faire cela toute seule. Je nous veux. Faire craquer, grincer, grincher l'histoire. La vie privée est politique. (...) Fragmentées. Jeunes et vieilles parcheminées. Démembrées. Non pas possédées. Mais dépossédées[5].

J'ouvre ici une parenthèse sur le titre de ce colloque «Théories politiques et critique féministe». Je suis d'avis que ce lien entre les théories politiques et la critique a un sens spécial pour la femme de par son statut d'objet dans les systèmes de représentation de notre société. Celles et ceux qui veulent comprendre le féminisme et l'importance politique des textes de femmes (ainsi, par ces numéros à thème de *La barre du jour*, revue où il n'y a jamais eu de commentaires explicitement politiques) doivent nécessairement tenir compte du fait que pour la femme la vie privée est politique. C'est dans son corps, dans ses rapports avec autrui, dans l'espace où elle a la liberté de circuler que toute femme, partout, a été fragmentée, aliénée, dépossédée. Son premier geste politique s'annonce donc loin de l'arène dite *politique*. L'acte politique de la femme acquiert un sens spécial, puisque la femme inscrit son projet politique dans sa vie privée, en prenant possession de son propre corps. Son geste devient politique si elle parle au pluriel, publiquement avec d'autres femmes, comme le dit Louise Cotnoir dans «L'étouffée»:

> «Si on me demande qui je suis, je me trouble. Je ne dis que les prénoms.» Trop personnelle. Excessive, en trop, en dehors, en marge, en dessous. Alors j'ai porté mon ventre bien haut, bien en avance, bien des fois. Mon ventre habité, tendu à faire craquer mon enfermement. Mon ventre comme un excès de désir tout fondu au-dedans[6].

Quand il ne suffit plus de porter silencieusement son ventre bien haut, la femme a envie de parler de l'excès de désir de son ventre. Et quand elle insiste sur son droit de nommer son propre corps, de créer des images selon ses propres pulsions, de tuer la mère patriarcale en inventant de nouveaux schèmes de représentation, la femme passe à l'acte; elle pose un geste nettement subversif et politique. L'homme peut entrer «naturellement» dans l'arène politique en se servant des structures, des idéologies et des codes courants. Ce sont les mêmes codes, selon lesquels la femme est, depuis des siècles, privée de son identité, enfermée dans un espace restreint, bannie de l'histoire, exclue du culturel et du politique. C'est pourquoi, de nos jours, il faut que la femme commence par faire une autocritique de sa vie privée à partir de théories politiques.

En 1975, il est devenu urgent d'aborder la question de la femme et du langage, puisque c'est avant tout le code linguistique, tel que l'Homme l'utilise dans les textes officiels de notre société[7], qui a permis aux maîtres de médiatiser la réalité du monde en fonction de leurs propres fantasmes. Les seules personnes qui *parlent* sur la place publique jouissent pleinement du droit de cité. En octobre 1975, la revue *Liberté* a organisé dans le cadre de ses «Rencontres québécoises internationales des écrivains», une rencontre d'une vingtaine d'écrivains d'Europe et d'Amérique sur le thème «La femme et l'écriture». La même année, Nicole Brossard avait déjà préparé, avec la collaboration de France Théoret et huit autres femmes, un numéro spécial de *La barre du jour* sur «femme et langage». Le comité de rédaction de *La barre du jour*, c'est-à-dire Nicole Brossard et Roger Soublière, avait déjà essayé la formule innovatrice du numéro à thème réunissant librement les textes autonomes de celles et de ceux qu'on invitait à y participer. La seule contrainte imposée était que, en principe, le texte prenait comme point de départ la question posée. Les questions retenues mettent en valeur l'optique globale de *La barre du jour*: opposition radicale à toute idéologie dominante, expérimentation formelle, primauté du désir et des pulsions de l'individu, mise en valeur de l'énergie créatrice du lecteur/écrivain, de la lectrice/écrivaine.

Pour le premier numéro spécial préparé uniquement par des femmes, Nicole Brossard a posé la question suivante:

> Comment la femme qui utilise quotidiennement les mots (comédienne, journaliste, écrivain, professeur) peut-elle utiliser un langage qui, phallocratique, joue au départ contre elle[8]?

Elle explique qu'elle voulait savoir «si les femmes avaient, pouvaient avoir, pensaient avoir au langage, un autre type de relation que celle établie et pratiquée par les hommes». Les textes de ce numéro indiquent que plusieurs femmes avaient déjà longuement réfléchi sur cette question. Nicole Brossard avoue quand même dans les «Préliminaires» qu'elle est plutôt étonnée, peut-être même un peu déçue, du manque d'homogénéité des textes. Elle comprend très vite cependant que ce qui peut sembler sans unité et incomplet chez les femmes représente effectivement la source inépuisable de la créativité féminine. Les écritures de femme tournent dans ce numéro et dans tous les autres numéros autour de la question posée comme autant de spires dans une spirale infiniment complexe et infinie. L'essentiel était à ce moment, et c'est ce qui reste capital, de trouver les formes et les symboles qui renvoient son image à la femme:

> Avant tout, il fallait tenter l'expérience du miroir, de l'interrogation. Tenter la femme à son propre jeu de *maux*[9].

Dans son propre texte de ce numéro, «E muet mutant», Brossard insiste sur l'importance politique de l'écriture. C'est par l'écriture qu'on entre dans le temps, dans l'histoire, ce qui promet de donner à la femme collective aux yeux de ceux qui exercent le pouvoir, une réalité publique:

> La parole de la femme est sans conséquence (...) puisque (...) elle ne s'insère pas dans l'histoire (...). Mais il n'en va pas de même pour ce qu'elle écrit et publie. D'abord parce que son geste devient public, (...) un jugement culturel; le filtre qu'affronte toute personne qui décide de porter sur la place publique une forme (le produit d'une pensée qui s'arque et qui prend élan du plaisir des mots) quelconque. D'abord parce que son geste est inscrit, concret: le livre. Il entre dans des lieux intimes et publics (...). Il entre dans l'histoire. Il participe à la mémoire collective [10].

Nicole Brossard termine son texte par cette affirmation lucide, à savoir que chaque femme en quête d'identité a besoin d'autres chercheuses angoissées, d'autres découvreuses culpabilisées pour les mêmes explorations.

> J'interroge (la femme) à travers celles qui savent se rendre compte et qui procèdent dans le sens de la curiosité (...)

> celles qui tentent la mer et son vague ardent, embarquées dans la nef des fous, poignées dans leurs nerfs et ventre mensuel. Affectées par les mots (p. 19).

Cette exploration se poursuit de numéro en numéro de *La barre du jour* aux autres revues québécoises, de livre en livre, des Québécoises aux Canadiennes, Françaises, Américaines, Belges, Algériennes. Cette continuité montre que la femme entre dans l'histoire, n'existe plus dans un non-lieu, un hors-temps. Elle puise dans les fonds de sa mémoire collective.

Il y a dans tous les textes de ces numéros spéciaux au féminin un parallèle entre le travail de subversion sur les formes du langage, sur les conventions littéraires et la subversion qu'on pratique contre les codes de la société qui imposent à la femme sa place de non-personne. L'efficacité politique du geste posé par toutes ces auteures est assurée par le fait que ce travail de subversion est collectif. La femme s'est découverte à la fois plurielle et unique. Les femmes qui passent à l'écriture de façon dynamique et active font éclater les codes d'une société patriarcale injuste et dangereuse.

University of Western Ontario
1982

Notes

1. Voir l'appendice pour des renseignements plus complets sur les numéros spéciaux de *La (nouvelle) barre du jour* préparés uniquement par des femmes.
2. Je cite comme illustration de la solidarité entre femmes, la dédicace du texte de Jovette Marchessault intitulé «Les Monstresses», dans «La femme et la ville», *La nouvelle barre du jour*, n° 102, avril 1981, p. 8:

   Ce texte est dédié à Nicole et à sa fille Julie,
   à Marisa, Christiane, France, Yolande et Pauline,
   Jeanne d'Arc, Éliette et Francine, à Azélie,
   à Marie-Madeleine et Claudie,
   à Louise et Marie de Québec,
   à Huguette, Monique, de Rivière-du-Loup,
   à Simone, Mathilde, Diane en Italie,
   à Alice, ma mère,
   à Anne-Marie, Éliane, Madeleine, Anne, Yvonne,
   Marie-France, Luce, Pol, Céline, Lise, Jocelyne, Andrée,
   aux femmes de la librairie des femmes à Montréal,
   à Danielle, Maria, Claude, Louisette, Armande, Michelle, Suzanne.
   à Lynne, Lorraine, Nancy de Toronto,
   et à Gloria à New-York,
   ainsi qu'une grande vague qui se lèverait après
   mille années de marée...
3. «Regards sur la littérature québécoise des années 70», *Le Devoir*, Cahier 3, 21 novembre 1981, p. XIII.
4. *Ibid.*, p. I.
5. «L'écrivain», dans *La nef des sorcières*, Montréal, Quinze, 1976, p. 74-76.
6. «L'étouffée», dans «La Mermour», *La nouvelle barre du jour*, n° 87, février 1980, p. 70.
7. Remarquez à cet égard le dernier livre du critique universitaire Northrop Frye, *The Great Code. The Bible and Literature*, Toronto, Academic Press, 1982.
8. «Femme et langage», *La barre du jour*, n° 50, hiver 1975, p. 8-9.
9. *Ibid.*, p. 9.
10. *Ibid.*, p. 13.

Appendice

Numéros à thème de *La (nouvelle) barre du jour* préparés par des femmes:

LA BARRE DU JOUR

«Femme et langage», n° 50 (hiver 1975)
- préparé par Nicole Brossard
- ont participé: Nicole Brossard, France Théoret, Yolande Villemaire, Madeleine Gagnon, Luce Guilbault, Odette Gagnon, Lou Andréas Salomé, Josée Yvon, Nicole Bédard.

«Le Corps, les mots, l'imaginaire», n° 56-57 (mai-août 1977)
- préparé par Nicole Brossard
- ont participé: France Théoret, Geneviève Amyot, Sylvie Gagné, Claudette Charbonneau-Tissot, Louise Bouchard, Germaine Beaulieu, Monique Bosco, Nicole Brossard, Cécile Cloutier, Yolande Villemaire, Madeleine Gagnon, Louky Bersianik, Mireille Lanctôt, M.-Andrée Lévesque, Marie Savard, fille de Germaine, Nicole Bédard, Carole Massé, Johanne Denis, Claire Savary.

LA NOUVELLE BARRE DU JOUR

«Célébrations», n° 75 (fév. 1979)
- préparé par Nicole Brossard
- ont participé: Louise Dupré, Nicole Brossard, Marie-Claire Vaillancourt, Pol Pelletier, Zee Artand, Louise Cotnoir, Yolande Villemaire, Micheline Leduc, Louky Bersianik, Germaine Beaulieu, Jovette Marchessault.

«La Mermour», n° 87 (fév. 1980)
- préparé par Jovette Marchessault
- ont participé: Gaïa-Ilane Lande, Anne-Marie Alonzo, Jovette Marchessault, Louky Bersianik, Suzanne Jacob, Louise Cotnoir, Clémence Des Rochers.

«La Femme et la ville», n° 102 (avril 1981)
- préparé par Nicole Brossard
- ont participé: Jovette Marchessault, Gail Scott, France Théoret, Germaine Beaulieu, Yolande Villemaire, Marie-Claire Blais, Pauline Harvey, Marie Lafleur, Louky Bersianik, Nicole Brossard, Suzanne de Lotbinière-Harwood, Régine Robin, Josée Yvon.

«La Femme et l'humour», n° 106 (octobre 1981)
- préparé par Germaine Beaulieu

- ont participé: Madeleine Ouellette-Michalska, Louky Bersianik, Germaine Beaulieu, Adèle Beaudry, Lucie Ménard, France Théoret, Madeleine Gagnon, Suzanne Lamy.

«La Complicité», n° 112 (mars 1982)
- préparé par Louise Cotnoir
- ont participé: Nicole Brossard, Renée Berthe Drapeau, Éléna Irissou, Marie Claire Vaillancourt, Danielle Fournier, Anne-Marie Alonzo, Louise Dupré, Suzanne Jacob, Louise Cotnoir, Denise Desautels.

«Qu'en est-il au fait de la théorie depuis que les dieux sont morts?»

Caroline Bayard

Depuis ses origines, *La barre du jour* a assumé la problématique de la perpétuelle remise en question. Si ce fut en effet l'une des premières revues à poser des problèmes théoriques, des problèmes génériques[1] et des problèmes méthodologico-critiques sur la nature des rapports texte-lecteur, elle n'a pas cessé non plus de travailler le niveau de l'expression et d'établir dans la trame même du langage des fonctions de transgression et de déconstruction.

En traversant ce qui s'avère être presque deux décennies, on serait tenté/e de conclure que les défis conceptuels n'ont cessé d'intéresser celles et ceux qui ont participé à son développement. En effet, le moins qu'on puisse dire c'est qu'au cours de ces vingt années les «ismes» s'en sont donné à coeur joie. En commençant par un flirt peu durable avec le nationalisme au cours des années 60, en continuant avec le marxisme dont les tentations chevauchent deux décennies, en longeant le formalisme qui a séduit tout le monde pour aboutir au féminisme qui n'a point pris de gants pour bouleverser tous les appareils conceptuels précédents (et d'autres), une évidence demeure: *La barre du jour* ne s'est jamais lassée d'examiner les prémisses de la création, de la critique et du rapport rétine-texte.

Ce qui nous intéresse aujourd'hui, c'est le rapport de l'écriture féminine à l'appareil théorique (ou aux appareils théoriques) dans *La barre du jour.* Rapports dans tous les sens du terme: rapports d'origine, de causalité, rapports-dialogue, relations d'opposition, de tension ou encore rapports envisagés comme neutralité, absence de/absence à.

Peut-être convient-il d'abord de s'entendre sur la terminologie utilisée ici: qu'est-ce au juste qu'une théorie? Si on entend ce terme dans son acception moderne (post XVIIIe siècle), on l'envisage comme opposition à celui de pratique, de praxis. Théorie = conception, schéma mental, abstraction ou comme le dit le Littré: «le rapport établi entre un fait général et tous les faits généraux qui en dépendent». Mais il faut souligner aussi qu'à partir du XIXe siècle, «théorie» a le statut peu enviable de signifier à la fois «loi qui légifère sur la praxis», sur la «réalité expérientielle» (voir «théorie des ensembles») et *également* (notoirement dans la langue dite ordinaire) «notion générale, opinion non prouvée, non rattachée à un système démonstratif logique» (ceci n'est qu'une théorie...). Donc statut double: qui légifère, mais qui ne peut pas être nécessairement prouvé.

Je pense qu'il serait intéressant d'examiner d'une part les rapports des femmes avec un réseau théorique déjà existant (mis en place par des femmes ou par des hommes) et d'autre part la production de nouvelles théories par les écrivaines de *La barre du jour*. Dans le premier cas, il s'agira donc d'un rapport critique à des systèmes déjà en place; dans le deuxième, d'un inédit théorique, d'une création.

La première étape est complexe. Par où commencer? Doit-on inclure ici toutes les références aux appareils conceptuels (qu'ils soient politiques, psychanalytiques, linguistiques) et si oui comment intégrer à cette problématique l'épineux problème de l'intertextualité, de ces textes qui se parlent, s'entrecroisent? Visiblement un tri est nécessaire mais sur quels critères spécifiques se fondera-t-on? La procédure arbitraire choisie ici (et on pourrait certainement en suggérer de différentes et même de préférables) sera de procéder par rapport à une courbe de fréquence. Quelles sont les références théoriques qui reviennent le plus régulièrement et paraissent avoir balisé les développements conceptuels de la manière la plus continue, quelles sont celles qui apparaissent en filigrane et finalement, comment cerner les systèmes qui, tout en ayant littéralement envahi le champ théorique, ne sont jamais scrutés comme tels, sont pris pour un acquis, une donnée sans importance et sans retour réflexif de la part des écrivaines qui les utilisent?

Récemment, Madeleine Ouellette-Michalska déclarait que «dans le maëlstrom qui secoue l'héritage conceptuel, la psychalanyse reste la cible préférée[2]».

Cible, le terme paraît juste en effet, surtout à propos de Freud et de Lacan, mais nouveau point de départ aussi, source d'élaboration, de démarcation, de renversement avec Luce Irigaray dont la présence conceptuelle a fortement marqué *La barre du jour*.

Bien sûr, l'appareil conceptuel freudien est de loin celui dont la fréquence est la plus élevée ici. Il s'insère dans ces textes avec une double fonction, point de départ mais aussi cible d'attaque. La relation avec lui a valeur d'exégèse, de commentaire et aussi valeur parodique, critique, hérétique. Mais quoi qu'il en soit, elle nous impose un trait récurrent: sa présence quasi inévitable.

En fait, dans *La barre du jour*, on attaque finalement moins Freud qu'on aurait pu être en droit de s'y attendre. Francine Saillant sera peut-être la plus généreuse à son égard, en lui décernant un potentiel révolutionnaire puisque, dit-elle, le Viennois est de «ceux qui ont pu décentrer le savoir», aux côtés de Galilée, Marx, des minoritaires, des féministes et même d'Einstein[3].

Mais une fois dépassée cette formule-exégèse, que trouve-t-on?

Madeleine Gagnon et Madeleine Ouellette-Michalska, elles, utilisent le corps théorique freudien comme tremplin, base, point de départ. Chez la première, c'est une opération de récupération doublée d'un embrayage vers le marxisme, ce qu'elle appelle «un point de jonction entre les théories marxiste et psychanalytique, indiquant, pour nous, le lien où se noue aussi l'idéologie phallique[4]». Finalement, ce que reproduit ce passage, c'est toute la tentative française de recoupement et de jonction, sujet et idéologie, le projet althussérien redoublé du projet lacanien. Cette «ré-insertion» du politique dans la théorie de l'inconscient est d'autant plus intéressante qu'elle est placée par Madeleine Gagnon dans un rapport métonymique avec la situation de colonisation du Québec. Donc double mouvement: vers le champ d'analyse marxiste d'une part, et également déplacement analytique à l'intérieur d'un réseau historique et territorial spécifique: le Québec. Le choix de la théorie marxiste en lui-même n'est pas unique, certes d'autres politicologues ou historiennes l'ont fait avant elle (comme Nicole Laurin-Frenette que Madeleine Gagnon cite d'ailleurs[5]), mais ce qui l'est, c'est la métonymie: situation de la femme, situation du Québec. À *La barre du jour,* cette double détermination (marxiste-psychanalytique) et cette métonymie ne se répéteront pas.

Madeleine Ouellette-Michalska, elle, récupère un autre aspect de Freud, celui de son analyse de l'humour (ou «épargne de la dépense nécessitée par le sentiment[6]»). Elle s'approprie cette grille pour faire une découpe critique de la littérature féministe québécoise (Louky Bersianik, Jovette Marchessault, Denise Boucher) en démontrant comment la déconstruction symbolique s'attaque aux modèles qui garantissent l'hégémonie du «même» et perpétuent l'inféodation du «je» au «il». Même travail critique chez Nicole Bédard[7] qui met à profit le système de symbolisation freudien (sur le jardin/le portail/la grille) pour interpréter un texte d'Hélène Cixous précisément intitulé *Un vrai jardin*. Que ce système soit récupéré par l'intermédiaire de Julia Kristeva[8] et de Jacques Derrida[9] ne change finalement rien à la nature du processus, sauf qu'il indique, dans *La barre du jour*, une certaine propension à privilégier les trajets théorico-critiques français de la dernière décennie (explicites dans le groupe Tel quel, la collection 10/18, etc.).

Moins exégétique mais plus audacieuse, telle m'apparaît la recherche de Christiane Houde dans son «Essai critique au féminin[10]» qui reprend l'apport freudien et lacanien à la lecture du texte littéraire, mais le fait dans l'inscription d'une nouvelle dynamique féministe de l'acte de lire. Texte trop court, texte-projet qui prend acte de l'apport structuraliste et greimassien, mais le dépasse en y introduisant le sujet et en proposant une nouvelle dynamique critique, une modification du statut du texte qui passe dès lors de la situation d'objet à celle de sujet.

Le problème est au coeur du débat sur la nouvelle critique féministe: comment travailler *avec* plutôt que *sur* un texte et comment bouleverser les vieux rapports critiques fondés sur une dynamique oppositionnelle: critique-sujet découpant texte-objet.

En fait, ce qu'il y a de plus troublant dans le texte de Houde, ce n'est pas ce qu'elle dit, mais bien plutôt ce qu'elle ne dit pas. Il semble que toute une tradition, l'herméneutique pour être précise, soit écartée de son champ d'analyse. Les travaux sur la phénoménologie du langage de Paul Ricoeur, ceux d'Umberto Eco sur la théorie de la communication avaient depuis déjà longtemps «réinséré» le lecteur dans le travail de production du texte (le lecteur au masculin générique bien sûr). *L'oeuvre ouverte*[11] qui date bientôt de 12 ans avait réintroduit cette dynamique de la participation dans la découverte du texte. Travaux poursuivis par Wolfgang Iser dans ses études sur le lecteur implicite[12]. Ce qui est curieux dans *La barre du jour* (la vieille ou la nouvelle) — et Christiane Houde, je le suppose, reflète l'attitude qui est celle des autres écrivaines de la revue —, c'est l'absence de toute référence au champ de travail phénoménologique. Occurrence qui dépasse le cadre des affinités culturelles (on pourrait me suggérer ici que les Québécoises ont privilégié les projets de «déconstruction» français, ceux de Derrida, ou les découpes textuelles de Julia Kristeva, qui s'intéressent davantage à l'insertion d'un sujet psychanalytique qu'à celle d'un lecteur muni d'un bagage et de structures de réception culturelles ou historiques spécifiquement définies, voir Iser). Mais l'argument n'est pas absolument convaincant: Christiane Houde connaît très bien l'école anglo-saxonne d'anti-psychiatrie[13] et se réfère aux redéfinitions plus globales et tendant à la synthèse du «moi» de R.D. Laing et de David Cooper qui présentent le «moi» comme «vécu[14]», «être dans le monde[15]» semblable à ce que Christiane Houde entend par sujet[16]. On ne saurait donc invoquer ici la barrière linguistique pour expliquer l'absence de théoriciens non francophones dans le champ théorique québécois. L'omission n'en demeure pas moins réelle et elle en appelle — par échos — d'autres sur lesquelles il faudra revenir.

Si Freud n'en prend pas autant pour son compte qu'on serait en droit de l'espérer, si Hélène Cixous apparaît souvent dans les textes québécois[17], c'est surtout Luce Irigaray qui a profondément marqué les écrits des femmes dans la revue, surtout après 1977. Les textes sur les rapports de la femme au discours, au désir, au regard[18], au toucher[19] opèrent dans *La barre du jour* à la fois comme signifiés, codes et grilles interprétatives. On pourrait dire que les références à ses analyses émaillent les textes de *La barre du jour*, dans un chassé-croisé d'interférences, jeux-réponses, contiguïtés et juxtapositions.

Au-delà des explorations psychanalytiques, qu'est-ce qui suscite l'attention des femmes à *La barre du jour*? La modernité bien sûr. Et ici il faut rendre justice aux intuitions prémonitoires d'une revue qui s'est avérée être le parfait terrain d'exploration de l'éclatement du signifié, du potentiel politique d'un travail sur le signifiant. Il est sans doute révélateur que Nicole Brossard et France Théoret aient commencé par l'exploration de la modernité pour aboutir ensuite au féminisme, qu'elles aient d'abord déterminé leur infraction à la loi linguistique, à la grammaire avant de passer dans un champ qui, sans jamais trahir ces premiers choix, y a intégré leur mémoire, leur corps, leur histoire de femmes.

Il n'en demeure pas moins que le non-dit, l'absence, l'omission sont aussi intéressants que la présence. L'indifférence à tout le système référentiel du féminisme marxiste mérite d'être examinée dans *La barre du jour*. Madeleine Gagnon s'engage brièvement sur ce terrain dans son travail sur le texte althussérien «idéologie et appareils de l'État[20]» et plus tard dans d'autres écrits non publiés à *La barre du jour*[21]. Elle énonce clairement ses choix idéologiques, mais il semble que tout un système conceptuel développé aux USA et au Canada en particulier autour de la maison d'édition Women's Press ait été largement ignoré. Dans la bibliographie de Nicole Bédard, on relèvera la mention à Sheila Rowbotham et à son *Féminisme et Révolution* (Paris, Payot, 1973)[22], mais ce titre apparaît seulement inséré dans sa bibliographie. Nulle mention n'est faite du corps théorique textuel développé par des Canadiennes (*Marxism and Feminism* de Charnie Guettel, Toronto, Women's Press, 1974) ou des travaux des Américaines comme Zillah Eisenstein dont l'étude sur les liens entre le patriarcat et le capitalisme d'une part, le socialisme et le féminisme d'autre part ont fait date[23]. On pourrait me rétorquer sans doute que *La barre du jour* n'est pas une revue politique mais un magazine littéraire, et on aurait raison. Mais j'ajouterai aussi que la pure matérialité du texte (voir les textes de François Charron[24], de Claude Bertrand[25] ou de Roger des Roches[26]) s'est effacée dans l'expérience de la modernité. Si l'on considère l'évolution conceptuelle et textuelle à *La barre du jour*, on verra que les prises de position féministes coïncident précisément avec une distanciation frappante du marxisme *et* de tout appareil conceptuel pré-existant à l'écriture ou la prédéterminant. Méfiance? auto-défense? revirement? choix de l'utopique? de l'avenir? plutôt que d'un passé lourd d'histoire et plein à craquer — armoire d'héritages, d'histoire et d'«ismes»? Peu importe après tout, mais ce qui en ressort, c'est que la théorie, *c'est* la fiction. Cri de ralliement, écho prolongé et répété pendant la moitié d'une décennie, comme si l'inédit de l'opération introduisait une trépidation jubilatoire et effrayante autant que libérante.

Qu'est-ce qui a été gardé et qu'est-ce qui a été rejeté au cours de la trajectoire féministe dans la modernité?

Certainement toutes les suggestions, tous les tracés derridiens de la dissémination des sens, de la «diff-errance» par et à l'intérieur du discours. Sémantiquement parlant, cela implique la polysémie; idéologiquement: le déchirement du Logos-Père, de la métaphysique, l'explosion des absolus et des codes, la «mise à découvert de mots qui parlent d'eux-mêmes[27]». Héritage tel quellien, récupération derridienne... mais partiellement seulement. Les théories contemporaines françaises sur le logos, l'écriture, le discours et le sens n'ont pas à proprement parler d'orientation féministe. Elles sont utilisées ici pour leur valeur libérante, pour leur fonction d'éclatement par rapport à un lourd héritage intellectuel. Elles sont récupérées comme outils de transition dans une stratégie que je qualifierai d'«étapisme», de pragmatisme opportuniste et momentané, mais absolument pas comme une exégèse ou un rapport pédagogique maître-élève. Ce qu'il faut, c'est «s'insinuer» dans la rupture, mais ne pas la «consumer[28]».

Qu'est-ce donc que la théorie pour les femmes de *La barre du jour*? La création, la fiction, le terrain de l'imaginaire, l'intervention conceptuelle se situent là, dans un espace qui n'est plus polémique, qui ne joue plus avec les dés pipés du binarisme, de la dialectique, des opposants, du polémique. Parce qu'elle préfèrent avancer sur un terrain sans frontières prévisibles, «dans la dérive d'une énergie qui se dissémine», dirait Nicole Brossard[29]. Dès 1975, il sera clair pour elle que les tracés de la modernité et même ceux avant-coureurs de Rimbaud, Mallarmé, Bataille et Blanchot n'étaient pas ceux des femmes et qu'il fallait transiter d'un système à l'autre, de ce qu'elle appelait alors du vertical à l'horizontal, de ce qu'elle articule de manière plus synthétisante, et plus convaincante aujourd'hui par la métaphore de la spirale, en reférence à Mary Daly[30] et à *Gyn/Ecology*[31]. La spirale, c'est précisément la fuite du cercle, c'est échapper à l'acte de tourner en rond, c'est géométriquement se défaire du binarisme ou de la bidimensionnalité en passant dans la troisième dimension. L'imaginaire (et avec lui la théorie), en échappant à la dialectique et à tous les maux qui opèrent par couple de deux, mettent du reste à profit une partie d'un complexe héritage, puisque *theoria* en grec veut aussi dire imagination, vision, contemplation, voir des objets qu'on peut concevoir dans l'esprit, les faire se déployer dans l'espace mental. Et qu'est-ce d'autre que la gyn-écologie si ce n'est de sauver, de récupérer dans les vieilles racines étymologiques ce qui peut être extrait, enlevé, arraché à la destruction? Ce qui ne veut pas dire mettre déchets et ordures à profit, mais suggérer que ces derniers n'existent qu'en tant que matière à utiliser et à apprécier dans un sens écologique.

De l'héritage marxiste, de la lourde tradition psychanalytique, en passant par les libérations — ruptures du logos, que restera-t-il? Le trajet des femmes à *La barre du jour* est long et non dénué d'ambiguïtés, mais clairement pluraliste. On pourrait télescoper tout cela dans une image de Louise Dupré «Qu'en est-il au fait de la théorie (...) depuis que les dieux sont morts[32]?» et répondre: elle est partie tout simplement, ni en fumée, ni au galop, ni d'un éclat de rire, ni à la lessive, ni avec les grands navires, ni en Pataphysique[33], mais partie cependant, pour de bon, déterminée et libre, en *spirale*.

Notes

1. Les catégories génériques, leur problématique ainsi que la question de la para-littérature a fait couler beaucoup d'encre à *La barre du jour.* Voir les n^{os} sur la bande dessinée (*La barre du jour,* hiver 1975) sur le fantastique (avril 1980) sur le structuralisme comme lecture méthodologique (printemps-été 1973), phénotexte-génotexte.
2. «L'épargne et le rire», *La barre du jour,* oct. 1981, p. 15.
3. «D'écrire ça», *La nouvelle barre du jour,* mai 1980, p. 133.
4. «La femme et le langage: sa fonction comme parole et son manque», *La barre du jour,* hiver 1975, p. 47.
5. *Ibid.,* p. 52.
6. Freud cité ici dans «L'épargne et le rire», *La nouvelle barre du jour,* oct. 1981, p. 9.
7. «L'oscillé(e)», *La barre du jour,* hiver 1975, p. 105-123.
8. Voir ref. à Kristeva, *ibid.,* p. 107, 119.
9. Voir ref. à Derrida, *ibid.,* p. 114 sur «la question du style», la figure symbolique du parapluie, de l'éperon hermaphrodite, etc.
10. «Essai critique au féminin», *La nouvelle barre du jour,* janvier 1979, p. 53-63.
11. Umberto Eco, *L'oeuvre ouverte,* Paris, Seuil, 1968.
12. Wolfgang Iser, *The Implied Reader: patterns of communication in prose fiction from Bunyan to Beckett,* Baltimore, John Hopkins University Press, 1974.
13. «Essai critique au féminin», p. 56.
14. *Ibid.*
15. *Ibid.*
16. *Ibid.*
17. «Mots d'elle», *op. cit.,* p. 36-49, «L'oscillé(e)», *op. cit.,* p. 105-123.
18. «Mots d'elle» p. 45 et p. 47.
19. Yolande Villemaire, «Mon coeur battait comme un bolo», *La nouvelle barre du jour,* mai-août 1977, p. 116-138, ref. à Irigaray.
20. «La femme et le langage», *op. cit.,* p. 47.
21. Madeleine Gagnon, *Poélitique,* Montréal, Les herbes rouges, 1974.
22. Voir bibliographie de «L'oscillé(e)», *op. cit.,* p. 123.

23. *Capitalist Patriarchy and the Case for Socialist Feminism*, ed. by Zillah Eisenstein, New York & London, Monthly Review Press, 1979.
24. «Transgression et/ou littérature politique (Esquisse)», *La barre du jour*, automne 1973, p. 33-43.
25. «Introduction à l'histoire de la rupture», *La barre du jour*, juin-juillet 1968, p. 63-70.
26. «Notes sur une pratique», *La barre du jour*, été 1971, p. 2-7.
27. La formule est de Paul-Marie Lapointe dans «Écriture/Poésie/ 1977, fragments/illustrations», *La nouvelle barre du jour*, oct. 1977, p. 45. Il ne développe ici aucune thèse féministe mais il trace, involontairement peut-être ou à tout le moins de manière diffuse, un tracé de connivence entre son écriture et la «diff-errance» choisie par les féministes.
28. Nicole Brossard, «E muet mutant», *La barre du jour*, hiver 1975, p. 26.
29. *Ibid.*, p. 23.
30. Voir *Le Sens apparent*, Paris, Flammarion, 1980.
31. Mary Daly, *Gyn/Ecology: the Metaethics of Radical Feminism*, Boston, Beacon Press, 1978.
32. Louise Dupré, «Les désordres du privé», *La nouvelle barre du jour*, janv. 1981, p. 24.
33. Voir la mort de la théorie par les yeux de Line McMurray et de son étude sur Ubu, Alfred Jarry et les Pataphysiciens dans «La Pataphysique», *La nouvelle barre du jour*, janvier 1982, p. 62-83.

La barre du jour: vers une poétique féministe

Barbara Godard

On ne peut nier l'importance de l'aventure linguistique qui a eu lieu dans les pages de *La barre du jour*, aventure constituant une subversion des mythes masculins. Dès 1973, dans le numéro 42 sur la transgression, Nicole Brossard écrivait: «Une grammaire ayant pour règle: le masculin l'emporte sur le féminin doit être transgressée» (p. 14). En effet, Nicole Brossard met en jeu des résonnances et des connotations de mots qui enfreignent le sens commun, modifiant ainsi le sens usuel d'un terme, le décentrant, en redessinant les frontières.

Celles qui travaillent avec et sur le langage soulignent ce rôle de «frontalières» (*NBJ*, n° 78, 1979, p. 65): elles font de leur écriture une affaire de contrebande, jouant sur l'existence d'écarts, de failles pour ouvrir une brèche dans le langage afin d'y faire entrer quelque chose de neuf. Ce travail sur le langage suit deux voies: d'une part, on déconstruit les structures et les images du langage patriarcal, tandis que de l'autre, on assiste à la renaissance d'une langue archaïque.

Pour favoriser l'insertion du féminin dans le champ littéraire, il faut remettre en question la tradition, la rejeter et cela a été la démarche annoncée par Nicole Brossard lors du colloque sur «la femme et l'écriture»; l'appropriation de ce corps que la femme ne possède pas — ce corps étant objet des fantasmes masculins — sera faite dans la fiction: «c'est-à-dire une exploration du corps linguistique qui traverse le corps *certain* de l'écrivain». Cependant, «cette forme de narration ne s'exerce pas dans la linéarité» (*Liberté*, n° 106-107, 1976, p. 12). C'est l'écriture comme recherche, ainsi qu'elle l'a montré dans «E muet mutant» (*BJ*, n° 50, 1975), où «nous passons du système sanguin, vertige vertical (désir, rouge agression, progrès) au système neurologique, vertige horizontal (extase, blanc, conscience, état)» (p. 14). La parole féminine se révèle donc opaque, sans prise sur le réel et n'est pas écoutée: «Parole répétitive, fondée sur le zéro de la tradition qui se transmet (...) Parole baroque, rococo, pleine de fioritures; qui se dépense en pure perte d'énergie qui ne transforme rien. Parole qui se *contredit*» (p. 11).

Avec cette description de l'oscillation, du mouvement de la parole féminine, Nicole Brossard se rapproche des descriptions de la «déconstruction» féministe de Luce Irigaray qui perçoit, au-delà de la surface spéculaire narcissique que constitue l'oeil du sujet masculin, une concavité scintillante et incandescente, et le jeu de feux et de glaces qui «minent l'évidence de la raison» se poursuit dans des «anamorphoses», «impossibles reflets», «parodiques transformations» qui ont lieu à chacune de leurs articulations[1]. C'est dans une dislocation du langage par des calembours, des doubles sens, des ellipses, des répétitions — ces litanies décrites par Suzanne Lamy[2] — des blancs, que s'effectue cette révision radicale, ce renversement du discours linéaire de maîtrise — dont la caractéristique est dite masculine — dans les pages de *La barre du jour*.

La révolution s'annonce dans la «déstructuration»: les procédés avec lesquels les écrivaines vont exposer la faillite de l'ordre patriarcal sont signalés par la récurrence du préfixe «de» qui revient en leitmotiv dans *La barre du jour* — «dés-apprendre», «dé-parler» (France Théoret surtout); «Défaite» (Louise Dupré, *NBJ*, n° 68-69, 1978, p. 39); «Délire» (Louise Cotnoir, *ibid.*, p. 37); «dérive» (Nicole Brossard, *NBJ*, n° 58, 1977, p. 12); etc. Cela souligne la rupture entre les choses et les mots, les idées et les signes qui en sont la représentation, crise caractérisant l'époque moderne, mais dont la problématique est surtout ressentie par les femmes à cause de leur marginalité par rapport au pouvoir et aux discours qui en découlent. L'écriture ne réfère pas à leur réalité, elle ne réfère qu'à elle-même. Elle n'est plus un moyen de communication, elle devient avant tout une forme de résistance et de beauté. Des stratégies de surdétermination et de débordement du signifiant rendent bien compte de cette rupture.

Cette «dysécriture» se révèle surtout dans les deux premiers numéros de femmes à *La barre du jour* (n° 50, 1975 et n° 56-57,

1977), spécialement dans les textes de certaines écrivaines: Nicole Brossard, Yolande Villemaire, Louky Bersianik, Josée Yvon par exemple. Par des techniques qui apportent un déséquilibre à notre lecture en la ralentissant ou en en accélérant le rythme, le sens est mis en suspens, en «différance», pour employer le terme de Derrida. Se situant dans des «lapsus», des «blancs» (Y. Villemaire, «Pour une parthénogénèse...», n° 50, p. 37), leurs écritures brouillent le référentiel et invitent la lectrice à la création: le langage de communication est ainsi dépassé. Mises en abyme[3]; expérimentations graphiques (variété dans les caractères[4], écriture manuscrite, dessins[5]); emploi de photos[6] ou de cadres[7] soulignant la rupture, la parole venant du «hors-texte», tout cela modifie la forme, l'espace, l'esthétique, la subversion typographique rappelant les pratiques dadaïstes, mais n'allant pas aussi loin dans l'évacuation du sens que les productions des concrétistes. Et souvent ces efforts pour rapprocher le mot de son état de pur signifiant s'accompagnent de collages. Yolande Villemaire, surtout, compose des textes à partir de citations d'autres écrivains alternant avec des observations sur l'acte physique d'écrire, sur l'utilisation de sa plume, de son «Liquid Paper» pour effectuer des blancs, des coupures[8].

«La fente», «la trouée», «le breakdown», pour reprendre les mots de Nicole Brossard («E muet mutant», n° 50, p. 26), s'effectue aussi au niveau grammatical grâce au «e» désormais parlant: «e» transformant le pronom «il» en «île», dans le texte de Marie Savard (n° 56-57, 1977), et offrant une ouverture sur le solipsisme; «e» parlant dans les néologismes comme «écrivaines», «amantes» ou «mermour» (n° 87, 1980), où la norme se trouve subvertie au niveau du lexique. Subversion syntaxique aussi: cette écriture «stream-of-consciousness», quasi automatique, se déploie dans des phrases hachées, inachevées, «ainsi que l'orgasme qui disperse toute cohérence linguistique», espace «de la dérive en somme d'une énergie qui se dissémine» (N. Brossard, «E muet mutant», n° 50, p. 22-23).

Mentionnons aussi le recours aux langues étrangères qui brise l'homogénéité du français: l'anglais, dans les textes de Yolande Villemaire, et le latin, dans ceux de Louky Bersianik, signalent les défaillances du langage normatif. Notons ici l'importance de ces deux langues dans la colonisation du Québec. La contestation du «Penis-Verbum» (L. Bersianik, «Noli me tangere», n° 56-57) et du «No Woman's Land» (Y. Villemaire,

«Pour une parthénogénèse...», n° 50) — double interdit du discours religieux et colonisateur, ainsi que du discours patriarcal — vise à libérer la parole soumise, enchaînée.

Autre caractéristique de cette écriture délirante: la répétition qui, tout comme le «e» muet signalant cet «emphasis added[9]», marque le trop-plein de la parole féminine, comme on peut le constater dans les vers anaphoriques de Cécile Cloutier («Utinam!», n° 56-57, p. 109):

> Et je me file et je me tisse et je me laine.
> Et je me nais et je me vis.
> *Je suis un immense non qui se fait oui* (c'est moi qui souligne).

Ce dernier vers montre bien le double sens du mot «dé-construction» et accentue le double mouvement de cette écriture oscillant entre la négation et l'émergence.

Ce double mouvement se dessine aussi dans la «transgression/production», comme l'écrit Nicole Brossard dans «Vaseline» (n° 42, p. 15). Cette transgression ludique, qu'elle qualifie «d'autogratifiante» — double sens, calembours, «casse-textes» pour employer un terme de Gabrielle Frémont[10] —, devient la marque caractéristique de ces textes féministes, pratique qui trouve des échos dans le «gyn/ecology» et le «spinning» de Mary Daly.

Autre caractéristique de cette parole féministe: le croisement qui s'effectue entre les discours psychanalytique, marxiste et structuraliste, tous cibles des féministes. «Le nom du père» cité par Yolande Villemaire («Mon coeur battait comme un bolo», n° 56-57, p. 122) symbolise l'aliénation des femmes, objets d'échange aussi bien dans le mariage que dans le langage; et ce *nom* du père devient un *non* dans le texte de Louky Bersianik («N~~o~~li me tangere», n° 56-57): les féministes s'approprient le langage, ce qui provoque la libération par rapport aux systèmes religieux et social masculins. Et chez Madeleine Gagnon («Des mots plein la bouche», n°56-57), les «mots» étant des «maux», la béance opère pour faire surgir l'expérience physiologique et gestuelle propre à la femme, et ce non-dit jusque-là refoulé fait basculer les schèmes de représentation.

Ce moment où la chair se fait verbe, qui caractérise le langage réflexif, conduit aussi à une écriture phénoménologique.

Comme Louise Cotnoir l'écrit dans «Au dire des frontalières» (*NBJ*, n° 78, 1979, p. 73-74), «(si) écrire pour les hommes est un métier (rentable), pour les écrivaines, c'est avant tout une *entreprise de récupération de soi.* C'est une *question de vie ou de mort* (...) L'écriture surgit donc en situation d'urgence: pour ne pas perdre la tête, pour ne pas mourir. (...) Pour franchir les frontières du réel sans blessure: les odeurs, les voix feutrées, le pas lent, la main douce, le regard caressant **La venue à l'écriture**. Se défaire de (...) nos lieux. *S'aimer en soi*». Toute oeuvre devient ainsi acte d'amour et dans *La barre du jour*, on peut lire l'itinéraire pénible de plusieurs écrivaines pour accéder à soi par le langage.

«Le commerce des frontalières» se poursuit dans le périple de M.-Andrée Lévesque («L'hystérie: écriture d'un ventre fantasmatique», n° 56-57): «au fond originel des larmes du dire, du grand désir, pour en faire accoucher le délire des délires (...) (afin de me) posséder, entière et sans rupture» (p. 193). Cette autogénèse dans l'écriture ne se produit pas sans obstacle: la venue à l'écriture se fait difficilement, les ruptures, les faux départs, les ratures dans les textes risquant à tout moment de faire sombrer ces bégaiements dans le silence, comme le souligne Yolande Villemaire dans «Pour une parthénogénèse...»: «femmes-caméléon éperdues dans les circonvolutions d'un langage oblitérant ce silence/magma, (...) comment réinscrire l'avant-texte de 1ère année B dans ce passé *composé*» (n° 50, 1975, p. 39). Et son texte se poursuit en boitant, entravé par les perpétuelles remises en question:

> (je présume que ce texte se trompe, cette logique forcée de moduler n'est pas objectivement métonymique. je présume que ce texte en lapsus calami aberre dans un lieu qu'on nous accorde abondamment.)

Ces mises entre parenthèses, tout comme la suspicion à l'égard du langage métaphorique, et l'utopie d'une naissance dans et à travers le langage — la parthénogénèse n'étant pas pratique courante — révèlent l'aspect exploratoire de cette entreprise, qui se caractérise, tout comme le travail sur le langage, par ses ruptures, ses décentrements. Ainsi, «(ce) refus c'est aussi la rature mais en même temps que la rature le recommencement infini de l'écriture» écrit Nicole Brossard («E muet mutant», n° 50, p. 23).

Car il ne pourra jamais y avoir une vérité primordiale. Mais il y a dans la parole, libérée des déformations du discours, une perspective originelle. Pour l'écrivaine qui joue avec les mots comme une enfant encore près de l'origine de la vie, le langage devient le lieu du sacré. Tout comme le chaman s'initie par l'hallucination, l'écrivaine le fait par ses pouvoirs de concrétisation, de matérialisation du langage.

Le silence et la parole ne font qu'un: cela montre bien la duplicité du langage. Le langage est un code. Quand le code éclate, on peut réétablir le contact avec l'être. Une autre conception de la poésie émerge alors: abandonnant le souci esthétisant, on cherche à retrouver le sens originel du discours. Pour certaines des écrivaines, cette recherche d'une origine dont le langage n'est que la trace se fait dans l'exploration de leur corps sexué. Car depuis Freud, la sexualité a été, pour le monde moderne, un lieu d'origine sacré, tout comme la littérature. Et cette problématique est au centre de l'écriture au féminin, telle que la décrit Madeleine Gagnon:

> Je dirais que l'écriture est à entendre au féminin, pour toucher cette *rhétorique des profondeurs* ainsi qualifiée par Baudelaire, pour toucher ces gestes ou figures, noires et inconscientes; celles qui ont échappé à l'ordre du *Même* du pouvoir symbolique; celles qui me révèlent une *Autre* à moi-même et qui m'indiquent, sans que je ne l'assaille de mon regard — sans que je ne la voie — la face cachée du langage, sa part fictive; celles qui se conjugueraient avec la face visible du langage, sa part réflexive; celles qui me conduiraient à ma langue étrangère et maternelle sans coupure dialectique entre ses deux versants, ses deux versions fictive et réflexive dans une coulée vivante mais imprécise et irrepérable[11].

Traduire les pulsions d'un désir sexuel de femmes, désir qui s'identifie à la figure de la «mère qui jouit», crée une ouverture sur une nouvelle symbolique, des fictions neuves.

La naissance est au centre de cet imaginaire: l'écriture au féminin effectue donc une révision radicale du mythe masculin de l'origine: le premier parricide. Alors que l'écrivain, répétant cet acte initial, tue son père pour se placer à la tête d'un nouveau courant littéraire, la femme cherche à retrouver, dans son écriture, le contact physique avec la mère, comme Déméter et Kore réunies. Cela inaugure une *filliation* mère-fille jusque-là ignorée. En retournant au commencement — *ab origine* — on retrouve une parole archaïque — aux États-Unis, où l'on insiste sur l'historicité de cette culture perdue des femmes, cette parole est dite archéologique. On retourne à sa propre naissance pour la revivre à travers le langage.

Le rêve d'un «langage» inhérent aux expériences biologiques, d'un état sacré pré-symbolique est fréquent dans les pays anglo-saxons — chez Adrienne Rich et Margaret Atwood par exemple. Au Québec, cette théorie est proposée par Madeleine Gagnon. Cependant, dans sa première contribution à *La barre du jour,* (dans le numéro intitulé «La femme et le langage», n° 50, 1975), elle souligne la nécessité de «traduire» (p. 45) les sensations, les fantasmes, de les mettre en mots; elle s'approche ainsi de la position de Nicole Brossard pour qui le langage reste *le* lieu sacré. Plus tard, le langage pour Madeleine Gagnon deviendra la *trace* d'un moment sacré en deçà du langage.

Comparons les deux théories par rapport à l'évocation de la naissance. Nicole Brossard écrit dans «La tête qu'elle fait» (n° 56-57): «Ce cri à la naissance, l'explorant, le couvrant de mots, s'est mise à la traduction de son corps. Alors sa bouche a su s'ouvrir (...) Avec les mots, je rachète les naissances.» (p. 89). C'est à travers les mots, non à travers le sang de l'accouchement et le lait maternel qu'on s'enfante. Nicole Brossard refuse le parcours biographique ou archaïque. Et elle dit en 1981 au colloque sur la nouvelle écriture: «De cette mémoire gyn/écologique découle une approche et une connaissance inédite qui supposent pour celle qui écrit une forme de recueillement et de concentration que j'appelle la pensée de l'émotion et l'émotion de la pensée» (*NBJ*, n° 90-91, 1981, p. 67). Pour elle, l'inédit est dirigé vers le futur, vers des utopies constituées de mots qui interviendront ensuite sur la réalité.

Pour Madeleine Gagnon, c'est l'acte qui est verbe: «le geste précède et suit le transfert», se verbalise. Elle essaie de traduire le corps féminin, biologiquement autre, selon la conception qu'il n'y a pas de séparation entre sujet et objet dans l'expérience intime de son corps:

> Gouffre initial, creuset des images corporelles, béance que le fil laiteux et doux viendrait remplir de ses premiers *récits.* Mots d'amour et de jouissance tissés à ceux du désir

> et de la demande. («Les mots plein la bouche», n° 56-57, 1977, p. 140)

Parce que le langage vient des hommes, parce qu'elle se sent «parlée dans le paradigme du mâle», Madeleine Gagnon s'accroche à ses «étincelles archaïques», aux sensations des premiers jours de la vie, au lait plein la bouche. Elle suit une démarche opposée à celle de Nicole Brossard, tout comme M.-Andrée Lévesque qui écrit: «Rompre avec la femme blanche et faire éclater la femme rouge dans toute l'aventure gestuelle des passions/expériences/délires» («L'hystérie: écriture d'un ventre fantasmatique», n° 56-57, 1977, p. 192).

Dans ces écrits apparaît un nouveau référent: la célébration de la mère et de la jouissance des femmes. Cette nostalgie des origines maternelles est empreinte de romantisme; on y décèle une vision qui n'est pas sans rappeler un certain mysticisme religieux.

> TU TE RE-JOINS À «TON» ANCRE. «TON» ORIGINE.
> LUMINEUSE. RENVERSANTE.
> POSSIBLE.
> VIVABLE. MAINTENANT!
> (Gaïa-Ilane Lande, «Femme autre devenant mère elle-même d'abord», *NBJ*, n° 87, 1980, p. 12)

Cette célébration de la mère se retrouve surtout dans les numéros de *La nouvelle barre du jour* intitulés «La mermour» (n° 87, 1980) et «Célébrations» (n° 75, 1979). On revit la naissance primordiale où le verbe s'est fait chair:

> Chuchotement du sang! Cataracte des eaux! Baiser de limon, d'argile rouge! Le corps d'une femme se tend, se fend, s'écume, se déterre de la mort quand ce qui était enroulé en elle se déplie les ailes. (Jovette Marchessault, «Les faiseuses d'anges», *NBJ*, n° 87, p. 27)

On retourne vers un passé mythique:

> Nous parcourions à travers une même identité, la réalité de quatre déesses: la déesse mère — la déesse fille — la déesse vie — la déesse mort. Je sentais que mon existence n'était plus programmée selon le registre d'un seul être. J'existais à travers quatre entités: mère — fille — mort — vie. Entre nos corps de femmes, un même réseau de désirs. (Germaine Beaulieu, «Déesses mutantes», *NBJ*, n° 75, p. 77)

Notons que ces déesses sont des abstractions des états biologiques, non des déesses historiques (Ishtar, Astarté, Vénus, etc.) Ces écrivaines recherchent «une scène initiale où l'on ignore le sentiment de tristesse» (Marie-Claire Vaillancourt, «L'indice des chairs», *NBJ*, n° 112, 1982, p. 35), un lieu où se sentir intégrale, un monde avant la séparation du corps maternel effectuée par le langage. On cherche un nouveau centre dans «le vif du sujet. L'alerte des lieux vibrants où se décrochent les regards aveugles des mots de la langue maternelle» (Danielle Fournier, «La désolation», *NBJ*, n° 112, 1982, p. 41). Et la femme se retrouve dans la découverte des autres femmes, qui lui sont semblables: c'est la découverte de l'identité, et non de la différence.

Ces textes annoncent des revirements dans nos pratiques de lecture. L'opacité des textes où la femme joue avec les mots nous oblige à devenir «co-créateurs/trices» dans l'entreprise textuelle. Mais notre participation est également nécessaire pour ce qui est des textes explorant le privé, le refoulé, car il faut alors puiser dans nos propres expériences pour ajouter ce complément hors-textuel, base sur laquelle reposent les textes. Dans les deux cas, nous sommes obligés/es d'ajouter ce qui manque. Cependant, l'acte de lire est différent dans les deux opérations: il demande un «decoding» des textes dans le premier cas et un «uncoding» dans le second, car il n'y a pas encore eu codage. Dans le premier cas, le sacré, retrouvé par la chamane-écrivaine jouant avec les mots, les déconstruisant, s'opère sous le signe de la modernité, tandis que le refrain théologique entendu dans la parole archaïque de l'origine biologique la marque de romantisme. Pour qu'une lutte politique s'accomplisse cependant — et avec plus ou moins d'urgence, cette révolution est le but de toutes — les deux versants doivent se réunir. Il nous faut dénoncer le discours patriarcal opprimant et trouver les mots pour dire notre différence sexuée.

Et pour que la fiction devienne réalité, il faut «une socialisation (une mise en mots, une production d'images mentales nouvelles)», affirme Nicole Brossard dans son récent texte «À la lumière des sens» (n° 112, 1982, p. 11), «changer la vie» (*ibid.*, p. 12) étant le but à atteindre. Dans les numéros récents de *La nouvelle barre du jour* d'ailleurs, il se produit un glissement vers «la production d'images mentales nouvelles». Mais bien avant, les textes des femmes publiés dans *La barre du jour* annonçaient, par leur subversion textuelle, des changements sociaux.

Notes

1. Luce Irigaray, *Speculum, de l'autre femme*, Paris, Minuit, coll. «Critique», 1974, p. 178-179.
2. Suzanne Lamy, *d'elles*, Montréal, L'hexagone, 1979.
3. Nicole Brossard, «L'abîme», *La barre du jour*, n° 58, sept. 1977, p. 11-12.
4. Yolande Villemaire, «Pour une parthénogénèse de la parole "hystérique"», *La barre du jour*, n° 50, hiver 1975, p. 37-44 et «Mon coeur battait comme un bolo», *La barre du jour*, n° 56-57, Mai-août 1977, p. 116-138.
5. Micheline Lanctôt, «La cocotte d'argile», *Ibid.*, p. 165-173.
6. Josée Yvon, «La poche des autres», *La barre du jour*, n° 50, hiver 1975, p. 78-104.
7. Nicole Brossard, «Vaseline», *La barre du jour*, n° 42, automne 1973, p. 11-18 et «Car la distance», *La barre du jour*, n° 58, sept. 1977, p. 5-16.
8. Yolande Villemaire, «Pour une parthénogénèse de la parole "hystérique"», *loc. cit.*
9. Nancy K. Miller, «Emphasis added: Plots and Plausibilities in Women's Fiction», *PMLA*, 96, n° 1, janvier 1981, p. 36-48.
10. Gabrielle Frémont, «Casse-texte», *Études littéraires*, vol. 12, n° 1, p. 315.
11. Madeleine Gagnon, «Une féminité textuelle», Communication pour «Breaking the Sequence», Wellesley College, mai 1981, p. 1.

IDÉOLOGIES, CONTRE-IDÉOLOGIES ET OPPRESSIONS

Le meurtre des femmes chez le théologien et chez le pornographe*

Jeanne Lapointe

Le corps de la femme... lieu privilégié de l'attentat
Robbe-Grillet[1]

La pornographie est un meurtre
Mara, *Journal d'une femme soumise*[2]

Une même rage de destruction de l'être féminin anime les textes dont nous parlerons ici. Une même stratégie: dissociation manichéenne ou schizophrénique de la femme entre corps et esprit, réduction de la femme à sa fonction dans un événement corporel. Donc meurtre psychique de la femme. Et souvent ensuite, mort physique. Laquelle apparaît désirable à l'extrémité de l'abjection.

LE SOUPÇON

Sur quelles notions au sujet de la femme s'est fondée l'Inquisition, qui en fit mourir sur le bûcher non pas des centaines ou des milliers, mais sans doute des centaines de milliers en Europe (Empire germanique, France, Italie, Espagne, Pays-Bas)[3]? Un seul évêque écrit qu'il en a condamné mille en une

* Cet article a été publié dans le numéro intitulé «Jouir» des Cahiers du GRIF, n° 26, mars 1983, p. 43-54.

seule fois. La persécution des femmes dura trois siècles. Le *Malleus maleficarum* (marteau des maléficières), *Marteau des sorcières*[4], est le guide théorique et pratique qu'utilisaient les moines dominicains, membres des tribunaux itinérants établis par le pape Grégoire IX en 1431. Le gros volume de 600 pages indique les procédures à suivre pour découvrir, interroger, torturer et condamner au bûcher les femmes sorcières[5]. En arrivant dans la ville où il doit siéger, le tribunal oblige, par proclamation, tous les citoyens à dévoiler, sous peine d'excommunication, «s'ils ont su, vu et entendu que telle personne est hérétique, sorcière, manifeste ou suspecte, spécialement si elle pratique des choses qui peuvent tourner au détriment des hommes, des bêtes et des fruits de la terre». Alors commence la sombre nuit du soupçon généralisé, de la délation où vont se déchaîner toutes les inimitiés et les angoisses. Les déboires les plus intimes, les moindres défaillances sexuelles et même le sentiment amoureux obligent à s'interroger sur toute femme du voisinage capable de jeter des sorts. Car une femme peut être sorcière même sans le savoir; elle a pu coucher avec le diable (un incube, démon masculin) déguisé sous les apparences de son propre mari.

LES MALÉFICES

L'énumération des maléfices, par le théologien inquisiteur, peut inspirer aux hommes la crainte non seulement de toutes les femmes mais de la sexualité en général:

> Les femmes sorcières sont plus nombreuses que les hommes. Mais les hommes eux sont davantage ensorcelés (p. 459). Dieu permet le maléfice sur l'acte vénérien selon cinq catégories: 1) le démon peut empêcher le corps de la femme et le corps de l'homme de s'approcher l'un de l'autre; 2) un deuxième moyen, c'est quand le diable brûle quelqu'un d'amour pour une femme...; 3) un troisième moyen: quand il perturbe l'appréciation... au point de rendre une personne insupportable à une autre; car il peut influencer l'imagination; 4) le quatrième mode: il peut réprimer la vigueur du membre nécessaire à la procréation;

> 5) cinquième mode: il empêche le flux de la semence, comme en obturant le conduit séminal... Ailleurs, parmi les maléfices attribuables aux sorcières: (elles peuvent) susciter chez un homme un amour insensé pour une femme ou chez une femme pour un homme... (Il y a) ceux que l'on dit ensorcelés au point de ne pas pouvoir user de leur puissance génitale à l'égard de leur femme — ou vice-versa, de la «femelle» à l'égard de son homme[6].

C'est également aux sorcières que sont attribuables la maladie, la mort et enfin la folie: «elles peuvent causer les maladies et la mort des animaux, soit par le toucher, soit d'un seul regard». Elles peuvent causer l'orage et la grêle.

La passion amoureuse est dénoncée, sous le nom d'«amour fou», et même l'amour conjugal. «Il est adultère envers sa propre femme celui qui l'aime trop; ceux qui aiment sont plus souvent ensorcelés en ce domaine» (p. 461-462). Les sages-femmes sont parmi les sorcières les plus dangereuses parce qu'elles peuvent causer des avortements ou bien consacrer en secret le nouveau-né à Satan, prince des démons.

IMAGE THÉOLOGIENNE DE LA FEMME

Un montage de citations résumera ici les longues pages de rationalisations sur lesquelles se fondent le mépris, la haine et la peur des femmes taxées de sorcellerie et qui ont entraîné pour celles-ci trois siècles d'épouvante, de torture et de mort.

> «Ce genre de perfidie se trouve davantage chez le sexe faible» (p. 198): car elles «ne savent pas tenir le juste milieu en fait de bonté et de malice»... «elles passent les bornes». Selon l'Ecclésiaste, toute malice n'est rien auprès de la malice d'une femme. Selon Chrysostome, puis Cicéron: la femme est la tentation naturelle, le mal nécessaire. Une femme qui pense seule pense à mal. Une femme qui pleure est un mensonge et une ruse. Selon l'Ecclésiaste: la femme est plus amère que la mort, et même la femme bonne est soumise à la passion de la chair.

> Les femmes sont crédules, impressionnables, bavardes et faibles, déficientes dans leurs forces d'âme et de corps. Elles sont presque comme des enfants. La raison de cela, c'est que la femme est plus charnelle que l'homme; elle a moins de foi; plus vite aussi elle abjure la foi, ce qui est fondamental chez les sorcières. Par le défaut d'intelligence, elles renient plus facilement la foi et par leurs affections et passions désordonnées, elles infligent diverses vengeances. Il n'est pas étonnant qu'il existe tant de sorcières de ce sexe. En outre, c'est un défaut naturel chez elles de ne pas vouloir être gouvernées (p. 205). Il faut redouter la domination des femmes (p. 205). À propos du désir charnel des femmes, disons avec Caton d'Utique:
>
> «Si le monde pouvait être sans femmes, nous vivrions comme des dieux. La femme, son aspect est beau, son contact fétide, sa compagnie mortelle. Menteuse par nature, elle l'est dans son langage; elle est un ennemi charmant et dissimulé. Toutes ces choses de la sorcellerie proviennent de la passion charnelle qui est dans les femmes insatiable. Pour satisfaire leur passion, elles folâtrent avec les démons... en conséquence on appelle cette hérésie non des sorciers mais des sorcières. Béni soit le Très Haut qui préserve le sexe mâle d'un pareil fléau»[7].

On voit déjà le fantasme mâle et la peur de la castration réduire ici la femme à sa relation au corps masculin, à la passion charnelle, en définitive à la sexualité toujours dangereuse. La femme est peu intelligente. Et l'histoire ne nous a légué aucune parole de toutes ces femmes condamnées et brûlées sans appel. Sauf la parole chaste et rebelle de Jeanne d'Arc, simple enjeu politique entre la France et l'Angleterre.

IMAGE PHILOSOPHIENNE DE LA FEMME

Qu'en est-il trois ou quatre siècles plus tard? En 1937, à l'Université Laval, se donnait un cours intitulé *Philosophie des sexes*[8]. Au nom d'un dualisme matière/forme et de saint Thomas, le professeur reprenait la même association obsessionnelle entre la femme et le corps. Au lieu d'être axé sur la culpabilité et l'accusation, comme *Le marteau des sorcières,* le texte ici fonctionne dans la tonalité nettement plus optimiste du narcissisme mâle, se réjouissant de sa supériorité sur la femme et s'attristant du fait qu'on ne puisse se passer d'elle pour la génération.

Je cite, dans un montage forcément réducteur:

> La femme reste toujours éminemment fonction de la vie végétative à laquelle la rattache la génération... C'est là la raison absolue de son infériorité. Qu'elles aient un sentiment de justice moins développé, cela s'explique par l'infériorité de leur raison... saint Thomas ne donne qu'une seule raison comme cause de la femme: la génération... Ce dédoublement de l'humanité, en vue de la reproduction, constitue une hiérarchie: il y a inégalité... l'un sera supérieur à l'autre. La femme répond au besoin de l'homme, donc elle lui est inférieure. Cette infériorité est naturelle, dit saint Thomas. La nature a dû faire un recul pour rendre possible la génération. Ce recul consiste dans un rapprochement de la matière première. La femme est pour ainsi dire plus près de celle-ci.
>
> La volonté de reproduction chez la femme est plus de nature que de raison... C'est la femme qui poursuit l'homme et non pas le contraire... Mais elle fait tout cela obscurément... sans s'en rendre compte... par la matière qui abonde en elle et l'appétit de la matière. Si la plupart des femmes récusent ces idées, c'est la meilleure preuve de ce que je dis... Car justement tout cela émane d'un instinct... (qui) échappe à l'intelligence.
>
> L'idéal de la femme ne concerne que les choses provisoires et passagères; c'est par là que leur domination est dangereuse. Là où la femme domine, il y a perversion de l'idéal.
>
> Nous savons tous qu'il n'y a de respect pour la femme que dans le christianisme et c'est à lui qu'elle doit sa libération... Cependant ce sont les protestants qui sont aux origines du féminisme. C'est que le protestantisme est essentiellement égalitaire. Or l'égalitarisme engendre naturellement le mépris de la femme, car la femme, ayant une parfaite égalité de droits et étant d'autre part inférieure, ne peut maintenir sa place et devient indigne de respect.
>
> Les femmes sont *garrulae* — sens plus précis que loquaces. Il s'agit d'une incontinence, une délectation dans les choses futiles... Il faut expliquer cela par la surabondance de la matière dans la femme.

> L'union de l'homme et de la femme est une union physique... Toute autre union est essentiellement imperfection et ne convient pas à l'homme en tant qu'homme.
>
> Au sujet des droits des femmes: ce droit n'est pas égal à celui de l'homme pour la simple raison qu'il y a inégalité de nature. La femme n'a pas autant de droits que l'homme parce que sa personnalité est inférieure. Il ne faut pas oublier que la femme est créée d'un besoin de la part de l'homme, c'est l'imperfection de l'homme qui est la cause de la femme.
>
> Une grande corruption de notre temps, c'est l'attaque contre la génération: les pères ne sont plus supposés désirer avant tout des fils, c'est-à-dire leur image substantielle[9].

UNE STRATÉGIE COMMUNE

Le théologien de l'Inquisition et le philosophe thomiste moderne adoptent une même stratégie:

1) assurer le silence des femmes ou déconsidérer toute parole de femme, en la taxant de mensonge, de ruse, de légèreté;

2) au nom du pouvoir théologique ou philosophique, imposer, en termes péremptoires et dans une glu langagière inextricable, une image de la femme qui conditionnera celle-ci dans ses rapports avec elle-même et avec l'opinion;

3) détruire la personne psychique de la femme, réduire à rien son être mental:

— «crédules... déficientes dans leurs forces d'âme et de corps... presque comme des enfants... la raison c'est qu'elle est plus charnelle que l'homme» — c'est l'inquisiteur qui parle;

— «ne raisonne pas... enfantines et frivoles... liées à la vie végétative, raison de son infériorité» — c'est le philosophe qui parle.

LE CORPS HYSTÉRISÉ

Le meurtre de la personnalité a été perpétré. Pour l'inquisiteur, il n'y a plus ensuite qu'à torturer le corps pour obtenir des aveux, à condamner au feu, puis se faire payer son travail et contempler le bûcher offrant aux fidèles le spectacle de l'enfer sur la terre, dans ces corps féminins hystérisés par le supplice.

Une même théâtralité du corps féminin, une même soumission à l'image et aux feux projetés sur elle contorsionne l'objet-femme dans le spectacle pornographique. Les voyeurs petits-bourgeois obsédés fixent le sexe féminin, comme Henry Miller plongeant vers un vagin une lampe de poche, pour constater: «Il n'y a rien, rien, rien». Fétichisme et peur de la castration se rassurent ainsi en allant vérifier les frontières de l'identité phallique. Pour l'inquisiteur, ce corps nu n'était pas assez nu et continuait à susciter son inguérissable angoisse: «On lui rasera les poils sur toutes les parties du corps car elles ont des amulettes superstitieuses dans les poils du corps et même dans les endroits les plus secrets que l'on ne nomme pas» (p. 580). La femme pourrait alors dire, comme la femme sadienne: «Me voilà toute nue... dissertez sur moi autant que vous voudrez» (cité par Roland Barthes)[10].

LA PORNOGRAPHIE COMME NÉGATIF

L'éroto-pornographie sadienne n'a rien inventé. Sade n'avait qu'à puiser, au frontispice des cathédrales, dans l'iconographie de l'Enfer avec ses bandes dessinées de damnés enfilés les uns dans les autres dans des orgies sexuelles et poursuivis par des diables armés de chaînes et de fouets. En Occident, la pornographie serait-elle le simple négatif de la condamnation chrétienne de la sexualité, comme la perversion est, selon Freud, le négatif de la névrose? Les temples des Indes[11] illustrent l'érotisme de dieux souriants. Le christianisme condamne à l'enfer le déchaînement sexuel; son Dieu est un supplicié, chargé de tous les péchés. De même que la sorcière, autre bouc émissaire, sur qui se projettent tous les fantasmes du mal.

Bataille, dont toute la philosophie de l'érotisme évoque à la fois les grands sacrifices religieux des Incas et le désir de braver les interdits, aboutit à la même coupure de l'image féminine entre personne sociale et sexualité, et au même rejet violent du sexe qu'on trouvait chez l'inquisiteur.

> Nous imaginons la surprise (...) de celui qui découvrirait sans être vu les transports amoureux d'une femme dont la distinction l'aurait frappé. Comme si quelque chienne enragée s'était substituée à la personnalité qui recevait si dignement (...) la personnalité est morte (...) et laisse place à la chienne (...) La chienne (qui) ...jouit en criant[12].

Cette même femme-chienne, marchant à quatre pattes et tenue en laisse par un homme, on la retrouve au cinéma sous les traits de Bo Derek ou de Catherine Deneuve.

Comment fonctionne cette identification de l'animalité, du sexuel à la femme? et ce besoin de la châtier, de la torturer et de l'humilier? Quelle est la part de complicité de la femme? Il est impossible de comprendre avec la psychologie courante, qu'une femme réelle et non fictive, comme Mara[13] — mariée et mère de deux enfants, menant la vie bourgeoise d'une femme d'écrivain, elle-même critique littéraire —, puisse appeler jouissance l'abjection qu'elle recherche. Cela apparaît comme pure aberration et démence. La psychanalyse pourra peut-être fournir quelque lumière.

LES RÉCURRENCES DU RÉCIT ÉROTO-PORNOGRAPHIQUE

Mais relevons les récurrences qui constituent le système moteur du récit pornographique:

1) l'analyse sémiologique découvre l'abondance de termes dévalorisants appliqués à la femme et les paradigmes de contrôle, de pouvoir, de dignité rattachés à l'homme. Celui-ci s'exprime en impératifs secs, tranchants ou brutaux, dépourvus d'affectivité. La femme répond par son corps soumis[14];

2) l'analyse actantielle révèle un sujet homme, dont la jouissance est déclenchée par la domination et la violence et non par le désir sexuel en soi. Les rôles d'adjuvants sont nombreux. Mais la structure ne comporte pas d'opposant, ni de surmoi. Les événements somatiques racontés constituent leur propre norme;

3) l'homme y est toujours le maître; une femme chargée de pouvoir (Lady Ava, dans *La Maison de rendez-vous*[15] ou la femme chargée d'un rôle sadique par un homme masochiste, comme dans *La Vénus à la fourrure* de Sacher-Masoch[16] ne l'est que par délégation, c'est un pouvoir «en abyme»;

4) quand le «*je*» narrateur est féminin, la femme se perçoit seulement dans le regard que lui renvoie l'homme; comme chez Sade et dans *Histoire d'O*[17] (voir les pénétrantes analyses de Marcel Hénaff[18] et d'Anne-Marie Dardigna[19]);

5) le corps masculin est peu décrit, rarement nu. Le corps féminin est nu ou vêtu de façon à être toujours disponible, et aussi souvent proposé à la sodomie qu'à la pénétration génitale[20]; c'est Barthes qui le souligne;

6) l'homme-maître organise des scénarios pornographiques, s'implique peu, reste froid, et aime offrir sa femme-propriété à d'autres hommes dans un don homosexuel témoignant de sa magnificence narcissique, comme dans le potlatch.

LE BROUILLAGE FANTASME/RÉALITÉ

Le discours théorique de l'éroto-pornographe tend à brouiller la frontière entre le réel et l'imaginaire. Ainsi Klossowski qui se réjouit des quiproquos suscités autour de sa femme, du fait qu'elle joue le rôle de son héroïne dans le film tiré de *Roberte, ce soir*. Ainsi le commerçant de pornographie de *Not a Love story* qui affirme, à côté même des corps de femmes en chair et en os qu'il propose aux voyeurs, qu'il ne s'agit là que de fantasmes. Ainsi les littéraires qui gloussent sur l'audace subversive et l'héroïsme du «divin Marquis», font mine d'oublier que les obscénités et la violence de son oeuvre, il les a réellement pratiquées et que, s'il a vécu en prison presque toute sa vie, c'est à cause des crimes de rapt, des tortures, mutilations, empoisonnements qu'il a commis contre les femmes.

GLISSEMENTS SÉMANTIQUES, FAUX-SENS ET CONTRESENS STRATÉGIQUES, OCCULTATIONS

Il faudrait étudier dans le détail certaines stratégies sémantiques:

a) par exemple, l'interversion fréquente entre *érotisme*, mot valorisé, semblant inclure une dimension affective ou esthétique et *pornographie*, mot du commerce, ne comportant que la connotation d'obscénité;

b) dans un faux sens voulu et péremptoire, Jean Paulhan qualifie de *décente* l'*Histoire d'O*, «qui humilie la chair assez vivement pour rendre le corps à sa première dignité[21]»; il rejoint ainsi étrangement l'inquisiteur qui indique qu'après une torture «décente» infligée à la sorcière, on doit, si elle n'avoue pas, lui montrer les autres tortures. *Décence* (ce qui convient) a, dans les deux cas, la même valeur punitive, sadique et pseudo-purificatrice par rapport au corps féminin.

Et notons que dans le prurit langagier de théoriciens comme Bataille et Klossowski, «l'expérience des limites», la jouissance de la subversion font l'objet de longues considérations mais en faisant presque toujours abstraction de la femme, en tant que rôle victimaire prédominant. L'aveu en échappe seulement à Robbe-Grillet[22].

Le brouillage fantasme/réalité se trouvait déjà chez Sprenger, sous forme d'hésitation entre raison et imagination quand il décrit, presque en clinicien, un certain fonctionnement de l'inconscient, mais en l'attribuant à la faiblesse de la raison et à l'action du démon[23].

L'EFFET ÉROTIQUE

C'est à ces frontières du mental et du somatique, du discours et du corps que Barthes situe ce qu'il appelle le pornogramme. «Le pornogramme n'est pas seulement la trace écrite de la pratique érotique, ni même le produit d'un découpage de cette pratique... C'est, par une chimie nouvelle du texte, la fusion (comme sous l'effet d'une température ardente) du discours et du corps, en sorte que, ce point atteint, ce soit le discours qui règle l'échange de Logos et d'Éros[24]». «La parole est érogène[25]». On pourrait ajouter que, dans l'effet érotique sur le lecteur, l'événement somatique raconté agit presque sans processus mental, comme directement et sans l'intermédiaire affectif. Comme dans le viol. Par effraction.

ÉCLAIRAGES PSYCHANALYTIQUES

C'est de la même façon qu'on peut décrire la perversion sado-masochiste comme un passage à l'acte, qui semble «court-circuiter toute l'activité fantasmatique[26]». La perversion est le négatif de la névrose, dit Freud. L'activité corporelle du sado-masochiste le met à l'abri de l'angoisse, que la douleur physique efface temporairement. L'inconfort intolérable qui pesait sur le psychisme, se soulage dans un paroxysme somatique que les sado-masochistes appellent jouissance.

Freud situe le sado-masochisme au stade sadique-anal. C'est un niveau prégénital. C'est pourquoi les partenaires ne s'intéressent pas principalement à la relation génitale. La zone érogène privilégiée à ce stade étant l'anus, la littérature éroto-pornographique contient toute une narrativité de l'excrémentiel, et jusqu'à la coprophagie. Une psychanalyste a vu dans les châteaux fermés et les îles isolées du théâtre sado-masochiste, les dédales, les souterrains et les cachots une image onirique de l'intestin et du cloaque[27]. C'est le stade où s'enracine la sensibilité anale de l'homosexualité masculine.

Les traits caractéristiques de la névrose obsessionnelle: possessivité, contrôle de soi et d'autrui, domination, agressivité s'enracinent dans les fixations à ce stade. Le dressage des sphincters et l'apprentissage de la propreté contribuent à renforcer le sens des obligations et du devoir, ainsi que la culpabilité qui peut en découler. C'est l'étape où prédomine le conflit entre le surmoi dominateur, cruel et persécuteur, et le moi.

On pourrait dire que les stéréotypes présentés aux hommes les conditionnent vers ce genre de névrose: le mythe de la virilité imposant les apparences de la force, du contrôle de soi et d'autrui, de la domination et un narcissisme fondé sur l'esprit de compétition, le sens du système et de l'organisation et, au besoin, sur l'agressivité et la violence. De même que les modèles sociaux et la clinique psychiatrique, au XIXe siècle, orientaient les femmes vers le type hystérique: séduction, hyperexcitabilité, théâtralité, pour correspondre aux modèles qu'on leur proposait. Ces moules sociologiques de dominateur et de soumise font que les rôles sado-masochiques sont en somme presque distribués à l'avance, dans la plupart des cas[28].

La scène sado-masochiste constitue un défi des interdits et du surmoi, en même temps qu'une parodie vengeresse des souffrances qu'un surmoi punitif impose au moi victimaire. Il y aurait, chez le sado-masochiste, une culpabilité refoulée jusqu'au déni, quant à une partie de son psychisme. C'est cette culpabilité qui émergerait sous forme de punition ou d'autopunition chez les partenaires. Le sadique projette sur la victime toute la partie coupable refoulée de son propre psychisme et la punit. Un peu comme l'inquisiteur projetant tous les péchés et les culpabilités sur la sorcière avant de la brûler. Il est soulagé de la faire souffrir; c'est son propre moi coupable qu'il torture. Et, par identification, le sado-masochiste ressent en lui tout ce que la victime éprouve. De même, la victime est soulagée de souffrir et se débarrasse de son poids personnel inconscient de faute. Comme les martyrs qui subissaient leur supplice avec reconnaissance et en priant pour leurs bourreaux.

Des théoriciens contemporains recherchent les origines du sado-masochisme dans les étapes plus archaïques du développement de l'enfant que le stade sadique-anal[29].

Notons les carences de l'activité fantasmatique chez le pervers — rien de plus directement corporel que la scène pornographique, de moins distancié par la symbolisation et l'imaginaire —, certains psychanalystes supposent que le moi en formation — on pourrait parler de stade du miroir, où l'identité se modèle, se circonscrit — aurait insuffisamment constitué ses systèmes de représentations, son intégration. Le monde de l'émotion et le monde de la décharge somatique fonctionnent alors comme séparément. L'excès instinctuel, mal intégré dans les représentations, aboutit à un appétit irrésistible et contraignant de jouissance; mais cette jouissance ressemble à un plaisir de destruction et d'autodestruction. La menace qui pèse sur l'identité fragile exige l'intervention massive de la sensorimotricité pour confirmer le moi dans son existence. Comme si les paroxysmes de la douleur permettaient au sujet de vérifier à la fois son existence et son identité par la violence sensorimotrice répétitive et toujours insuffisante. La douleur provoque l'excitation sexuelle; «mais elle est avant tout... l'instrument des processus d'individuation[30]». Le sujet victimaire consent à la douleur non pas d'abord pour jouir — comme il le croit et le dit —, mais pour s'éprouver, se sentir être, vérifier les frontières de son moi.

Une carence affective originaire (celle de la mère chez Mara) a empêché le moi de se consolider en un narcissisme suffisamment stable et rassurant.

Le sadomasochisme, dans sa tentative désespérée de constituer à son moi des frontières, représente l'étape ultime et mortifère de la désagrégation féminine, laquelle peut s'effectuer de façon plus subtile à bien des niveaux de la relation purement psychologique homme/femme ou de la relation de la femme à la culture phallocratique. On pourrait dire que l'ensemble de la littérature et de la culture traditionnelles tend à réduire la femme à l'état d'objet — idéalisé ou méprisé — et aux conditionnements de la soumission, de la souffrance et de l'humiliation, tout comme la pornographie commerciale ou l'éroto-pornographie littéraire. Et selon le même axe idéologique. Le pornogramme et la violence essentielle, c'est d'abord le meurtre psychique de la femme par tout le conditionnement culturel. Les tortures, l'abjection et la mort tendent ensuite, dirait-on, à exercer sur elle une sorte de fascination suicidaire.

Université Laval
1982

Notes

1. Anne-Marie Dardigna, *Les châteaux d'Éros ou l'infortune du sexe des femmes*, Paris, Maspéro, 1980, p. 21, note 5 (Robbe-Grillet, interview dans *Le monde*).
2. Postface de Michèle Causse, dans Mara, *Journal d'une femme soumise*, Paris, Flammarion, coll. «textes», 1979.
3. Michelet, *La sorcière*, Paris, Garnier Flammarion, 1966.
4. Henry Institoris et Jacques Sprenger, *Le marteau des sorcières*, traduction et présentation par Amand Davet, Paris, Plon, 1975. Les chiffres entre parenthèses renvoient aux pages de ce livre.
5. Michelet, *op. cit.*, livre deuxième, chapitre II: «Le marteau des sorcières», p. 151-161.
6. Henry Institoris et Jacques Sprenger, *op. cit.*
7. *Ibid.* Ce montage est fait de citations tirées des pages 198 à 209.
8. Charles de Koninck, *La philosophie des sexes*, Université Laval, 1937, notes de cours textuelles.
9. *Ibid.*
10. Cité par Roland Barthes, *Sade, Fourier, Loyola*, Paris, Seuil, coll. «Tel quel», 1971, p. 162.
11. Max-Pol Fouchet, *L'art amoureux des Indes*, La guilde du livre, Lausanne, Clairefontaine, 1957.
12. Cité par Philippe Sollers, *L'écriture et l'expérience des limites*, Paris, Seuil, coll. «Points», 1968, p. 127.
13. Mara, *op. cit.*
14. Haydée Cecilia Ponte, «La femme dans *La maison de rendez-vous* et *Histoire d'O*», analyse présentée au séminaire de Jeanne Lapointe sur *La femme dans la littérature éroto-pornographique*, Université Laval, hiver 1982.
15. Alain Robbe-Grillet, *La maison de rendez-vous*, Paris, Minuit, 1965.
16. Sacher-Masoch, *La Vénus à la fourrure*, présentation de Gilles Deleuze, Paris, Union générale d'éditions, coll. «10/18», 1971.
17. Pauline Réage, *Histoire d'O*, Paris, Jean-Jacques Pauvert, coll. «Livre de poche», 1972, préface de Jean Paulhan.
18. Marcel Henaff, *Sade et l'invention du corps libertin*, Paris, P.U.F., coll. «Croisées», 1978, p. 312-313.
19. Anne-Marie Dardigna, *op. cit.*
20. Roland Barthes, *op. cit.*, p. 128: «La Femme reste prééminente (les pédérastes ne s'y trompent pas, qui répugnent ordinairement à

reconnaître Sade comme un des leurs); c'est qu'il faut que le paradigme fonctionne; seule la femme donne à choisir deux sites d'intromission: en choisissant l'un contre l'autre dans le champ d'un même corps, le libertin produit et assume un sens, celui de la transgression.»

Cf. aussi Jean Basile, «Par devant, par derrière, ils ont connu l'amour: un petit traité sur l'érotisme de l'anus», dans *L'orgasme au masculin*, Montréal, L'aurore/univers, 1980, p. 69-86.

21. Pauline Réage, *op. cit.*
22. Anne-Marie Dardigna, *op. cit.*
23. Henri Institoris et Jacques Spenger, *op. cit.*
    Quand Sprenger dit que parfois «un homme se voit transformé en bête et va de bonne foi se joindre aux autres bêtes», il explique qu'il peut s'agir de «sortilège ou vision imaginaire» (p. 369). Freud ne désavouerait pas la description qu'il donne de ce qu'on peut appeler hallucination: «les sens externes sont trompés par les sens internes... Les images déjà mises en réserve dans le trésor de la mémoire sont présentées à la puissance imaginative» (p. 369).
    L'explication du somnambulisme et le remède proposé sont plus étonnants: il y a «ceux qui la nuit s'en vont durant leurs rêves marcher sur les plus hauts édifices sans se blesser; ils ont besoin des esprits malins pour les conduire. On raconte que si on les rebaptise ils semblent se trouver mieux. Il est étonnant en tout cas que si on les appelle par leurs noms, ils tombent aussitôt par terre, comme si ce nom ne leur avait pas été donné comme il faut au baptême» (p. 496).
24. Roland Barthes, *op. cit.*, p. 162.
25. *Ibid.*, p. 150.
26. *Les perversions, Chemins de traverse*, Les grandes découvertes de la psychanalyse, coll. dirigée par Bela Grunberger et Janine Chasseguet-Smirgel, Paris, Laffont Tchou, 1980, p. 207.
27. Janine Chasseguet-Smirgel, «Sade et le sadisme», *ibid.*, p. 162.
28. Michel de M'Uzan, «Un cas de masochisme pervers, esquisse d'une théorie», dans *La sexualité perverse*, Paris, Payot, 1972. p. 13 à 47.
29. *Ibid.*
30. Masud Khan, *Figures de la perversion*, Paris, Gallimard, N.R.F., coll. «Connaissance de l'inconscient», 1979, p. 274.

La Féminité dans les idéologies orientale et occidentale: *Des Chinoises* de Kristeva

Marguerite Le Clézio

> *le mâle est mâle en raison d'une certaine capacité, et la femelle l'est en raison d'une certaine incapacité*[1].
>
> *Car le phallus est un signifiant... destiné à désigner dans leur ensemble les effets de signifié, en tant que le signifiant les conditionne par sa présence de signifiant*[2].

D'Aristote à Lacan, il s'avère que l'analyse masculine de la différence sexuelle pratiquée dans le monde occidental n'a pas beaucoup dévié au cours des deux derniers millénaires, même si elle a été périodiquement contestée, et plus particulièrement à l'époque contemporaine. En interrogeant le passé et le présent chinois afin de mieux cerner la place du féminin dans cette civilisation autre, Julia Kristeva a eu recours à plusieurs types de discours. Le fait de tenir compte des facteurs historiques, sociologiques et psychanalytiques ne garantit pas à son étude une impartialité ou une objectivité sans faille. Kristeva, ainsi qu'elle l'indique dans un avant-propos, y a réuni des spéculations, des hypothèses et des critiques provenant de préoccupations qui lui sont propres. Mais c'est, me semble-t-il, grâce à de telles visions «utopiques» que la société se forge un nouvel imaginaire et donc une nouvelle réalité potentielle.

Comme elle se référera à la pensée confucéenne, bouddhiste et taoïste pour y déceler la fonction du féminin dans la société chinoise, Kristeva trouve dans le monothéisme biblique le principe de l'exclusion de la femme occidentale, systématiquement tenue à l'écart de la Parole, du pouvoir et du savoir. Ève, dit-elle, n'a de savoir que corporel; elle est en rapport avec le *ça*, se place du côté de la transgression dont l'instance même sert à consolider la Loi, Une, Sublimante, Transcendante, nécessaire à la cohésion de la communauté[3]. S'appuyant sur certaines théories dont on peut reconnaître la coloration tel quellienne, Kristeva entreprend, dans la première partie de son texte, de dégager les différents modes d'être du féminin aux niveaux linguistique, économique et psychologique. Le principe dualiste de la *coupure* ou du «dé-coupage» en forme/matière, pensée/mot, activité/passivité, a favorisé le processus d'exclusion hiérarchisante par lequel le féminin a été frappé dans la culture occidentale, tandis que le sujet masculin se constituait en s'affirmant aux dépens de ce qu'il excluait.

Au niveau du système de production/reproduction qui s'instaure dès le début de la civilisation judéo-chrétienne, la femme est d'abord perçue comme reproductrice, codée comme génitrice, et dotée de valeur en tant qu'objet d'échange entre les hommes qui régissent son existence. Seule la maternité, dont l'aspect souffrant est plus valorisé que l'aspect jouissant, confère à la femme le droit d'assumer sa place dans l'ordre socio-symbolique, afin qu'elle soit mieux soumise à l'ordre de la filiation patrilinéaire dont l'autorité symbolique repose sur la transmission du Nom. Du désir et de la jouissance de la femme, rien n'est dit, puisqu'elle est le lieu privilégié de la censure et de l'interdit.

Du difficile devenir de la femme dans notre société, Kristeva offre une analyse freudienne, revue et corrigée par Lacan. Le développement de la fille, selon cette hypothèse, demande qu'elle déplace ses investissements libidinaux de la mère au père, qu'elle les sublime, en reconnaissant dans le père celui qui donne seul accès aux valeurs socio-culturelles, tandis que la mère devient pour elle une rivale, si elle est hétérosexuelle, ou un objet d'amour si son développement l'oriente vers l'homosexualité (p. 34). Le modèle de la femme forte reste Électre dont l'amour du père s'accompagne nécessairement de la haine de la mère. C'est la femme active, lesbienne, révolutionnaire, mais essentiellement dépendante de la légitimation par le père, sans laquelle l'instance du surmoi ne se met pas en place. Tandis que celle qui n'a pas dépassé l'attachement préoedipien à la mère reste privée de surmoi et condamnée par son développement psycho-sexuel au masochisme. Elle chercherait, pour échapper à une identité souffrante et contradictoire, dans la folie ou le suicide, la dissolution totale de l'être. Le choix suicidaire auquel semblent condamnées certaines femmes, dont Virginia Woolf et la femme poète russe Tsvetaïeva représentent ici des cas paradigmatiques, découle selon Kristeva, de la «pulsion de mort la plus archaïque, celle qui précède toute identité, tout signe, tout ordre et toute croyance» (p. 47). Donc tout surmoi[4].

Adoptant un point de vue lacanien selon lequel la femme recélerait en elle une «causalité souterraine» en rapport avec la vérité de l'inconscient qui «ne peut être imaginée que comme une *femme*» (p. 40), Kristeva situe la femme dans une temporalité autre. Tandis que le discours du père fonde le temps, celui de la femme procède d'une vérité invérifiable, se déroule dans un espace *marginal*, mais possède par cela même le pouvoir de déstabiliser l'ordre symbolique paternel et légiférant. Si tels sont les paramètres de l'existence au féminin, Kristeva conclut que deux choix se présentent à la femme occidentale: elle peut accéder à la scène temporelle en mimant les valeurs dites masculines (maîtrise, surmoi, communication de plus en plus logique, positive et scientifique) (p. 42); ou bien, elle choisit de demeurer hors de l'ordre temporel, condamnée à l'inaction et l'invisibilité. Dans un appel au ton quasi mystique, Kristeva somme les femmes de refuser ces deux rôles, de refuser le pouvoir qui n'est qu'un masque de la maîtrise, et de s'attacher surtout à «rappeler cette 'vérité' hors temps, ni vraie ni fausse, inencastrable dans l'ordre de la parole et du symbolisme social, écho de nos jouissances, de nos paroles en vertiges, de nos grossesses» (p. 43). La valeur choisie relève d'une dialectique théorique privilégiant le mouvement continuel qui viserait à bouleverser et continuellement déranger «l'entente des installés». Nous verrons que l'analyse de la société chinoise débouche également sur ce rêve visionnaire de la disparition de toute instance de Pouvoir, rendue, comme le souhaite Kristeva, «irreprésentable» grâce à l'égalité absolue de l'homme et de la femme au niveau de la pratique sociale.

Pour retrouver et identifier les traces du féminin dans l'ordre socio-politique et symbolique chinois, Kristeva accumule les données historiques, anthropologiques et sociologiques, allant de la période préhistorique aux temps modernes. C'est à partir de ces données que je retracerai ici dans ses grandes lignes l'évolution idéologique qui a affecté le statut et les fonctions de la femme dans la société chinoise. Kristeva évoque un premier temps archaïque, préhistorique, où la Mère ou la Grande Aïeule, aurait tenu le rôle prépondérant dans l'organisation sociale, grâce à l'importance alors de la survie du groupe. Des fouilles archéologiques auraient en fait mis à jour un village (datant de six mille ans avant notre ère) organisé autour du pouvoir matriarcal. Kristeva avance l'hypothèse selon laquelle la filiation matrilinéaire originelle aurait eu des répercussions durables au niveau socio-culturel, y compris jusqu'à nos jours, et malgré toutes les vicissitudes rencontrées par la femme chinoise tout au long de l'histoire. L'ancienne transmission du nom de la Mère, symbolique du pouvoir et de l'autorité, a été, en fait, officiellement réinstituée en Chine par la loi du mariage de 1951. Et Mao durant sa campagne pour la réforme de la famille patriarcale faisait souvent allusion à ce premier modèle matriarcal, pour mieux insister sur la nécessité de faire accéder de nouveau la femme à l'égalité politique et économique.

Une révérence du féminin se retrouve dans le taoïsme qui vénère la Mère, révérence illustrée par cette phrase du Tao Te King: «Moi seul, je me nourris de la mère». Le bouddhisme voue également un culte à la déesse Guan Yin, parfois placée sur le même pied que Bouddha. Mais Confucius, par contre, dénommé «mangeur de femmes», fonde un système moral dont la femme est écartée. Elle n'est pour lui qu'un «petit homme» ou un «homme inférieur» (ce qui n'est pas sans rappeler certaines affirmations de nos philosophes occidentaux). Confucius dénonce encore la femme comme instigatrice de désordre, trop turbulente si l'homme lui accorde trop de pouvoir, et pleine de ressentiment si elle en est exclue. Nous entendons donc à l'Est comme à l'Ouest, la voix du législateur qui, ayant fixé le rapport de forces à son avantage, s'offre le luxe supplémentaire de juger péremptoirement celle qu'il a lésée de tout pouvoir. Les penseurs confucianistes, dont l'idéologie régnera jusqu'au triomphe du communisme, sont tous d'accord pour ravaler la femme à un statut d'objet d'échange entre hommes. La petite fille s'achète et se vend dans la famille confucéenne. Dans l'unité surtout économique et biologique que représente la famille patriarcale, la femme, écrit Kristeva, est l'«élément nomade de la société, (...) sans lieu parce que destinée à quitter sa propre famille qui la considère par conséquent toujours déjà comme pas tout à fait sienne, étrangère dans la famille d'adoption, jusqu'à la naissance et la maturité du premier enfant mâle» (p. 79).

Tandis qu'une certaine distance et froideur caractérisent le rapport père/fils, le rapport père/fille permet une plus grande familiarité qui s'explique surtout par le mépris où est tenue la femme dans l'ordre des mâles. C'est à travers son fils adulte que la femme espère accéder au pouvoir qu'elle exerce sur lui et sur sa ou ses belles-filles. Ce fait, ainsi que la rivalité entre les concubines, débouche sur ce que Kristeva nomme une «guérilla passionnée entre femmes» dans le gynécée.

En analysant les différentes conceptions de la sexualité ainsi que les pratiques sexuelles qui ont pu exister au cours de l'histoire chinoise, Kristeva identifie, grâce au travail de Robert van Gulik sur la vie sexuelle dans la Chine ancienne, une pratique sexuelle au début de notre ère, fondée sur l'acte génital, libre de toutes connotations de culpabilité, où l'interdit se situe ailleurs que dans une Loi transcendante. Hors de tout tabou sexuel, c'est la recherche et la célébration de la jouissance qui compte, que celle-ci prenne une forme hétéro ou homosexuelle. La notion de perversité n'aurait alors pas existé. Une même conception de la sexualité se retrouve au début de la période féodale, dans les traités et manuels érotiques où la femme tient le rôle principal, soit comme initiatrice aux secrets de santé et de longue vie, soit comme ayant seule droit à la jouissance. La femme est alors au centre de la dépense sexuelle, tandis que l'homme croit, en se réservant, augmenter ses forces vitales[5].

Kristeva passe, à mon avis, trop rapidement sur le phénomène des pieds bandés, devenu pour nous le symbole même de l'oppression de la femme chinoise. Rappelant que Freud y voyait le signe de la castration de la femme et de sa place (inférieure) dans l'ordre symbolique, Kristeva, dans un parallèle dont l'inconscience même paraît énorme, assimile la pratique du pied bandé à la circoncision, rituel symbolique donnant à l'homme accès au pouvoir. Tout en reconnaissant que cet interdit se traduit sur le plan concret tout à fait différemment pour l'homme et pour la femme, Kristeva suggère que cette prime de la souffrance du côté féminin semble se solder par un «plus-de-savoir» et un «plus-de-maturité», une maîtrise calme et précise (p. 92). Ce parti pris d'idéalisation théorique, qui s'accompagne de ce qu'on pourrait taxer d'aveuglement quant aux conséquences concrètes de l'oppression, a été critiqué avec véhémence par Gayatri Spivak[6].

Kristeva néglige aussi d'analyser les effets psychologiques indélébiles impliqués par le fait que c'est la mère qui se chargeait de cette opération pour mieux soumettre sa fille à l'ordre patriarcal. Cette omission pourrait à la rigueur se justifier du fait que la Chine elle-même ne s'est jamais encore intéressée aux déterminations d'ordre psychologique, préférant toujours l'interprétation pragmatique basée sur des critères socio-économiques.

Parmi les fonctions reconnues à la femme dans la Chine ancienne, on retrouve, distincte de celle de la mère, celle de la courtisane lettrée, chanteuse ou danseuse qui accède à l'ordre culturel, mais reste exclue de tout pouvoir en tant que «partenaire sexuelle inavouable», tandis que l'homme «seul aura droit aux plaisirs sexuels, (...) et à toutes les formes de sublimation symboliques» (p. 83). Cette exclusion et le silence qui recouvre la jouissance de la femme dans la civilisation chinoise se sont perpétués à partir de principes confucianistes dont le retour en force date du quatorzième siècle. Mais Kristeva rappelle la complexité de la réalité qu'elle veut cerner en faisant remarquer que, bien que la différence sexuelle soit posée «sans ambiguïté», une ambivalence des rôles maternels et paternels subsiste au sein même du ritualisme hiérarchique paternel, ambivalence découlant d'une tradition taoïste demeurée vitale. Elle cite l'exemple des filles de «boxers» de culte taoïste qui recevaient une éducation militaire, ainsi que celui de bon nombre de femmes ayant participé à l'action militaire dans le mouvement de libération nationale.

Avec l'influence de l'Ouest dès le XIXe siècle, et l'impact de l'économie capitaliste, la condition de la femme subit une transformation de plus en plus significative. Dans l'esprit des suffragettes européennes, les Chinoises créent de nombreuses sociétés de femmes, et adoptent, au moment du mouvement du 4 mai 1919, des objectifs qui visent à leur émancipation complète. Mao lui-même, très tôt sensibilisé à la question de la réforme de la famille patriarcale, étudie vers 1917 les causes sociales des suicides féminins et encourage la lutte contre le pouvoir paternel, politique et clanique, contre aussi ce qu'il dénomme les trois servitudes de la femme, au patron, au père, au mari (p. 118). Si on accepte l'idée qu'en Chine, l'Église, c'était la famille, unité biologique, économique et idéologique, on se rend compte de l'envergure de la lutte et de la transformation accomplie en deux générations à peine. La Loi du mariage de 1951 est l'aboutissement de diverses régulations antérieures. Elle abolit le mariage féodal, reconnaît l'égalité des époux, institue le droit pour les enfants de prendre le nom de la mère. Le travail de la femme au foyer est reconnu et donne droit à des revendications économiques. Le divorce est légalisé et les femmes représentent 92% des candidates au divorce. Elles sont aussi victimes d'une vague de suicides qui semble s'expliquer par l'absence de tout appui moral de la société.

Le gouvernement chinois s'est donné comme but officiel de «faire accéder la population féminine aux rapports de production et aux rapports politiques» la poussant ainsi à échapper à ce que Kristeva dénomme «la jouissance polymorphe où banalement (elle) se complaît» (p. 168). Mais ce but ne semble trouver jusqu'ici qu'une réalisation partielle, du fait de tendances conservatrices ou révisionnistes difficiles à abolir absolument, du côté des femmes comme de celui des hommes. Reste que la politique de ces dernières années reflète une régression et peut-être la peur archaïque de la femme, symbolisée dans ce cas par Chiang Ching dont le pouvoir n'a pas su tolérer les incursions dans son territoire.

Au niveau de l'université, les femmes ne représentent encore qu'un tiers des étudiants ou du corps enseignant. L'explication que m'a fournie une ex-employée de Radio Pékin à cet égard est la suivante. Ce quota voudrait favoriser les hommes qui pourront toujours prendre femme moins éduquée qu'eux, tandis qu'une femme trop cultivée répugnerait à déchoir en prenant un conjoint moins émancipé qu'elle intellectuellement. Le mariage est, par ailleurs, la seule forme de socialisation voulue et approuvée par un État dont la pratique reste entachée de certains préjugés favorables aux hommes. Toutefois, il n'existerait actuellement aucun discours sur la sexualité dans la Chine socialiste, comme si elle ne s'était pas encore libérée de la lourde tradition de puritanisme confucéen. Le gouvernement a, comme tout le monde le sait, une politique de contrôle des naissances, mais les relations sexuelles prémaritales sont interdites, l'éducation sexuelle est inconnue dans les écoles, et ce n'est qu'au moment du mariage que les époux reçoivent un livret qui les renseignera sur les méthodes de contraception.

Même si le divorce est officiellement permis, il arrive qu'une femme trop «forte en gueule» se voie refuser l'autorisation de divorcer si le juge décide de lui imposer sa volonté, solidaire en cela de l'intérêt masculin. Dans le cas qui m'a été cité, une femme battue par son mari n'a obtenu le droit de divorcer que par le biais d'une liaison homosexuelle, jugée cette fois comme bien trop humiliante pour le mari, et donc comme raison suffisante et impérative de divorce. L'homosexualité, regardée comme perversion, serait à peu près inexistante ou en tout cas, invisible, dans la Chine d'aujourd'hui. Les pressions sociales sont si fortes et efficaces, que toute transgression est difficile à imaginer[7].

En observant la société chinoise contemporaine et le renversement du statut féminin que celle-ci a essayé d'opérer, dans le sens d'une plus grande égalité, Kristeva se prononce pour cette égalité *et* pour le maintien de la différence sexuelle au niveau du symbolique. L'abolition de cette différence lui semble chargée de danger et condamnée à aboutir à ce qu'elle nomme «la médiocrité de la petite perversion de la société de consommation» (p. 224). Ce qu'elle lit comme promesse dans le modèle de la culture chinoise, c'est que l'ancienne tradition de la Mère, comme l'empreinte du taoïsme, signifie peut-être que cette société saura se constituer un symbolisme basé non pas sur la coupure «entre deux entités métaphysiques (hommes/femmes)» (p. 226), mais sur la reconnaissance par les sujets masculin et féminin d'une *pratique sociale* à remettre constamment en question. Avec prudence, mais sur un ton prophétiquement optimiste, Kristeva émet la suggestion «qu'il s'agit là de construire une société dont le pouvoir agissant n'est représenté par personne: personne ne peut se l'approprier si personne n'en est exclu, même pas les femmes — ces derniers esclaves, supports nécessaires de la puissance des maîtres, et dont l'exclusion du pouvoir assure que celui-ci soit représentable et à représenter (par les pères, par les législateurs)» (p. 228). Vision utopique donc, ce qui ne signifie pas irréalisable pour autant, vision plaquée sur une réalité en constante métamorphose.

Vassar College
1982

Notes

1. Cité par Susan Moller Okin dans *Women in Western Political Thought*, Princeton University Press, 1979, p. 82. C'est moi qui traduis.
2. Jacques Lacan, *Écrits*, Paris, Seuil, 1966, p. 690.
3. Julia Kristeva, *Des Chinoises*, Paris, des femmes, 1974, p. 23. Toutes les références ultérieures à cet ouvrage apparaissent dans le texte même.
4. Le suicide de la femme chinoise avant la Révolution est déterminé, comme nous le voyons plus loin, par le désir d'échapper à des contraintes sociales méconnaissant son individualité et sa volonté propre dans le choix d'un conjoint.
5. Cette conception qui voit dans l'acte sexuel une perte d'énergie vitale persisterait, selon les renseignements qui m'ont été donnés, dans la mentalité actuelle des jeunes gens chinois même éduqués et à tout autre égard, libres de croyances superstitieuses.
6. Gayatri C. Spivak, «French Feminism in an International Frame», *Yale French Studies*, n° 62, 1981, p. 154-184.
7. Les détails donnés dans ces deux derniers paragraphes m'ont été fournis par Huang Hung, ex-employée de Radio Pékin étudiant actuellement aux États-Unis.

Les femmes et la guerre: Assia Djebar, Aïcha Lemsine, Yamina Mechakra

Marie-Blanche Tahon

La grotte éclatée[1] rapporte moins une histoire de guerre que les émotions et les sentiments d'une femme dans la guerre. Elle y participe dans sa chair. Elle y est corps. Corps souffrant de la faim, du froid, de la saleté, du manque de soleil et de fleurs, de l'odeur du sang et de la mort, de la mutilation au napalm. Mais encore corps jouissant du vivant, corps désirant, corps chantant.

Ce langage très près du corps féminin a pour effet de présenter la guerre moins comme une action héroïque que comme un long déploiement de peurs et de souffrances, d'espoirs et de solidarités aussi. En retour, ce vécu de la guerre laisse voir un regard, une étreinte *échangés* avec des hommes moins héros que compagnons. Ce langage permet aussi, sans casser le fil, de dire le bonheur d'être une femme quand elle est enceinte, le «cauchemar merveilleux» d'accoucher, l'impuissance devant le fils devenu aveugle, mais la force pourtant de lui transmettre la foi en une Algérie libérée par des morts sans gloire.

Cette quotidienneté au féminin, exceptionnelle dans des romans algériens, est exprimée par le personnage de la narratrice qui écrit à la première personne, ni figure mythique, ni «femme nouvelle», «née solitude» (p. 120) et amenée simplement à déguster son indépendance, sa vie sans attache (p. 33), disponible à elle-même, aux êtres et aux choses, donneuse.

Mais que la guerre soit l'occasion de dire un vécu féminin questionne les conditions de production d'écriture des femmes en Algérie. Ce livre de Mechakra illustre lui aussi, lui surtout peut-être, que pour pouvoir accéder à la scène littéraire une femme algérienne est toujours obligée de prendre le voile de la guerre, le masque du passé[2]. Or cette inscription de la guerre dans les livres de femmes rejoint la valorisation, sinon la mythification du rôle des femmes pendant la guerre qui rendent sourds à leurs revendications actuelles[3]. Le récent épisode du retrait du code de la famille (janvier 1982) sous — ce qui a été présenté comme — l'instigation des anciennes *moudjahidate* est révélateur de cette volonté du pouvoir de ne tolérer la parole que de celles qui ont participé à la guerre de libération, excluant du fait même l'immense majorité des autres.

Non seulement les textes produits par des femmes sont les plus nombreux sur ce thème de la guerre: *Les enfants du nouveau monde* (1962), *Les alouettes naïves* (1967), *Femmes d'Alger dans leur appartement* (1980) de Djebar, *Ciel de porphyre* (1978) de Lemsine et *La grotte éclatée* (1979) de Mechakra, mais, de plus, les livres publiés par les deux premières *avant* ceux-ci — *La soif* (1957) et *Les impatients* (1958) de Djebar et *La chrysalide, Chroniques algériennes* (1976) de Lemsine[4] — ont fait l'objet non d'une critique littéraire mais morale. Pour qu'une femme algérienne devienne écrivain, elle doit écrire sur la guerre.

Toutefois, la manière dont Lemsine se conforme à la règle outrepasse les attendus. Elle n'a effectivement droit aux attentions (malveillantes) de la critique littéraire algérienne qu'à la sortie de *Ciel de porphyre. La chrysalide*, publié deux ans plus tôt mais écrit après, n'avait donné lieu qu'à des commentaires de femmes, dans les pages féminines que publiaient alors les journaux, essentiellement sur les idées exprimées dans le livre. Celui-ci sous-titré *Chroniques algériennes* relatait l'évolution d'une famille algérienne, et s'attachait particulièrement au rôle des femmes durant ces 50 dernières années. Le pamphlet de Ch. Achour ne déroge pas non plus à cette perspective[5]. Le livre avait fait grand bruit, mais plus comme document sociologique que comme texte littéraire. *Ciel de porphyre* est présenté et discuté par les critiques littéraires qui s'acharnent d'une part contre un style jugé déplorable et d'autre part contre le fait que ce «roman» n'insiste pas suffisamment sur certaines pages glorieuses de la révolution algérienne[6]. Mais un de ces critiques a un propos particulièrement significatif:

> On retrouve des scènes simples qui démontrent un procès d'action dans ce qu'il a d'utile mais non pas dans ce qu'il

> peut receler d'intime ou de caché. On ne voit jamais de scènes où *les gens* 's'empiffreraient' comme des rats, roteraient comme des malappris et vomiraient comme des misérables. *C'est-à-dire comme des hommes.* Dostoïevski le montre, Eisenstein, Brel aussi, ou bien Miller[7].

Que s'empiffrer, roter et vomir soit décrété voie sacrée pour décrire l'intime et le caché signifie — au-delà du réductionisme discutable (!) — que Lemsine s'est fourvoyée dans un domaine réservé. Elle aurait voulu décrire la guerre «en homme» — le récit est écrit au nom d'Ali —, elle en est bien sûr «naturellement» incapable. Sans recourir aux auteurs étrangers, il est un fait que Lemsine ne décrit pas la guerre comme les «grands» écrivains algériens.

Chez eux, le récit[8] repose sur la figure d'une femme, mais plus précisément sur l'aphonie d'une femme. Elle doit y être muette pour que le récit se déroule, parce que celui-ci a pour fonction de montrer la présence de l'homme dans l'action, son discours fondant l'histoire. Son discours, audible au prix du mutisme de la femme, dit son rapport au colonialisme, à la guerre, à la lutte contre les nouveaux maîtres. Le discours de l'homme rendu possible par l'aphonie de la femme permet au récit d'être «engagé» sur le plan politique, lui permet de dire autre chose que le discours dominant, lui permet un ailleurs «révolutionnaire» (qui, chez Boudjedra, prend aussi la forme d'un ailleurs «viril»). Ce discours «révolutionnaire» ne peut se déployer dans toute son ampleur que parce que le discours sur le colonialisme, la lutte armée, les nouveaux usurpateurs est second par rapport à ce qui est dit de la femme muette.

Ciel de porphyre est un récit unilinéaire non pas construit sur l'aphonie de la femme dont la présence est pourtant indispensable au récit, mais sur sa quasi-absence ou, plus justement, sur sa transparence. Il met en scène un héros entouré de stéréotypes féminins. Mères admirables de dévouement pour les fils militants. Servante maternelle. Deux prostituées, l'une recrutée et exhibée par l'armée française pour saper le moral des «musulmans», l'autre recrutée et tenue cachée par le FLN pour apporter amour et consolation à ses militants. La cousine du héros est bien maquisarde, mais elle n'est pas décrite en tant que telle et sa détermination affirmée d'oeuvrer à la reconstruction nationale se limite assez classiquement à la production d'enfants. Enfin, la femme aimée du héros lui est sournoisement ravie par un «frère» hiérarchiquement mieux placé dans l'organisation. Mais cette «trahison» est surtout imputable à la psychologie du «frère» même si quelques piges égratignent çà et là le personnel politique algérien, sans parti pris précis d'ailleurs[9]. Dans *Ciel de porphyre,* les femmes, soumises à la satisfaction des besoins du héros, sont absentes de la guerre qui est une affaire d'hommes. Dans *La chrysalide,* la guerre, toile de fond momentanée dans le récit, ne détermine pas non plus directement les rapports hommes-femmes. On ne peut donc, à proprement parler, étudier les écrits de Lemsine dans la perspective des rapports femmes-guerre puisque cette auteure a poussé la division du travail (femmes-famille/hommes-guerre) jusqu'à en faire deux livres séparés. Mais que *Ciel de porphyre* soit écrit à la première personne du masculin constitue la disqualification majeure de son auteure aux yeux d'une critique qui n'apprécie guère le mélange des genres.

L'oeuvre d'Assia Djebar est beaucoup moins tranchée. Toutefois, ses deux premiers romans, en particulier *La soif,* sont très mal accueillis par une critique française pourtant bienveillante à «la littérature des colonisés» à condition précisément qu'elle se maintienne sur le terrain (de la critique) de la colonisation. Le premier roman a été comparé péjorativement à *Bonjour Tristesse* de Françoise Sagan[10], et après la parution des *Impatients,* Djebar était ainsi mise en cause:

> Donc, Assia Djebar, semble-t-il, n'est pas, ne veut pas être un écrivain engagé. Il y a une profonde différence, dans ce refus comme dans le style et le genre de culture française, entre elle et Dib, Malek Haddad ou Kateb Yacine. À peu près, toutes proportions gardées, la différence entre Françoise Sagan et Simone de Beauvoir[11].

La sortie des *Enfants du nouveau monde* amène le censeur à ajouter ce post-scriptum à l'article:

> Nous recevons à l'instant le nouveau roman de Melle Assia Djebar, qui est maintenant assistante à l'université de Rabat. Ce roman, *Les enfants du nouveau monde,* est d'une orientation très différente des deux premiers, si le style et la facture s'y apparentent. Ce titre est suggestif de l'engagement ardent envers la révolution algérienne.

Plus d'une décennie plus tard, Charles Bonn entérine, à quelques nuances près, cette coupure:

> (...) quelles sont les véritables intentions de *La soif* (1957), premier roman d'une Algérienne de vingt ans, publié chez Julliard, et qu'on a comparée à Françoise Sagan? Les aventures scabreuses et embrouillées que relate le livre pourraient plus facilement servir d'argument à ceux qui vitupèrent la 'dégradation des moeurs' que de plaidoyer pour l'émancipation féminine. Il faut attendre *Les enfants du nouveau monde* (1962) pour voir les héroïnes de Djebar chercher leur libération ailleurs que dans un égotisme maladroit et coupé du réel, dans une confusion des aspirations qui reste cependant celle de nombreuses algériennes actuelles. Ces militantes évoquées ici (*enfin*?), même si elles avouent avec Lila n'avoir jamais eu faim, car elles appartiennent à la bourgeoisie, commencent à jeter sur leur situation un regard un peu plus détaché de l'individualisme[12].

Je ne discuterai pas ici de l'assise de ces critiques relatives à la vision de «l'émancipation féminine» — il me semble au contraire que l'oeuvre de Djebar est marquée dans ses quatre romans par un étouffement progressif d'un discours de femme, même si ce discours n'est que balbutiant dans le premier roman[13] —, je me contenterai de souligner le ton moralisant et paternaliste rarement appliqué à des écrits masculins.

Les romans de Djebar ne sont construits ni sur l'aphonie ni sur la quasi-absence des femmes. Mais que disent-elles? Dans *Les enfants du nouveau monde*, le discours sur la guerre est premier, c'est la guerre qui permet au récit de se dérouler. Elle est présentée comme vecteur de changement de la vie des femmes. Ce ne sont pas les femmes qui de «passives» seraient montrées «actives», c'est la guerre, en tant que phénomène social identifié comme leur étant extérieur, qui les place dans un rôle différent. Mais elles ne sont pas non plus montrées avoir plus de prise sur ce «nouveau» rôle que sur celui qu'elles devaient jouer antérieurement. La guerre change le mode de vie des femmes parce qu'elle provoque l'absence des hommes. Désormais, elles vivent en fonction de leur absence, mais pas plus qu'auparavant, elles ne semblent présentes à elles-mêmes. Les femmes parlent mais la guerre, facteur constitutif du roman, empêche leur parole de devenir un discours. Voix féminines, mais pour dire le discours de l'autre (l'homme algérien), le même discours explicitement balisé par le discours silencieux d'un homme en ouverture:

> «Oui, l'oublier, c'est presque facile», pense-t-il quand il rentre chez lui le soir, et qu'il regarde sa femme que l'autre, le maître tout-puissant au-dehors ne connaîtra jamais; «cloîtrée» dit-on d'elle mais l'époux pense «libérée» tandis qu'il lui parle ensuite, sans s'adresser directement à elle selon les convenances et c'est pourquoi, juge-t-il, elle est sa femme (p. 18).

Elle est, pour lui, «libérée», parce qu'elle le libère de la présence de l'autre, elle est «sa femme» parce qu'elle lui permet, à lui dominé à l'extérieur, de dominer à l'intérieur; elle prend à son compte le discours de l'homme progressiste: «elle, au fond de sa chambre, elle regarde, elle voit tout... autrefois, elle ne voyait rien...» p. 20).
Rien ne vient contredire cette vision optimiste et mystificatrice puisque l'homme s'enfonce dans le néant de la mort. Or, ce n'est pas la situation de la femme qui s'enfonce dans le néant de la mort. Or, ce n'est pas la situation de la femme qui a changé par rapport à «autrefois». Aujourd'hui, elle voit «tout» parce que les avions sont visibles du fond de sa chambre! Ce n'est pas elle qui, d'enfermée, est advenue au jour, mais la lutte qui, de clandestine, est devenue spectaculaire. Ce glissement (autrefois/aujourd'hui) rejoint le discours toujours tenu actuellement en Algérie: les femmes n'ont rien à revendiquer puisqu'elles sont citoyennes algériennes. Or ce n'est pas leur situation qui a fondamentalement changé, mais le statut du pays.

Dans *Les alouettes naïves* (1967), roman à la construction plus ambitieuse, même si l'héroïne est allée au maquis, ce sont les personnages masculins qui sont chargés de mettre en discours des paroles de femmes sur le rôle qu'elles ont joué pendant la guerre et qu'elles sont appelées à jouer après l'indépendance en insistant sur la permanence du maintien des traditions nationales. La volonté de faire de la guerre un facteur de changement pour les femmes y est moins affirmée que dans *Les enfants du nouveau monde,* car

> Voici que j'interviens, moi, le narrateur (...). Car je sais à l'avance — vieux préjugé? — que la guerre qui finit entre les peuples renaît entre les couples... (p. 423).

Toutefois, dans cette «guerre» prévue «entre les couples», la femme est toujours, comme dans *Les enfants du nouveau monde, sa femme*[14].

La guerre, présentée dans *Les enfants du nouveau monde* comme facteur de changement pour les femmes et dans *Les alouettes naïves* comme moyen «pour le peuple» de recouvrer ses racines grâce au rôle de gardiennes des femmes, permet d'occulter les nécessaires luttes des femmes pour leur libération mais encore de présenter leur rôle de résistantes passives comme libérateur en lui-même. *Femmes d'Alger dans leur appartement* marque une certaine rupture par rapport aux deux romans. Ce livre a été relativement bien accueilli par la critique algérienne sauf par le chroniqueur de l'organe officiel du FLN qui le jugeait «trop MLF». Ces nouvelles, écrites entre 1959 et 1978, continuent pourtant à mettre en scène des femmes touchées par la guerre, mais elles expriment le pressentiment ou la constatation que la guerre ne change rien ou si peu pour les femmes. Dans la nouvelle qui donne son titre au recueil, la plus récente et sans doute aussi la plus riche au plan formel, Sarah, combattante de la guerre, interroge près de vingt ans après:

> Où êtes-vous, les porteuses de feu, vous mes soeurs qui auriez dû libérer la ville... Les fils barbelés ne barrent plus les ruelles, mais ils ornent les fenêtres, les balcons, les issues vers l'espace (p. 60)

et finit par dire:

> La guerre de libération chez nous en ce temps-là — elle rêva, hésita — nous nous sommes précipités sur la libération d'abord, nous n'avons eu que la guerre après! (p. 66).

Et si métaphore de guerre il y a aussi ici, elle ne renvoie plus à celle entre les couples, comme dans *Les alouettes naïves*, mais au fantôme de la mère morte qui ne sera jamais «la femme-regard et la femme-voix».

Dans d'autres nouvelles — écrites durant la même période que les romans de guerre —, des phrases mises entre des lèvres de femmes disent leur attente vaine d'un changement apporté par la guerre. Ainsi, dans «Il n'y a pas d'exil» (1959), une jeune femme que sa famille veut remarier s'y refuse non tant à cause du prétendant imposé que par un sursaut las:

> À quoi donc cela peut-il servir de souffrir aussi loin de son pays si je dois continuer, comme avant, comme à Alger, à rester assise et à jouer... Peut-être lorsque la vie change, tout avec elle devrait changer, absolument tout (p. 95).

«Jour de Ramadhan» (1966) est une nouvelle qui constitue une sorte de variation sur un thème des *Alouettes naïves*: l'hostilité de Nadja à l'égard de son aînée Nfissa. Dans le roman, la cadette reproche à l'héroïne de ne pas reprendre la lutte active, elle-même deviendra par la suite porteuse de feu. Dans la nouvelle, qui se situe immédiatement après l'indépendance, Nadja se sent retenue prisonnière de la maison familiale que Nfissa trouve si accueillante et lui exprime ainsi son désarroi:

> Non! renâclait-elle. Papoter, manger des gâteaux, s'empiffrer en attendant le lendemain, est-ce pour cela qu'il y a eu deuil et sang? Non, je ne l'admets pas... Moi, — et sa voix s'enveloppait de larmes — je croyais, vois-tu que tout cela changerait, qu'une autre chose viendrait que... (p. 153).

La production simultanée des romans et de ces nouvelles publiées plus tardivement n'indique-t-elle pas une sorte d'autocensure de l'auteure qui l'amène, dans les romans, à ne retenir que l'aspect «valorisant» de la guerre et à taire les inquiétudes des femmes sur leur sort collectif? Elle provient probablement «enfin» du souci d'«engagement» de Djebar («participation de tout le peuple»), mais, ce faisant, elle engage aussi les femmes sur la voie du silence, elle participe à l'inversion du sens de leur libération. Elle est rendue possible par le fait que Djebar, tout en étant enjointe de «s'engager» — elle le fait en «imposant» la guerre —, est tenue de le faire dans les limites de ce que l'on attend d'une littérature «féminine», soit dans la négation que le privé soit politique. *Femmes d'Alger dans leur appartement* et *La grotte éclatée* sont peut-être les derniers livres de guerre.

1982

Notes

1. Yamina Mechakra, *La grotte éclatée*, Alger, SNED, 1979. Ce roman est le premier écrit par une femme en français à être publié en Algérie. Les autres le sont à Paris.
2. La guerre a également servi de lieu ou d'enjeu à la littérature masculine, mais elle est de plus en plus délaissée en tant que telle par les écrivains.
3. Pour la période de la guerre, voir Ch. Dufrancatel, «Entretien avec Mohamed Harbi», *Les révoltes logiques*, n° 11, hiver 1979-80. Pour la période après l'indépendance, le document officiel le plus intéressant est *La charte nationale*, Alger, FLN, 1976. Voir M.-Bl. Tahon, «La question des femmes dans un discours étatique anti-impérialiste», communication, *Association canadienne de science politique*, Halifax, mai 1981.
4. Assia Djebar, *La soif*, Paris, Julliard, 1957; *Les impatients*, Paris, Julliard, 1958; *Les enfants du nouveau monde*, Paris, Julliard, 1962, réédité en 10/18; *Les alouettes naïves*, Paris, Julliard, 1967, réédité en 10/18; *Femmes d'Alger dans leur appartement*, Paris, des femmes, 1980. Aïcha Lemsine, *La chrysalide, Chroniques algériennes*, Paris, des femmes, 1976; *Ciel de porphyre*, Paris, J.Cl. Simoen, 1978.
5. Ch. Achour, *Entre le roman rose et le roman exotique, «La chrysalide»* de A. Lemsine, Alger, éd. En.AP, mars 1978.
6. Voir surtout *El Moudjahid*, 2/10/1978 et 4/10/1978 et *Algérie-Actualités*, 28/11/1978.
7. *Algérie-Actualités* 28/11/1978. Je souligne.
8. Par exemple, Nedjma dans Yacine Kateb, *Nedjma*, Paris, Seuil, 1956 et Céline dans *La répudiation* de R. Boudjedra, Paris, Denoël, 1969. Il s'agit là de livres remarquables à cet égard aussi.
9. La discrétion de la critique algérienne sur cet aspect a été remarquable.
10. J. Dejeux, *Cahiers Nord-Africains*, n° 61, oct.-nov. 1957; G. Herz, *L'Action*, 29/4/1957.
11. P. Catrice, «Femmes écrivains d'Afrique du Nord et du Proche-Orient», *L'Afrique et l'Asie*, n° 59, 3e trimestre, 1962.
12. Ch. Bonn, *La littérature algérienne de langue française et ses lectures*, Sherbrooke, éd. Naaman, 1974. Je souligne.
13. M.-Bl. Tahon, *Des Algériennes entre masque et voile*, thèse, Paris VIII, 1979.
14. Voir M.-Bl. Tahon, «Romans de femmes algériennes», *Dérives*, n° 31-32, «Voix maghrébines», 1982, p. 77-100.

Christiane Rochefort: de la conscience de classe à la conscience de caste *

Maïr Verthuy

En 1961, Christiane Rochefort, dont le premier roman, *Le repos du guerrier*, avait — pour de mauvaises raisons — connu un succès de scandale dans les milieux parisiens, publia *Les petits enfants du siècle*, roman qui dénonçait les conditions de vie faites aux ouvriers et, en particulier, à leurs enfants. Ce roman devait, pendant quelques années, devenir le vademecum des gens bien pensants dans le sens gauchisant du mot. Deux ans plus tard, c'est au tour des *Stances à Sophie* — dont le titre, pour les initiés (en général des hommes), promet autre chose que ce que le livre contient — d'éclater comme une bombe sur la scène littéraire avec sa vision du monde précocement féministe.

Aujourd'hui, presque vingt ans après sa parution, alors que de nombreuses femmes ont accédé à la parole ou au mot, et que différentes théories féministes ont été élaborées, ce roman constitue encore une des mises en cause les plus radicales du système patriarcal occidental, comme *Les petits enfants du siècle* restent une excellente critique de l'un de ses avatars.

Mon propos ici est d'essayer de cerner ce passage d'une conscience de classe à une conscience de caste afin de montrer qu'il s'agit en même temps et *nécessairement* de la transformation d'un esprit réformiste en un esprit proprement révolutionnaire.

Certains aspects des deux livres invitent à une telle approche. Ils présentent tous deux une narration à la première personne; dans les deux cas, la narratrice est à la fois observatrice et actante principale; elles sont toutes deux de condition

---

* Cet article a été publié dans la revue *Atlantis*, vol. 8, no. 2, printemps 1983.

modeste, la première cantonnée dans la classe ouvrière, la deuxième de passage dans la bonne bourgeoisie; le premier se termine sur un mariage d'amour, le deuxième débute là-dessus; les deux romans reproduisent avec art le style apparemment décousu et parataxique du monologue intérieur dans toute sa fraîcheur et sa spontanéité; les deux héroïnes posent le même regard désabusé sur leur environnement; certains thèmes récurrents se dégagent, par exemple: le racisme, le racisme de classe, l'urbanisme sauvage, la nature salvatrice, etc. Ces ressemblances servent à rehausser certaines différences significatives.

Si nous tournons notre regard d'abord vers *Les petits enfants du siècle*, nous y trouvons l'image d'un univers concentrationnaire, celui des grands ensembles ouvriers de la banlieue parisienne dans la période qui suit la deuxième grande guerre, univers qui s'érige en microcosme de toute la classe ouvrière française.

C'est à travers le vécu de Josyane, narratrice et personnage principal, qui nous raconte les dix-huit premières années de sa vie, que nous mesurons l'impact sur ses membres les plus démunis des politiques pratiquées par une société d'où toutes valeurs humaines semblent exclues.

Par l'étude de l'évolution tronquée de cette fille et de ses rapports à sa famille et à son milieu, Rochefort veut dévoiler et dénoncer les mécanismes qui condamnent cette couche de la société à une existence factice, insignifiante.

L'histoire de Josyane est celle d'une quête qui se déroule à deux niveaux, liés l'un à l'autre. Elle est, dès sa naissance, dans une situation de misère. Les politiques sociales du gouvernement, en particulier celles de la natalité et de la femme au foyer, ont abouti, d'une part, à l'entassement (nous constaterons, par exemple, que les parents de Josyane, manquant totalement d'espace dans ces logements HBM, pourtant conçus pour des familles nombreuses, accueilleront avec soulagement le départ de deux de leurs enfants, l'un pour un établissement pour arriérés, l'autre pour le préventorium) et, d'autre part, à la réduction des individu/e/s en chiffres, car seul le nombre joue (comme l'indiquent les paroles de la mère à Josyane):

> Moi, si mon avant-dernier n'était pas mort à la naissance, et si j'avais pas eu cette fausse couche au départ qui m'a laissée des mois patraque et d'ailleurs je m'en suis jamais vraiment relevée, on aurait tout aujourd'hui, et peut-être même on aurait le Prix (p. 85).

Privée d'espace et d'identité comme de l'affectivité qui l'accompagne, Josyane cherchera dans un double mouvement à combler ces deux manques.

Les possibilités qui lui sont offertes sont elles-mêmes réduites, à l'image de sa condition. Le milieu familial étant, par la force des choses, le lieu de son malheur, c'est dans l'environnement extérieur qu'elle poursuit sa quête. Elle essaiera de se réfugier dans le cours de catéchisme où elle butera d'office sur un langage et des concepts («Dieu est un pur esprit infiniment parfait») qu'elle ne saurait saisir et où, loin de l'encourager à s'épanouir, la maîtresse prolonge le travail de dépersonnalisation déjà entrepris.

Son expérience à l'école sera apparemment plus heureuse. Elle s'y lance. Elle se jette dans des activités d'ordre mécanique: les grandes divisions, les règles de trois, l'analyse grammaticale. Plus un devoir est long et embêtant, plus elle l'aime. Mais il s'avère que l'éducation qu'elle reçoit ou l'intérêt qu'elle y porte ne dépassent pas ce niveau. Loin de constituer une solution positive à sa situation, l'école ne fait qu'offrir temporairement à Josyane la possibilité de s'éloigner de la maison, de réduire le temps qu'elle passe à s'occuper de ses frères et soeurs, de se créer une petite oasis de silence à la cuisine, le soir, quand les autres sont couchés:

> Tout de suite ce qui me manqua, c'est l'école. Pas tellement la classe en elle-même, mais le chemin pour y aller, et, par-dessus tout, les devoirs du soir (p. 96).

Nous constatons d'ailleurs que le réseau scolaire, loin d'aider véritablement à l'épanouissement des individu/e/s, sert surtout à les classer comme autant d'objets. Ainsi, la petite soeur Chantal, enfant inadaptée, est reléguée à la vie à la poubelle des Arriérés, et la conseillère en orientation se révèle inapte à diriger Josyane parce qu'elle ne comprend rien à sa vie et s'intéresse surtout à savoir si sa cliente est douée pour être bobineuse. La bonne volonté y est, mais les schémas préétablis ne correspondent pas à la réalité. Les structures d'aide sont — ou se sont transformées en — des mécanismes d'oppression infiniment plus redoutables que tout ce qui a pu précéder, précisément parce qu'ils ne sont pas perçus ou présentés comme tels.

Frustrée dans ses élans de tendresse familiale, trahie par l'école, privée de la possibilité de trouver un travail acceptable, Josyane se livre, dès le début de son adolescence, aux pratiques sexuelles des garçons qui l'entourent. Dès l'âge de onze ans, elle est initiée à un certain plaisir, sinon à la pénétration, par un jeune ouvrier italien qui, malgré ses gestes un peu osés, entretient au moins avec elle des rapports très doux. Après le départ de celui-ci, Josyane se lancera dans une quête effrénée de chaleur et d'affectivité par le biais de la sexualité. Il est clair qu'elle y cherche un élément qui lui manque dans sa vie, mais qu'elle n'y trouve qu'un succédané de mauvais aloi, ses activités ne lui apportant aucune jouissance, à peine un plaisir furtif. Le père de famille qui en profite la méprise ensuite et, de leur côté, les garçons n'y voient qu'un moyen de se soulager, aucun contact d'ordre émotif ou affectif ne s'insinuant dans leurs rapports et aucune attention n'étant portée ni aux désirs que pourraient ressentir Josyane ou ses amies ni aux conséquences de l'acte sexuel. L'ignorance des filles en cette matière est à peu près complète et la meilleure amie de Josyane mourra à la suite d'un avortement pratiqué de façon artisanale. La libération sexuelle des filles joue à sens unique, au profit des garçons.

Josyane trouve néanmoins son prince charmant et le Grand Amour. Le livre se termine dans la meilleure tradition des romans-photos, genre *Nous deux*, dans lesquels sa mère avait cherché son échappatoire. Mais tout est apparence, car à y regarder de plus près, nous constatons que, si une certaine harmonie sexuelle semble régner entre eux, il n'en reste pas moins que Philippe, nom fatidique chez Rochefort, est obsédé par la pensée des hommes qui l'ont «connue» avant lui, qu'il cherche surtout à la marquer de son sceau en lui faisant un enfant et qu'enfin la ronde recommence quand ils s'en vont s'installer à Sarcelles, nouvelle HLM de banlieue, représentation parfaite de la planification du plus grand nombre, censée correspondre aux plus hautes ambitions des mal-logés, mais constituant en fait l'urbanisme en délire. De dire Josyane:

> Et je croyais que j'habitais dans des blocs! Ça oui, c'étaient des blocs! Ça, c'était de la Cité, de la vraie Cité de l'Avenir! Sur des kilomètres et des kilomètres, des maisons des maisons des maisons. Pareilles. Alignées. Blanches. Encore des maisons. Maisons maisons maisons maisons maisons maisons maisons maisons maisons maisons. Maisons. Maisons... Des Espaces Verts énormes, propres, superbes, des

> tapis, avec sur chacun l'écriteau. Respectez et Faites respecter les Pelouses et les Arbres... (p. 129).

Nous constatons aussi que les beaux projets qu'ils échafaudent pour l'avenir sont énoncés au conditionnel et que la dernière phrase du livre: «Je lui indiquai Sarcelles», avec son passé simple, semble sonner le glas de leurs espoirs.

Il importe ici de faire remarquer le mouvement circulaire du roman qui s'ouvre sur la naissance de Josyane: «Je suis née des Allocations et d'un jour férié» et se clôt sur sa grossesse: «En tout cas pour la prime on serait dans les délais!». Il traduit le cercle vicieux dans lequel elle est prise et dont l'existence nous est confirmée par l'échec de toutes ses tentatives.

Il serait toutefois faux de croire que le livre ne véhicule aucune valeur positive. Il existe un modèle de famille harmonieuse, celui de la famille Lefranc dont tous les membres sont des communistes militants. Là, les naissances ont été limitées à quatre; le père et la mère sont respectueux l'un de l'autre; les garçons participent aux tâches ménagères, y compris la cuisine; les filles sont encouragées à poursuivre leurs études. Éthel, camarade de classe de Josyane, ne sent pas le besoin de courir le guilledou puisqu'elle se réserve pour le vrai, le bon, celui avec qui elle fera sa vie. Notons ici qu'à la fin du livre, ayant rencontré son propre «vrai et beau» et surtout face aux réactions de Phillipe devant la perte antérieure de sa virginité, Josyane lui donnera raison. Il est intéressant de remarquer que jusque-là le modèle austère que lui propose Éthel ne semble guère convenir à sa quête de tendresse et l'on est en droit de se demander si ce changement d'attitude de la part de Josyane ne constitue pas simplement une réponse à l'esprit de possession de son futur mari.

Un autre membre de cette famille joue un rôle important dans sa vie. C'est Frédéric, le fils aîné, garçon sérieux et pur, tant sur le plan sexuel que sur le plan politique. Avant de rencontrer Philippe, Josyane aspire à être à la hauteur de ce garçon, si différent des voyous qu'elle fréquente. Elle ne connaîtra jamais ce bonheur idéal, puisque Frédéric est tué à la guerre, vraisemblablement en Algérie, guerre à laquelle les communistes s'étaient opposés. Il est donc posé comme valeur mais nié comme solution en ce qui concerne la narratrice, sans doute parce qu'elle n'est point pure.

La quête de Josyane se révèle alors et à tous les niveaux un échec, car la situation qui lui est imposée, dès le départ, la condamne à des solutions ou des médiations qui ne peuvent que la trahir.

Il semble évident que ce roman est animé par une conscience de classe et cela, pour deux raisons qui se combinent: la première est la dénonciation que nous y trouvons des conditions de vie faites aux ouvriers; la deuxième, la mise en valeur des Lefranc.

Force nous est néanmoins de constater que l'analyse s'arrête, dans l'ensemble, au niveau des symptômes. Le choix même de Josyane comme narratrice entraîne une vision partielle du monde puisque celle-ci ne possède pas les outils qu'il faut pour saisir la nature ou l'étendue de son mal. Confinée dans la vie des HBM ou HLM, elle rend compte, sent obscurément, mais, en fin de compte, ne fait que décrire une maladie grave qu'elle n'est pas en mesure de diagnostiquer. Elle n'accède aucunement à la conscience; les issues sont closes. Josyane se situerait ainsi à mi-chemin entre la narration enfantine de Huckleberry Finn et la réflexion sur l'enfance que nous livre Pip dans *Great Expectations*.

Cette faiblesse au plan de la critique sociale est accentuée par une autre, plus grave. C'est en effet, nous semble-t-il, la mise en valeur de la famille Lefranc qui diminue surtout la valeur du livre. Il semblerait que nous soyons censé/e/s y voir la possibilité d'un monde meilleur. Mais il n'empêche que cette famille nucléaire où le progrès se limite au partage des tâches et à la virginité consacrée d'Éthel ainsi qu'à ses progrès scolaires de type traditionnaliste, non seulement n'offre qu'un palliatif aux maux de la société, mais qui pis est, en accepte toutes les données de base: valeurs familiales, sexualité occultée, progrès illimité, etc. Point de conscience réelle ici non plus, à peine un aménagement de la réalité ambiante et un vague espoir dans des «lendemains qui chantent» — à peu de choses près la même chanson mais de façon mieux orchestrée.

D'où l'ambiguïté du livre. La critique ou la dénonciation supposent en principe une alternative, se fondent sur la foi dans une solution meilleure. Elles se pratiquent au nom de quelque chose d'autre. Ici, le seul «quelque chose d'autre» étant la famille Lefranc, l'auteure nous propose une solution qui n'en est pas une.

L'explication résiderait peut-être dans l'époque où elle l'a écrit. Nous sommes en 1961, cinq années après la déstalinisation et l'invasion de la Hongrie. Le communisme selon le modèle soviétique ayant été démystifié comme principe révolutionnaire, et rien n'étant venu le remplacer, la pensée de gauche en France est en pleine période de repli. En même temps, le Parti communiste français (PCF), aussi conservateur qu'il puisse être, reste très puissant et bénéficie de l'appui d'une majorité de la classe ouvrière.

Autrement dit, et comme l'a fait un jour remarquer Hélène Parlemin, «en 1961 tout passe par là». Avec toutes ses défaillances, c'est encore la seule organisation autorisée en quelque sorte à parler au nom du peuple et capable de le mobiliser. Rochefort le sait.

Voilà donc, à notre avis, la structure mentale qui sous-tend ce livre. Voilà pourquoi, malgré la conscience de classe dont il est imprégné, il est à qualifier tout au plus de réformiste.

Il en va tout autrement des *Stances à Sophie*, où pas une seule fois il n'est fait mention du PCF. Le monde que Rochefort y décrit est essentiellement celui de la bonne bourgeoisie, celle des grandes entreprises, de la scène politique, du haut fonctionnariat. C'est le milieu où se prennent les décisions qui affecteront la vie des autres. L'univers qu'elle dépeint est fort complexe; mais il est aussi doux, capitonné, voire sournois, à l'image des gens qui l'habitent.

Nous le verrons par les yeux de Céline Rodes, elle aussi narratrice et personnage principal: étant extérieure à cet univers bourgeois au début et à la fin du roman, elle nous fait assister, au fur et à mesure, à son voyage de découverte à travers ses arcanes. En choisissant de nous présenter ce monde par les yeux de Céline, jeune femme «bohème», libre de toute ambition matérielle, Rochefort établit une distance critique entre les lec/trices/teurs et cet univers et cherche à exposer les racines du mal dont la société est atteinte. L'histoire de Céline se présente d'abord comme une épreuve plutôt que comme une quête, bien que l'une se transforme en l'autre. Après une faute initiale — l'abandon de son autonomie entre les mains d'un deuxième Philippe —, faute suivie d'une période expiatoire caractérisée par la perte progressive et presque totale de son identité, Céline remontera lentement vers l'existence et l'autonomie dans une recherche qui entraînera un bouleversement total dans sa vision de la société.

Il faut qualifier de faute son mariage avec Philippe, car loin d'être prise inévitablement au piège à l'instar de Josyane, Céline est consciente, au départ, de la pente sur laquelle elle glisse, mais sous l'impulsion de l'amour, elle met en veilleuse ses facultés critiques et se laisse induire en erreur. Ce processus est nécessaire à l'analyse de sa condition.

En quoi consiste l'expiation? Dès ses premiers contacts avec Philippe, celui-ci en annonce les grandes lignes:

> Il m'aimait. Il voulait mon bien. Et rien ne lui paraissait incompatible avec ce bien qu'il me voulait comme ma façon de vivre, mon milieu, mes amis, mes habitudes, mes vêtements, ma coiffure, mon langage, mes goûts, mes idées, tout cela qui n'était pas vraiment moi-même — le vrai moi-même, enfoui, étouffé, caché, celui qu'il aimait, étant de lui seul connu, et destiné à être mis au jour par ses mains, tel un diamant tiré de sa gangue (p. 12).

Céline, devenue Madame Philippe Aignan, sera donc systématiquement dépouillée de tout ce qui incarnait Céline Rodes. Il est essentiel de constater que la première étape dans cette réduction officielle de Céline après le mariage concerne leurs rapports sexuels. Harmonieux du temps de leur liaison, ils commencent à se transformer le jour même de la cérémonie.

> Autrefois jamais tu ne m'aurais approchée sans quelques préalables gentillesses, jamais, autrefois... Ah mais autrefois c'est autrefois. Aujourd'hui tu es mon mari. C'est plus des faveurs c'est des prérogatives (p. 50).

Quelque temps plus tard, non seulement trouvera-t-elle moins le goût de faire l'amour avec Philippe, non seulement constatera-t-elle qu'aucun homme de ce milieu «n'est de nature à éveiller d'irrépressibles désirs», mais elle aura perdu jusqu'au souvenir de l'élan qui porte un être vers un autre.

Les émotions et réactions de toutes sortes disparaîtront en même temps. Finie l'époque où elle pleurait à l'écoute d'un beau morceau de musique, où elle s'enrageait au sujet de la Bombe, où elle s'énervait devant la pollution, où elle riait à pleines dents d'une plaisanterie. Ce sont pour Philippe autant de signes d'un tempérament nerveux, d'une sensiblerie maladive, de ses origines douteuses, autant de signes qu'il faut à tout prix réprimer. Ce à quoi il arrive avec l'aide du médecin dont le diagnostic est qu'elle souffre d'agapaxie: «maladie qui se caractérise par de la tristesse devant les événements malheureux et de la joie devant les événements heureux» (p. 66) et qui lui prescrit donc des tranquillisants à dose massive. Les rêves mêmes qu'elle prenait auparavant plaisir à prolonger jusqu'au milieu de la matinée dans un état de demi-veille l'abandonneront. Elle est sans consistance.

Son apparence physique subit les mêmes transformations. Le pantalon, les cheveux courts sont interdits. Elle doit se transformer en «vraie femme», c'est-à-dire porter des robes-couture et des cheveux longs, comme il sied à l'épouse d'un personnage important.

Vont de pair avec ces changements ses activités de ménagère. La robotisation suit son chemin et Madame Philippe Aignan apprend rapidement sous la tutelle de sa belle-mère, sans perdre pour autant une certaine arrière-pensée, quels sont les tissus et les couleurs qui s'imposent cette année-là pour les rideaux, quels plats servis aux invités feront avancer la carrière, quel ton il convient d'adopter en parlant à la bonne. Elle est ou simule la parfaite maîtresse de maison bourgeoise et chaque étape dans sa dépersonnalisation nous fait mieux saisir celle à laquelle sont soumises la plupart des femmes de cette classe.

Cette prise de conscience chez les lec/trices/teurs est accentuée par la comparaison entre Céline et Julia Bigeon, la seule amie qu'elle réussit à se faire. Nous sommes effectivement confronté/e/s à deux couples, mis en parallèle: Céline et Philippe, Julia et Jean-Pierre. Dès le départ, Julia assumera son rôle, car sa mère l'y avait préparée et elle ne croit pas qu'il puisse exister d'autres modèles. Loin donc de se rebiffer, elle profite de la situation pour dépenser l'argent que gagne son mari.

> Il a raison, dit Julia. Pourquoi tu discutes avec lui? Qu'est-ce que tu crois qu'il y a à apprendre à parler avec eux? C'est des mondes différents. Tu n'en as rien à foutre de son business. Tu es sa femme, pas son associée. Il n'y a qu'une chose qui te concerne là — qu'il ramasse le fric et que toi tu le bouffes. On dirait que tu n'arrives pas à comprendre ce que c'est que le mariage. Ça devrait pourtant rentrer à force qu'on te mouche. Laisse-les causer. Dis oui. Arrange-lui ses

> petits comptes. Qu'il soit content de toi tranquille. T'es un peu cloche dans le fond (p. 74).

Rendue morte à elle-même, Julia sera par la suite réellement assassinée par son mari, en même temps qu'il blessera quatre autres personnes, parce que Jean-Pierre devait prouver à Philippe que sa voiture neuve, la Victory tant attendue, battait tous les records de vitesse. Du début jusqu'à la fin, Julia est victime de l'amour-propre — mal placé — de son mari:

> — Amateurs de cadavres. Des types qui ne peuvent jouir que des mortes.
>
> — Ne viendrais-tu pas de trouver la définition du Mari? (p. 137)

D'une mort à l'autre, il n'y a qu'une petite marge, semble nous dire l'auteure.

Céline, par contre, résistera, d'abord sournoisement, ensuite ouvertement, au processus qu'on lui fait subir. Elle réussit ainsi à survivre sur le plan physique comme sur le plan moral. Elle sortira du marasme, et le premier pas vers la guérison, comme le premier pas dans son expiation, concernera sa sexualité, dont Rochefort souligne encore une fois le caractère fondamental. Elle et Julia se livrent un après-midi, alors que celle-ci pose pour un tableau qu'exécute Céline, à des jeux sexuels par simple plaisir. Céline est bouleversée de constater qu'elle peut encore ressentir un tel plaisir et une telle émotion. C'est la révélation sur son chemin de Damas qui lui permet peu à peu de se ressaisir, de se reconnaître, de redevenir fidèle à sa propre nature. Elle brisera le moule du stéréotype, renouera avec son ancien monde, affirmera ses propres opinions, ses propres goûts et désirs. À la fin du roman, elle quittera Philippe pour aller vivre seule.

Contrairement aux *Petits enfants du siècle*, on nous offre une fin ouverte, un nouveau départ dans une direction encore inconnue. Loin du cercle vicieux que connaît Josyane, ce livre suit un mouvement en spirale, car si Céline repart, elle repart plus consciente, mieux armée qu'elle ne l'était et ayant atteint un autre niveau de conscience. S'il n'y avait que cela dans le roman, nous pourrions y voir, qui une histoire d'amour malheureux, qui l'odyssée d'une femme, qui une condamnation de la classe bourgeoise, qui un livre contre les hommes. Certes ces éléments existent. Certes nous y trouvons des thèmes tels que le refus du jeu bourgeois capitaliste, de l'hypocrisie bourgeoise, du progressisme aveugle, du mariage traditionnel, du sort réservé aux enfants, du racisme, dont certains figurent déjà dans le livre précédent. On peut même affirmer qu'une conscience de classe continue d'animer l'oeuvre de Rochefort puisque les maux qu'elle décrit semblent être le propre de la classe bourgeoise.

Mais limiter l'interprétation à l'une ou l'autre de ces lectures, ce serait, nous semble-t-il, restreindre la portée du roman qui a des visées plus larges, soulève d'autres interrogations. Les valeurs ne sont pas toutes du côté des femmes; la classe ouvrière n'est pas porteuse de valeurs. Le regard que porte Rochefort sur le monde englobe autre chose qu'une série de méfaits qui ne sont que les symptômes d'un mal plus profond et, si elle n'offre pas de solution, elle nous indique au moins le chemin à suivre pour y parvenir.

Il faut, dit-elle, tout revoir. Déjà le titre — *Les stances à Sophie* — est révélateur de ses intentions. Alors que celui-ci est normalement associé à des chants sordides des corps de garde au sujet des femmes, Rochefort le reprend à son compte et procède à sa propre démystificatoin de la sexualité féminine, mettant en valeur des aspects apparemment inconnus aux auteurs des chants. Ses couleurs annoncées, elle entreprend une démystification d'une autre envergure, une *démythification* en réalité. «Au commencement était le Verbe et Verbe était avec Dieu et le Verbe était Dieu».

Son attaque contre les abus du langage n'est pas gratuite, car là commence le pouvoir. Que le médecin puisse lui coller l'étiquette «agapaxique» parce qu'elle connaît des émotions ou que son futur puisse l'accuser de «raisonner» (verbe péjoratif, cf. la deuxième définition dans le dictionnaire Larousse: «Soulever des objections, au lieu d'écouter docilement les ordres ou les réprimandes: *les enfants ne doivent pas raisonner*»), parce qu'elle cherche à comprendre, ce sont autant de façons, et les exemples abondent, de nier son existence, de nier l'existence de toutes les réalités qui ne sont pas conformes aux idées reçues des gens qui détiennent le pouvoir et qui imposent aux autres leur vision du monde.

Rochefort procède alors à un renversement de certains mythes qui gouvernent notre existence dans le monde occidental. J'ai parlé ailleurs de la réification qu'ont connue ces mythes et de la lecture féministe qu'il convient d'en faire (cf. «Mythes à vendre au rabais», *Les cahiers de la femme*, vol. 3, n° 2, p. 78-80). Il est clair depuis le début du roman, le Verbe appartenant au pouvoir, que ce sont les démuni/e/s qui en sont victimes. Les sirènes n'ont pu séduire Ulysse, ce sont les hommes qui séduisent par la parole les jeunes femmes qui les écoutent: «La vérité c'est que dès qu'on tombe amoureuse on devrait mettre des boules quiès» (p. 8). Pygmalion a créé une statue à sa convenance à laquelle il a fait insuffler la vie. Philippe prend un être vivant, Céline Rodes, en fait en quelque sorte une statue, car il lui ôte toute vie. Celle qui se laisse prendre au jeu de son mari, Julia Bigeon, meurt réellement. Pendant la période où elle est statufiée par son mari, Céline se compare à la «femme vertueuse» de la Bible (*Proverbes*, 31, v. 10 à 31) pour montrer à quel point celle-ci n'est que la projection d'une volonté dominatrice masculine. La tapisserie qu'elle brode pendant sa «convalescence» (puisqu'il importe de souligner le caractère maladif du sort que lui impose Philippe), figure le Jardin d'Éden où Ève, deux fois soumise, à Adam, et, à travers lui, à Dieu, sera, comme Pandore d'ailleurs et à l'encontre d'Adam, coupable seulement d'avoir voulu *savoir*. C'est le péché suprême, la révolte ultime car la hiérarchie est fondée sur l'ignorance. Dieu reconnaît cette menace qui dit: «Il sera comme l'un de nous pour la connaissance du bien et du mal» (*Genèse*, 4, v. 23).

Ces exemples serviront à éclairer la vraie dimension du livre. Céline Rodes est tout informée d'une conscience de caste. Sa condition de femme et l'analyse qu'elle est en mesure d'en faire, grâce à son éducation et à son vécu, lui permettent un regard autrement plus profond que celui de Josyane sur le monde dans lequel nous vivons. Elle dénonce donc, en plus de certains aspects relevant de la superstructure, toute l'infrastructure mentale qui sous-tend depuis des millénaires la pensée occidentale. Elle dénonce le pouvoir lui-même sous ses multiples formes, d'un point de vue de femme, certes, mais pas uniquement au nom des femmes. Elle veut secouer le joug dont souffrent toutes et tous, opprimé/e/s et oppresseur/e/s.

Être féministe ne signifie pas seulement lutter pour des droits égaux, encore que cette lutte constitue une étape importante dans l'accès à un monde meilleur. Être féministe veut dire repenser le monde depuis le début, penser l'impensé (das Undenken) comme disait la philosophe italienne Giuseppina Moneta, lors du colloque sur *L'émergence d'une culture au féminin,* organisé à l'Université de Montréal au printemps 1982. Être féministe, c'est aussi mettre fin à toutes les dichotomies, à toute la métaphysique traditionnelle qui gouvernent l'Occident comme nous l'avons appris. C'est récuser le patriarcat.

Les valeurs dans *Les stances à Sophie* sont du côté de celles et ceux qui se livrent à cette tâche, qui minent l'ordre établi au nom d'un possible à créer. En entreprenant une déstructuration aussi compréhensive des racines du mal, des assises du pouvoir patriarcal, en nous offrant une perspective de femme sur le monde, Christiane Rochefort permet aux lec/trices/teurs d'envisager un «quelque chose d'autre» qui n'est pas qu'un simple remaniement de l'ordre existant. Autant en 1961, prise dans une demi-solution patriarcale à un problème patriarcal et dominée par une analyse politique limitative, la pensée semble stagner, autant en 1963, après deux années de réflexion, Rochefort, à partir d'une conscience de caste, peut pratiquer sur le monde une intervention infiniment plus radicale qui comprend et dépasse la conscience de classe. La révolution remplace la réforme. C'est ce qui explique la portée actuelle des *Stances à Sophie,* et son importance dans l'histoire de la littérature au féminin.

Institut Simone de Beauvoir
1982.

Toutes les références aux pages
renvoient aux éditions suivantes:

1. *Les petits enfants du siècle,* Paris, coll. «Livre de poche», 1969.
2. *Les stances à Sophie,* Paris, coll. «Livre de poche», 1970.

La critique féministe: minoritaire et trouble-fête

Marguerite Andersen

Minoritaires dans toutes les professions à l'exception des emplois de service, les femmes sont minoritaires aussi dans le domaine des publications littéraires, universitaires ou de création. N'importe quel fichier, n'importe quel rayon de bibliothèque le montre avec évidence. Et que nous le fassions depuis 10 ans clairement entendre, que nous entendions enrichir la critique littéraire de notre apport, trouble les hommes, garde-fous de leur chasse-gardée.

Nous sommes également les minoritaires de la recherche et des fonds de recherche. Une analyse faite par Jane Martin, pour le domaine des beaux-arts, montre que l'attribution des fonds à des femmes, est en corrélation directe avec le nombre de femmes siégant aux comités d'évaluation[1]. Nous pouvons donc, avec Gale Spender et Dorothy Smith, parler d'un *establishment* masculin, les *gatekeepers* qui essaient de ridiculiser, de minimiser et de rendre difficile la recherche féministe[2]. Nous pouvons heureusement nous attendre à des changements: il y a certainement plus de phallocrates âgés que de phallocrates jeunes, des collègues de moins de quarante ans moins misogynes que leurs maîtres et, parmi nous, les féministes se font plus nombreuses. Mais, en attendant, ce sont les collègues plus âgés et plus avancés dans leur carrière qui détiennent le pouvoir à l'intérieur de l'université. Or ils ne tiennent point à le «dé-tenir».

Nous sommes, bien sûr, les minoritaires de l'édition malgré la généreuse affirmation de Henri Peyre, sur le roman français au XXe siècle: «Easily half of the talents in French fiction and short story, since 1930 or so, have been women[3]». Ajoutons tout de suite qu'un seul des douze chapitres du livre de Peyre,

French Novelists of Today, analyse des oeuvres de femmes, en tout 30 — 40 pages dont quatorze ne parlent que de Simone de Beauvoir, ce qui restreint considérablement l'espace laissé à d'autres écrivaines. Il faut conclure que Peyre, en 1968, n'avait besoin que de 15 pages pour faire la critique de la moitié des talents, de 1930 à 1967, la moitié féminine, évidemment. Par contre, il consacra au moins 350 pages au premier sexe, laissant entendre par là même que son 50% n'est qu'une généralisation sans valeur.

Au congrès 1971 du Modern Language Association (MLA), Tillie Olson estima que 8% seulement des auteurs publiés sont du sexe féminin. Or comme le fait remarquer Dorothy Smith, la publication est, surtout pour l'universitaire, indispensable si l'on ne veut pas être mis au rancart, dans les rangs inférieurs du corps enseignant. De plus, il ne faut pas publier n'importe où, il faut se faire accepter par la «bonne» maison, la revue «sérieuse» et surtout, il ne faut pas publier dans une maison d'édition féministe, car alors la publication est automatiquement et subjectivement considérée comme étant subjective, polémique, et ne risque pas d'être acceptée comme le résultat d'un travail que nos confrères pourraient qualifier de recherche «pure». D'une autre façon aussi, nous sommes nettement désavantagées: si les membres d'un comité de lecture restent habituellement anonymes, celui ou celle qui propose un texte n'a pas cette prérogative. Il se peut bien que ce soit pour cette raison que l'on rejette plus vite et plus souvent les textes de femmes. Un coup d'oeil sur les tables des matières des revues révèle que ce sont surtout les hommes qu'on y lit. Les femmes se trouvent, en tant que minoritaires, prises dans un cercle vicieux et presque totalement contrôlées par les hommes.

Contrôlées et insultées par dessus le marché. Celles qui écrivent bien ont longtemps risqué de perdre leur sexe. Par la prudente prise d'un pseudonyme pour commencer et aussi par l'édit de l'homme. Ayant tant appris de Mme du Châtelet, Voltaire la qualifia de «grand homme», Balzac nota chez George Sand toutes les caractéristiques de l'homme et conclut qu'elle n'était pas une femme. Y aurait-il eu ici, ô miracle, un homme-mère? Voilà un excellent *research topic*! Nietzsche était convaincu que l'intellectuelle devait avoir un défaut quant à ses organes sexuels. Selon le docteur Edward Clare, qui oeuvra vers 1870, le travail du cerveau exigerait beaucoup de sang pour bien fonctionner; le travail *intellectuel* risquerait de provoquer chez la femme une pénurie de sang dans le cycle menstruel et, par conséquent, un développement ovarien avorté. Faudrait-il travailler de la tête, si les menstrues étaient trop abondantes?

La femme capable de penser, d'écrire et de lire inquiète les hommes: Hazlitt s'écrie en 1824: «I do not care a fig for any woman that even knows what an author means» (Hazlitt). Ruskin dit de Mme Carlyle, en 1889: «A woman able to read Tacitus! How fearful!» Que disent nos collègues, entre eux, de nous? Certes, ils n'oseraient pas, comme le fit Sylvain Maréchal, en 1801, proposer une loi interdisant aux femmes d'apprendre l'alphabet. Aimeraient-ils suivre l'exemple de Charlemagne qui interdit aux religieuses allemandes d'écrire des oeuvres littéraires parce qu'elles l'avaient irrité avec leurs pièces de théâtre irrespectueuses? Aimeraient-ils, comme lui, nous punir de notre sexe, de notre exubérance et de notre force critique en nous imposant un tel *Schreibverbot*? Mais non. Ils ont des moyens bien plus discrets pour nous maintenir dans notre statut d'infériorité.

Insulte, punition, que dire de la galanterie? Depuis longtemps et encore aujourd'hui, les hommes remercient les femmes bien courtoisement de leur silencieuse et invisible collaboration. Jean-Pierre Richard dédie, en 1954, son livre *Littérature et sensation* «A Moune», sans nous en dire davantage. Jean Serroy publie en 1981 un ouvrage sur *Roman et réalité: les histoires comiques au XVIIe siècle*. Il remercie dans l'avant-propos tous *ceux* qui l'ont aidé avec compétence et bienveillance. Puis il ajoute: «Je n'aurai garde d'oublier celles qui ont subi, au plus près, les aléas de ce travail: mes femmes — épouse et filles — pour lesquelles j'ai le sentiment que ces *Histoires comiques* n'ont pas dû, toujours, être des histoires drôles.» Notons bien la terminologie: «subi» et «mes femmes» et aussi le fait que l'auteur peut seulement spéculer quant à la réaction de celles qui lui ont été si proches pendant son travail mais qui n'étaient — c'est évident — pas assez compétentes pour offrir une aide plus substantielle.

La galanterie provoque quelquefois certaines concessions. Hugo concède qu'il y a de la femme dans le poète, Edward Thomas publie en 1910 un ouvrage de recherche sur *The Feminine Influence on the Poets*. Maxim Gorki juge en 1924 que la tâche la plus noble, pour la femme, est d'inspirer l'homme. Dixième muse, donc, mais jamais critique. Inspiratrice muette. Virginia Woolf constate dans *Une chambre à soi* que les hommes supportent mal la critique et moins encore celle faite par les femmes ou, pire même, par *leurs* femmes. Silence forcé de la femme, donc, silence qui a été récemment montré sous sa forme la plus horrible, dans *Not a Love Story, a Film on Pornography,* où l'on voit à plusieurs reprises la femme bâillonnée, incapable de protester contre le plaisir du misogyne.

L'homme pro-féministe existe. Je pense encore aux collègues moins collet monté, et je cite Léon Blum qui dit dans un article sur les romans féminins: «Nous ne connaissons fortement qu'une vérité, celle de notre sexe. Le sexe adversaire (!) nous reste toujours voilé soit par la convention littéraire, soit par l'hypocrisie, soit même par l'amour[3]». Mais Blum avait-il lu Colette, celle qui, contrairement à ce que Stendhal disait des femmes, osait «sortir sans fichu»? Colette nous offre le point de vue de la femme, sur elle-même et sur les hommes. Elle est, selon Marcelle Biolley-Godino, dans *L'homme-objet chez Colette,* le premier écrivain femme «à se poser en sujet en face d'un homme devenu objet». Sans doute, le féminisme en littérature dérange et les hommes qui ont travaillé sur l'oeuvre de Colette sont par conséquent peu nombreux. Il faut être fort, si on est homme, pour travailler sur le texte d'une femme qui démythifie l'homme, pose sur lui un regard lucide, glisse vers l'humour, ramène l'homme à sa seule fonction amoureuse, ne montre aucun intérêt pour sa vie professionnelle ou sa pensée, a horreur des vieillards, met en scène une femme désirante et un homme désiré, refuse la sujétion de l'enfant, propose un homme domestiqué, alimentaire ou bien entretenu, sans grandeur ni sens moral, propose une femme reine, femme Pygmalion, qui porte la culotte, stigmatise la médiocrité de l'homme, et tout cela sur un ton malveillant, avec un manque d'indulgence, un affectueux mépris. Voilà les éléments dont traite Biolley-Godino, critique femme. Elle voit toutefois dans le féminisme de l'écrivaine «moins un système qu'une révolte inconsciente (...) peut-être (...) quelque regret de n'être pas un homme». Ce qui reste à débattre.

Ce qui est indiscutable, c'est le manque d'intérêt du critique homme pour l'oeuvre de la femme et son désintérêt pour toute critique féministe. L'homme a peur de celles qui risquent de troubler la fête patriarcale. Eugene Goodheart qui dédie son livre *The Failure of Criticism* (Cambridge, Harvard University Press, 1978) «à Joan», ne songe nullement à dire, en 1978, que cet échec pourrait, du moins en partie, être dû à un refus de la critique des femmes, que la critique doit naturellement se révéler appauvrie s'il n'y a que le regard mâle qui se pose sur la littérature. Dans *Pourquoi la nouvelle critique* (Paris, Mercure de

France, 1966), Serge Doubrovsky parle bien de Sartre, mais aucunement de Simone de Beauvoir, ni d'aucune autre critique femme. Wilfred L. Guérin, dans *A Handbook of Critical Approaches to Literature* (New York, Harper & Row, 1965) ne pressent nullement l'approche du courant féministe. Larry Shouldice, in *Contemporary Quebec Criticism*, présente neuf critiques québécois, mais une seule critique québécoise, Michèle Lalonde.

Pourtant, malgré tous les cercles vicieux, malgré le manque de fonds et d'autres commodités du monde universitaire et littéraire, malgré le silence et l'invisibilité forcés les femmes «crient-tiquent». Christine de Pisan commença la querelle des femmes au XIVe siècle; au XXe siècle, Claude-Edmonde Magny, pourtant modérée, va jusqu'à réclamer un «terrorisme de la critique» qui selon elle, «peut devenir salutaire, s'il n'est que provisoire[7]». L'Allemande Gabrielle Wohmann réaffirme dans *Meine Lektüre* ce que disait Virginia Woolf: les lecteurs hommes ont tendance à s'offenser lorsqu'ils découvrent, chez la femme, franchise, clarté et intelligence[8]. Le temps manque ici de nommer toutes les femmes au travail, dans le domaine de la critique littéraire. Par contre, il faut prendre le temps de réfléchir à quelques questions. Quelle est donc l'utilité de ce genre de critique, me demanda un collègue bienveillant, il n'y a pas longtemps. Les revendications des femmes n'ont-elles pas été proclamées, entendues? N'y a-t-il pas eu suffisamment de progrès depuis, disons, 1970? Ne risquons-nous pas de nous enfermer dans un ghetto?

Le risque y est, c'est entendu. Mais c'est un risque qu'il faut courir. Nombreux sont les auteurs qui n'ont pas encore été lus la plume féministe à la main. Montherlant vient à l'esprit et même Barthes, le sympathique, qui selon la linguiste et critique féministe Aurélia Briac est assez vieux jeu pour dire «en substance» que «la femme est attente» et pour faire de sa mère «l'anti-femme sanctifiée», même si «les filles d'aujourd'hui n'attendent plus et (si) le modèle maternel est singulièrement dévalué chez elles». D'autres oeuvres ne sauraient être comprises si la ou le critique ignore tout de la théorie féministe: Beauvoir, Duras, Cixous, Brossard, Bersianik et tant d'autres. De fait, le féminisme ouvre des voies nouvelles à la lecture. Je lis dans la préface à *Colette, the Woman, the Writer*, ouvrage collectif dirigé par Erica Mendelson Eisinger et Mari Ward McCarty: «We celebrate an introduction to new ways of reading literature that come from the developing area of feminist critical theory and from semiotics. It is at the point of articulation between the two that the most exciting texts are being produced. We celebrate... new directions[10]». C'est en 1970, avec le premier séminaire MLA sur «Feminist Literature and Feminine Consciousness» que ces voies nouvelles ont été empruntées pour tenter de procéder à l'ébranlement de la critique phallocrate. Il y a d'autres buts: la redécouverte d'oeuvres oubliées, l'examen du corpus critique accumulé par les hommes sur les oeuvres des femmes et, finalement, l'enseignement à nos élèves d'une nouvelle façon de voir. C'est dans la salle de classe que nous pouvons le mieux, peut-être, ramener à un seul niveau la théorie et la pratique, en finir de cette séparation du corps et de l'esprit, qui caractérise le monde patriarcal. En faisant de la critique féministe, nous pouvons mettre la réalité, l'imaginaire et le théorique à la place qui leur convient. Mettre à sa place aussi l'homme, le savant, le «flic théorique» qui continue, nous dit Marguerite Duras, à vouloir parler en maître à penser, des casemates, de sa forteresse de papier mâché: «Il faut que l'homme apprenne à se taire (...) Faire taire en lui la voix théorique, la pratique de l'interprétation théorique[11]». C'est là notre tâche la plus importante: empêcher que le Phallus continue d'être le seul signifiant transcendantal, essayer de nommer, à notre tour, le monde. Dans «Le Sexe ou la tête», Hélène Cixous confirme le point de vue de Duras en parlant d'une censure répressive exercée, surtout à l'intérieur des universités, par les hommes/théoriciens. Est-ce utopique de vouloir croire en la possibilité d'un monde meilleur où la femme écrivain et critique ne serait plus minoritaire? Kristeva proclame dans «Le temps des Femmes» la nécessité de créer une éthique nouvelle pour un monde défaillant. La critique féministe, marginale et trouble-fête, continuera de mettre en question la critique au masculin, celle qui a si mâle/mal nommé tant de choses. Il le faut, si une éthique nouvelle doit se créer pour un monde qui, peut-être, sera un lieu sans phallo ni clitoridocratie.

University of Guelph
1982

Notes

1. Kay Armatage, «Winter of Discontent», *The Canadian Forum*, Vol. LXII, n° 718, Mai 1982, p. 39.
2. Dale Spender, «The Gatekeepers: a feminist critique of academic publishing», dans Helen Roberts, ed., *Doing Feminist Research*, London, Paul Keagan, 1981, p. 186-202.
3. *French Novelists of Today*. New York, Oxford University Press, 1967, p. 292.
4. Marcelle Biolley-Godino, *L'homme-objet chez Colette*, Paris, Klincksieck, 1972, p. 9.
5. *Ibid.*, p. 10.
6. Toronto, Toronto Univertisy Press, 1979, p. 83.
7. *Essai sur les limites de la littérature*, Paris, Payot, 1945, p. 31-32.
8. Darmstadt, Luchterhand, 1980, p. 57.
9. *De la Drague*, Paris, Grasset, 1978, p. 20.
10. Philadelphia, Pennsylvania State University Press, 1981, p. XI.
11. Dans Suzanne Horer et Jeanne Socquet, *La création étouffée*, Paris, Pierre-Horay, 1973, p. 178.

FÉMINITÉ, PSYCHANALYSE ET CRÉATION

Phèdre chez la psychanalyste: dialogue

Barbara J. Bucknall

Analyste Bonjour, madame. Je suis contente de voir que vous êtes exacte au rendez-vous. Mais je manque de renseignements à votre égard. Vous avez donné à ma secrétaire pour toute identification, votre prénom, sans nom de famille. Vous êtes mariée, peut-être, et opposée à l'emploi du nom de votre mari?

Phèdre Je ne vois plus mon mari sauf en public. Nos rapports ne sont pas bons. D'ailleurs, ils ne l'ont jamais été. Je n'ai jamais vu en lui que l'espoir de mener une vie honnête et respectée. Comme j'ai été déçue! Mais même si je m'entendais bien avec lui, je continuerais à me servir de mon prénom, sans nom de famille, puisque c'est l'usage chez nous.

Analyste Tiens! Vous n'êtes pas française, alors?

Phèdre Je suis grecque, naturalisée française.

Analyste Et vous habitez où?

Phèdre À la Comédie française, près des Champs-Élysées. Et je peux dire que quand je me suis suicidée, je n'avais pas osé espérer une si bonne adresse. J'avais cru devoir revenir à la vie dans un lieu très inférieur, plein de condamnation et de tourment. Mais au contraire, je suis même très applaudie.

Analyste Vous êtes actrice?

Phèdre Je me produis sur la scène.

Analyste Avec succès, selon ce que vous dites. Mais vous venez de parler d'une tentative de suicide, qui n'a pas abouti, il me semble.

Phèdre Je me suicide tous les soirs.

Analyste C'est une mauvaise habitude. Qu'est-ce qui fait que cet appel au secours — car c'est un appel au secours, bien sûr — soit devenu un tel réflexe? Et cependant cela ne doit pas être bien grave. Vous devez avoir trouvé le moyen de vous suicider sans vous suicider, si vous me permettez de m'exprimer ainsi.

Phèdre Je prends un poison lent.

Analyste Comme ça, on a le temps d'appliquer des remèdes. Où faites-vous cela, pour qu'on puisse venir à votre secours tout de suite?

Phèdre Sur la scène. Ou plutôt dans les coulisses. Mais j'entre en scène ensuite et j'explique à mon mari ce que je viens de faire.

Analyste Il doit commencer à s'en fatiguer.

Phèdre Je ne le fais pas pour lui plaire.

Analyste Une vengeance, alors? Et une vengeance répétée quotidiennement. Qu'est-ce qu'il vous a fait?

Phèdre Il n'est pas jeune et pur.

Analyste Vous voulez un mari jeune et pur? Qu'est-ce qui vous fait croire que les jeunes hommes sont purs?

Phèdre J'en connais un. C'est mon beau-fils. Mais il ne veut pas de moi. Il est trop pur.

Analyste Vous voulez un jeune homme pur, mais pas trop pur pour vous désirer. C'est intéressant. Je crois que nous pouvons commencer notre travail analytique. Détendez-vous, mettez-vous à l'aise — oui, comme ça — et racontez-moi ce qui vous passe par la tête.

Phèdre Que ces vains ornements, que ces voiles me pèsent!

Analyste Il est vrai que vous êtes un peu surchargée de voiles et de bijoux. Vous voulez plaire à qui en vous habillant ainsi? Au beau-fils jeune et pur? Je crois qu'il doit préférer un costume un peu plus simple.

Phèdre Ce n'est pas moi qui m'habille ainsi. C'est ma nourrice, Œnone.

Analyste Elle vous sert de mère? Au fait, avez-vous toujours votre mère?

Phèdre Ne me parlez pas de ma mère. Elle a fait quelque chose d'horrible.

Analyste En couchant avec votre père?

Phèdre Ah! c'est affreux! Non, je ne peux pas imaginer qu'un homme aussi juste et bon que mon père ait jamais voulu coucher avec une femme qui a fait ce que ma mère a fait. Et cependant je suis née.

Analyste Vous croyez peut-être qu'il a fait cela une fois seulement, malgré sa répugnance, pour faire son devoir de bon mari? Est-ce que vous avez des frères et des soeurs?

Phèdre J'ai eu une soeur, Ariane. Elle a fini très mal. C'est à cause de la malédiction de Vénus qui pèse sur toutes les femmes de ma famille.

Analyste Qu'est-ce qui lui est arrivé?

Phèdre Elle a été séduite et abandonnée par mon mari Thésée. Elle a péri sur une île déserte.

Analyste Je vois que vous avez réellement de sérieux griefs contre votre mari. Cela est arrivé longtemps après votre mariage ou peu de temps après?

Phèdre Avant.

Analyste Et vous l'avez épousé ensuite? Vous qui vouliez un jeune homme pur qui vous donne accès à une vie honnête et respectée? C'est curieux. Mais vous n'avez pas parlé de vos frères, si vous en avez.

Phèdre J'en ai eu un, si on peut l'appeler un frère. Mais c'était un monstre. On ne lui permettait pas de se montrer. Il était très féroce et trop affreux. On le tenait enfermé. Mais mon mari l'a tué, heureusement.

Analyste Vous êtes contente que votre mari ait tué votre frère?

Phèdre C'est peut-être le seul service qu'il m'ait jamais rendu.

Analyste Le fils d'un père si juste et si bon méritait à un tel point la mort?

Phèdre Ce n'était pas le fils de mon père. C'était le fils d'une bête sauvage. C'est pour cela qu'on l'appelait le Minotaure, parce que mon père, Minos, en acceptait la paternité légale, mais son vrai père était un taureau.

Analyste Un taureau? Puissant symbole de virilité. Mais sans doute votre père était-il trop juste et trop bon pour être très viril. Quand même, il a dû faire l'amour au moins deux fois dans sa vie.

Phèdre Ne parlez pas comme cela de mon père! Vous insultez un homme si probe qu'on l'a fait juge aux Enfers après sa mort. Quand vous mourrez, il vous jugera comme la sale femme lascive que vous êtes — que je suis, moi aussi, puisque je tiens de ma mère, hélas!

Analyste Alors, ce n'est pas uniquement pour vexer votre mari que vous vous suicidez si régulièrement? Vous voulez rejoindre votre père, mais en même temps vous avez peur de paraître devant lui?

Phèdre J'ai peur même de paraître devant le soleil, qui est notre ancêtre. C'est surtout pour cela que je préfère un métier où je travaille le soir.

Analyste Le soleil. On dit que c'est un symbole masculin, comme la lune est un symbole féminin. Que pensez-vous de la lune?

Phèdre Elle appartient à Diane, déesse de la chasse et de la chasteté. Elle protège mon beau-fils, Hippolyte. Mais à part cela, elle ne m'intéresse pas beaucoup. Je n'y fais jamais allusion.

Analyste Vous êtes donc complètement tournée vers le principe mâle, qui vous semble juste et bon, lumineux et vertueux — sauf lorsqu'il prend la forme de votre mari Thésée.

Phèdre Il est juste et bon, lui aussi. Je l'ai gravement offensé. Quand je me suicide, je m'accuse devant lui au lieu de m'accuser devant mon père.

Analyste Il est juste et bon, bien qu'il ait séduit et abandonné votre soeur et tué votre frère. Mais sans doute a-t-il mené une vie très régulière après ces erreurs de jeunesse?

Phèdre Non, il a séduit beaucoup de femmes. C'est même pendant son absence, occasionnée par le voyage qu'il a entrepris pour aider un de ses amis à séduire Perséphone, la femme de Pluton, que j'ai cédé à la tentation de faire des avances à Hippolyte. Mais pour un homme, cela ne compte pas. Thésée est toujours juste et bon, et mon mari et le père d'Hippolyte.

Analyste Ne vous apercevez-vous pas d'une contradiction dans vos idées sur la vertu masculine? D'une part, vous semblez exiger une chasteté absolue et, d'autre part, vous excusez les écarts de votre mari. Vous semblez presque dire qu'un homme est toujours vertueux, même si sa conduite ne l'est pas. Et par contre, une femme capable de penser même à l'acte sexuel de façon réaliste est sale et lascive. Vous avez réellement accepté sans broncher une version extrêmement traditionnelle de la morale sexuelle. Et cependant, malgré ce que vous dites, je crois que vous en voulez à votre mari de ses infidélités.

Phèdre Je ne les lui pardonne pas. Si seulement il était toujours ce qu'il était quand il était jeune — comme je vois Hippolyte!

Analyste Cependant, même quand il était jeune, il n'était pas d'une chasteté à toute épreuve, comme je vois par son aventure avec votre soeur. Est-ce que votre Hippolyte est aussi chaste que vous le croyez? Est-ce qu'il ne serait pas par hasard homosexuel?

Phèdre Quelle horreur! Non, il aime Aricie, mais il l'aime d'un amour chaste. Il lui donne cet amour qui m'est à jamais défendu, le monstre!

Analyste Vous l'appelez *monstre*, ce jeune homme chaste et en même temps normal?

Phèdre Je le vois comme un monstre effroyable à mes yeux. Je l'ai laissé accuser d'une tentative de viol, ce qui a amené sa mort. Son père a été tellement furieux qu'il a souhaité sa mort, et elle est arrivée promptement.

Analyste Vous ne l'avez pas accusé vous-même?

Phèdre Non, c'est Œnone qui l'a fait.

Analyste Pourquoi a-t-elle fait cela?

Phèdre Elle m'aime. Elle a voulu sauver ma vie et ma réputation. Elle l'a accusé auprès de mon mari avant qu'il ne m'accuse.

Analyste Il y a donc quelqu'un dans votre entourage qui vous aime? Et c'est une femme? Je pense que vous feriez bien de vous lier un peu davantage avec vos soeurs, les femmes. À propos, quels sont vos rapports avec Aricie?

Phèdre Elle me déteste à cause de ce que j'ai fait à Hippolyte. Elle s'est mise du côté de mon mari, qui la traite en fille adoptive.

Analyste Vous n'avez pas d'enfants?

Phèdre Si, mais comment est-ce que Thésée pourrait s'intéresser aux enfants d'une femme telle que moi?

Analyste Et vous, est-ce que vous aimez vos enfants?

Phèdre Je ne m'y intéresse pas beaucoup. C'est Œnone qui s'en occupe. Comment est-ce que je pourrais m'occuper de mes enfants lorsque je languis, je brûle pour Thésée — non, je veux dire pour Hippolyte. Si seulement il avait voulu me tuer!

Analyste Vous l'avez invité à vous tuer?

Phèdre Oui, avec son épée. Comme cela, il aurait débarrassé le monde d'un monstre, comme son père l'a fait en tuant le Minotaure. Mais il n'a pas voulu. Il s'est enfui.

Analyste Est-ce qu'on vous a jamais dit qu'une épée est un symbole phallique? S'il vous avait percée de son épée, je crois que vous seriez morte voluptueusement. Mais il vous a refusé cette jouissance et c'est pour cela que vous avez permis sa mort?

Phèdre C'est trop vrai. S'il m'avait tuée, je serais morte avec délices. Et j'aurais pu paraître devant mon père, parce que j'aurais déjà été punie par un homme vertueux.

Analyste Alors la punition a pour vous une connotation sexuelle? Vous êtes traditionnelle au point d'être masochiste. Est-ce que votre père vous a fessée quand vous étiez petite?

Phèdre Oui, quand j'étais méchante avec Ariane. J'étais jalouse d'elle parce que je croyais qu'il la préférait. Elle était si douce et caressante. Et si jolie. Elle avait l'air d'une petite poupée.

Analyste Je commence à voir comment vous avez pu épouser Thésée après ce qu'il a fait à votre soeur. Peut-être que quand il a tué votre frère, ce n'est pas le seul service qu'il vous ait rendu.

Phèdre Il a tué le Minotaure pour commencer. Il a séduit et abandonné ma soeur ensuite. Peut-être que cela ne m'a pas déplu. Nous voyagions ensemble, tous les trois, après avoir quitté le palais de mon père. Elle lui faisait toujours des avances. Moi, je ne lui en faisais pas. C'est pour cela qu'il a fini par m'épouser, moi. Il a compris que j'étais vertueuse et qu'elle ne l'était pas.

Analyste Quand est-ce que vous avez cessé d'être vertueuse?

Phèdre Quand j'ai vu Hippolyte.

Analyste Quand avez-vous vu Hippolyte?

Phèdre Peu de temps après mon mariage.

Analyste Le coup de foudre, alors?

Phèdre Oui.

Analyste Mais alors votre mari n'était plus si jeune que cela quand il vous a épousée? Ou est-ce que vous aimez les petits garçons?

Phèdre Non, Thésée n'était plus ce qu'il avait été du temps de son premier mariage avec l'Amazone. Il ne m'a jamais inspiré de véritable passion. C'est ce qui m'a trompée. J'ai cru qu'avec lui je pourrais être sage.

Analyste Donc la sagesse selon vous consiste à ne pas ressentir le désir? À éviter la jouissance?

Phèdre Oui, en effet. Et cependant je le ressens, ce désir, avec une terrible violence. C'est la malédiction de Vénus.

J'ai essayé d'obtenir sa faveur en lui offrant des sacrifices, mais le vrai dieu que j'adorais, c'était Hippolyte.

Analyste Évidemment, on ne peut qu'offenser une déesse lorsqu'on lui substitue un mortel promu dieu. Je me demande si vous vous rendez compte de ce que vous venez de me dire en vous servant des termes de votre mythologie. Vous avez voulu obtenir la faveur de Vénus — c'est-à-dire un amour partagé — en refusant obstinément de vous laisser aller à des pensées sensuelles. Et cependant, si on veut réellement séduire quelqu'un, il est normal et pratique de réfléchir un peu aux moyens à adopter pour le séduire, surtout lorsqu'il s'agit de fléchir un jeune homme aussi obstinément chaste que votre Hippolyte. Autrement dit, vous avez essayé de vouloir la fin tout en refusant les moyens. Le simple bon sens aurait pu vous montrer que cela ne pouvait pas réussir.

Phèdre Je n'ai jamais voulu séduire Hippolyte. La seule idée me fait horreur. Je ne suis pas une femme légère. Je ne l'ai jamais été.

Analyste Non, vous êtes beaucoup trop sérieuse. Vous feriez bien de prendre la vie un peu plus à la légère. Mais ne voyez-vous pas que vous avez blasphémé contre Vénus, qui est une déesse et par conséquent féminine? (Je parle ainsi pour me conformer aux termes de votre mythologie). Eh bien!, maintenant j'hésite, mais je crois que je vais pouvoir continuer. D'habitude, dans mon travail d'analyste, je ne me permets pas d'arriver à une interprétation aussi rapidement, mais nous avons couvert tant de terrain dans le temps mis à notre disposition et vous semblez comprendre si bien votre situation, sans doute à cause de la remémoration quotidienne que vous pratiquez depuis quelque temps, que je vais vous donner une ébauche d'interprétation tout de suite. Votre grand défaut, c'est que vous admirez beaucoup trop les hommes et leur prêtez des forces surhumaines. Par conséquent, vous exigez d'eux ce qu'ils ne peuvent pas fournir. Vous dépendez beaucoup trop de leur bonne opinion et vous vous tourmentez parce que la bonne opinion que vous voulez obtenir d'eux — et qui n'est plus de mise, d'ailleurs — est absolument incompatible avec votre désir. Et plus vous vous tourmentez, plus vous les tourmentez, eux aussi, ce qui les empêche de penser du bien de vous. Et tout cela ne date pas d'hier.

Phèdre Mon mal vient de plus loin.

Analyste En effet. Il vient de votre enfance. Vous êtes éperdument amoureuse de votre père à qui vous portez un amour exclusif et jaloux de petite enfant. Pour vous, il représente la perfection absolue. Toute autre femme qui a pu prétendre à son amour est honnie par vous. Mais vous avez un tel sentiment de culpabilité à cause de cet amour incestueux que vous tenez absolument à être punie par lui. En effet, ce serait votre seule possibilité d'obtenir la jouissance d'un homme que vous croyez absolument vertueux. En même temps, vous couvez contre lui un ressentiment féroce parce que vous savez qu'il n'accéderait à votre désir que malgré lui. Vous éprouvez ce ressentiment et ce désir de punition dans vos rapports avec les deux hommes de votre vie, et vous vous êtes arrangée admirablement pour assouvir ces sentiments si destructifs. Mais à moins que vous ne vouliez continuer à vous suicider tous les soirs en public, il faut faire quelque chose pour changer votre attitude envers le désir. Est-ce que vous avez la possibilité d'essayer d'intéresser quelqu'un d'autre?

Phèdre Non, les seuls hommes que je connaisse sont Thésée et Hippolyte.

Analyste Vous êtes réellement limitée à un très petit groupe — Hippolyte, Thésée, Aricie et Œnone? Et vous ne voyez pas la possibilité de faire de nouvelles connaissances?

Phèdre Non, je ne peux pas faire cela sans cesser d'être Phèdre, et je ne peux pas imaginer ce que je ferais si je n'étais plus moi. Comment est-ce que je pourrais gagner ma vie?

Analyste Vous appelez ce que vous faites gagner votre vie? Alors, si vous tenez absolument à ne pas étendre vos relations, je vais vous donner un conseil. Puisqu'il est absolument essentiel que vous adoptiez une attitude plus positive envers le désir et puisqu'il n'y a qu'une seule personne dans votre entourage qui vous aime, je suggère que vous entrepreniez une liaison avec Œnone. C'est votre seule possibilité de sortir du cercle vicieux dans lequel vous vous êtes enfermée et cela vous permettra de nourrir des sentiments plus tendres et compréhensifs envers votre mère, dont vous blâmez trop fort les goûts érotiques.

Phèdre Mais qu'est-ce que vous dites? Mais c'est une abomination!

Analyste Je croyais les Grecques moins difficiles sur ce chapitre. Sapho était grecque.

Phèdre C'est vrai, mais quand Monsieur Jean Racine a obtenu pour moi la naturalisation, il m'a convertie en partie à sa religion. Comment est-ce que je pourrais coucher avec OEnone? Jamais après cela, je ne pourrais paraître devant mon père!

Analyste Justement. Voilà le résultat que je voudrais obtenir. Comme cela vous ne seriez plus tentée de vous suicider afin de recevoir de votre père la suprême punition.

Phèdre Non, vraiment, je ne peux pas. Non, non et non. J'aime mieux continuer ma carrière d'héroïne de tragédie. Adieu, madame.

Analyste Au revoir, Phèdre. Je suis sûre que vous réfléchirez à ce que j'ai dit et que vous reviendrez me voir. Après tout le travail analytique que nous avons fait, vous ne pouvez pas continuer à agir avec l'inconscience dont vous avez fait preuve jusqu'ici. Vous avez mon numéro de téléphone. Appelez ma secrétaire quand vous voudrez et elle vous fixera un rendez-vous. Au revoir.

Brock University
1982

Emma Santos: le biologique, la folie et l'écriture

Irène Pagès

La Folie-Femme, car trop longtemps elle a été interdite au langage, ne pouvant que se racler la gorge, l'air idiot, la malcastrée.

Le théâtre d'Emma Santos

Emma Santos, dont les écrits se publient aux «éditions *des femmes*» à Paris, est restée en marge des dissensions qui séparent les féministes françaises et ne semble guère suivre l'orientation du groupe «politique et psychanalyse» qui domine ces éditions. Par ailleurs, elle est peu connue en Amérique du Nord. Huit livres écrits en huit ans, au hasard d'internements, dans des éclaircies entre des crises de folie: livres courts, lucides, d'une poésie amère et crue, qui se ressemblent tous, car tous constituent les fragments sans cesse remaniés d'un seul et même documentaire autobiographique à peine fictisé[1]. Emma Santos est bien la matière de ses livres, mais elle l'est non pas tant dans le rappel des événements qui ont marqué son existence, que dans la perception qu'elle a de ces derniers, à divers stades de sa folie. D'un titre à l'autre, on reconnaît, ressassés comme des obsessions, les événements vécus: la gorge tranchée dans l'accident, le goitre et le dérèglement thyroïdien, la soumission à l'homme, «C», l'abandon par lui, le traumatisme de l'avortement, la hantise de l'enfantement et celle de l'écriture, toutes deux confondues, l'adoption psychique d'un enfant mongolien, l'hôpital ou encore la psychiatre partenaire de transitoires jeux lesbiens. C'est aussi le fantasme inouï de la *loméchuse* avec laquelle elle s'identifie, insecte goitreux portant dans sa gorge un oeuf-foetus, l'enfant à naître ou la parole révoltée[2].

Le plus souvent, la révolte féministe vise la condition sociale de la femme, rarement s'en prend-elle au biologique pur: Beauvoir en a escamoté la portée et des écrivaines comme Leclerc, tout en revalorisant le corps féminin, n'ont pas songé un instant à en accuser la fatale fonction reproductrice. Leur revendication porte sur le droit de la femme de *disposer* de cette fonction. Quant à la glorification du corps féminin, telle qu'on la trouve chez une Cixous ou une Wittig, elle passe, à tort ou à raison, aux yeux des féministes modérées, pour une vaine tentative de conjuration du sort. Chez Santos, la fonction reproductrice du ventre féminin constitue une obsession: «Je marche toujours la tête au ventre, matricienne matricielle» (*L'illulogienne*, p. 104). Or l'obsession s'énonce sous un flot de fantasmes ambigus dont on ne sait s'ils expriment l'exaltation ou la malédiction de la matrice, ou les deux à la fois. Certes, l'oeuf-foetus sans cesse expulsé par la *gorge* et sans cesse renaissant dans cette gorge, figure à la fois le scandale de la biologie féminine ou la sanglante violence faite au corps et la vaine tentative de dénonciation de ce scandale[3]. Le visqueux (*glaire, bave, glaviot*) qui accompagne généralement le processus en question dit bien l'inéluctabilité dégoûtante de la vie cellulaire, ainsi que le faisait le *visqueux* désignant l'existant dans l'oeuvre sartrienne, et dit aussi l'inanité de la parole, «bavure», «morve», le «bavasser» comme dirait Montaigne. Ailleurs, le mou, la masse dit l'esclave passivité de la chair féminine sur laquelle se greffe la vie parasitaire.

Les dessins dont Emma Santos a illustré le texte de *J'ai tué Emma Santos* représentent tous la loméchuse anthropoïde, femme-insecte dont le ventre est toujours plein: rondeurs inéluctables et béances de la reddition. La révolte et la souffrance s'inscrivent, impuissantes, dans le cri muet de l'insecte renversé sur le dos. Seul le gigotement des pattes marque le vain refus de la fonction reproductrice. De l'orifice, gorge ou bouche, sortent des petits ou une myriade de mots.

Ailleurs, Santos appelle l'enfantement, de toutes ses entrailles:

> Je marcherai le ventre rempli toute ma vie. Femme enceinte dans la lumière entre la terre et la mer.
>
> (...)
>
> Je veux un enfant. Il me faut un enfant. Je veux un enfant. Je suis en mal d'enfants, si mal... . Je suis seule... . Un

> enfant ... N'importe lequel, un même anormal, complètement idiot. L'enfant imaginaire. Je l'aimerai l'enfant. Je saurai l'aimer. Qu'on me le rende. Je veux un enfant. Fais-moi un enfant. Oh! Fais l'enfant. Enfant. Fais fais fais. (*Théâtre*, p. 33)

Cependant l'impression dominante demeure celle d'un ressentiment contre la passivité de la chair féminine sur laquelle et souvent contre laquelle se greffe la vie du foetus. En raison de cela, l'écrivaine se sent honteuse, non seulement d'avoir à subir l'humiliation d'un sort passif, mais surtout d'en devenir folle et de n'avoir pas osé pendant trop longtemps, comme tant d'autres, se faire entendre:

> Juste un petit crachat même pas net. Une petite toux. Raclement. Rien. Pardon. On toussote poliment. On met la main devant la bouche. On s'excuse. On fuit. Honte. (*Ibid.*, p. 22)

Lorsqu'il lui arrive de se libérer, la parole chez Santos se fait «rire de la Méduse», ouvrant les vannes, comme le dirait Hélène Cixous, à une «coulée de fantasmes inouïe». Les fantasmes chez Santos confondent la bouche, orifice de la parole, avec l'organe de l'enfantement. La parole et l'enfantement sont en même temps acte de violence ensanglanté, flux, orgasme solitaire, délivrance. Écrire ou dire, c'est «rejeter (sa) vie dans un flot de sang»:

> Je suis triste. Je ris. Mon rire tire et bouscule mon souffle. Mon rire crie rouge. Vagin denté. Gorge dentelée. Je triomphe magnifique. Mon cri déchire ma gorge. Je voudrais bien rejeter ma vie dans un flot de sang. Convulsion. Hémorragie douce. Délivrance. Orgasme de vieille femme seule. (*Théâtre*, p. 22)

Tout texte, selon Sollers, s'insurge contre la réalité, non pas tant du fait que la réalité est ce qu'elle est, mais du fait qu'elle lui oppose l'obstacle du langage. Il est «lutte constante contre la répression et l'interdit», il «se bat sur la frontière où l'individu devient quelqu'un d'autre que celui à qui il est permis d'être» («Alternative», *Tel quel*, n° 24, hiver 1966, p. 95). C'est bien le cas du texte chez Santos où ce qu'elle appelle, à certains moments «la parole hoquetante, bredouilleuse», se confond avec le désir non clairement exprimable d'un moi autre. Face à la réalité obstacle, le désir se cherche une compensation dans le fantasme et l'écriture, cercle vicieux dont Santos ne peut sortir. L'écrit se fait objet tout désigné à la psychanalyse. Ainsi peut-on regrouper toute une série de corrélatifs signifiants de l'obsession, comme suit, dont je tenterai d'expliquer la corrélation signifiante, dans ses grandes lignes.

NOMS	ADJECTIFS	VERBES
- goitre - glaviot	- blanchâtre	- rejeter
- gorge - salive - bave		- naître
- sang	- rouge	- re-naître
- foetus		- empoisonner
- oeuf - glaire - accouchement	- fétide	- crier
- insecte		
- loméchuse		
- larve	- gris/e	- pousser
- liquide - mer - mère		- gigoter
- pattes-boule-ventre - matrice		- baver
		- lécher
- écriture - enfant	- mongoloïde - idiot/e	- embrasser
- parole - solitude	- bâillonné/e - empêché/e	
- folie	- malcastré/e	

L'*écriture* et la *parole* sortent du corps comme l'enfant à *naître* ou le *foetus* qu'on *rejette*. Elles sont *bâillonnées, malcastrées*. Elles sont aussi *empoisonneuses*, comme l'est le foetus sans vie dans le ventre de la mère. Ainsi, l'enfantement représente la mise en mots d'un vouloir toujours contré. Il se fait dans le *sang* et la *glaire*. De même, l'écriture, comparable à l'activité cellulaire, se fait dans la *souffrance* et la *solitude*. Elle se fait malgré elle. L'écrivante est cet insecte têtu, la *loméchuse* qui roule interminablement sa *boule* d'angoisse, de souvenirs, ressassant, *bavant* sa petite histoire, *dégorgeant* sa vie.

Comme Cixous nous le rappelle, l'écriture est désir, désir d'atteindre, de posséder, d'*embrasser* le monde: elle est «pulsion libidinale» et même «ex-pulsion». Cependant, chez la femme, elle fait retour au corps, parce que le corps de la femme pour la femme a été ignoré, supprimé. Chez Santos, l'écriture revient au corps, non par un acte d'exorcisme, mais plutôt comme par un acte d'autoparasitisme. Santos se crée le fantasme de la loméchuse absorbée dans sa dévoration de larves: écrire, et écrire de soi, c'est se nourrir de cette activité même, c'est ne plus pouvoir s'en passer, c'est faire du «symphylisme», et c'est se détruire en fin de compte[2]. L'enfant mongoloïde que Santos imagine adopter ou le foetus d'enfant dont elle avorte, n'y figure que comme *stade avorté de l'expression*. Enfin, Santos parle du foetus qui *empoisonne la mère*, comme du cortège des mots qui l'oppressent et ne peuvent sortir de sa gorge. Il lui faut *expulser* les mots de la folie destructrice comme doit s'expulser le foetus empoisonneur.

Santos a choisi la loméchuse pour symboliser en la femme non seulement la victime du parasitisme, mais encore la dépendance à l'autre, et aussi son obstination instinctive à vivre, à reproduire et à crier sa révolte. L'obstination de l'instinct de vivre est fortement présente dans les multiples évocations de l'accident d'automobile où Emma, enfant, avait eu la gorge tranchée. La loméchuse apparaît en filigrane, dans l'évocation de l'accident:

> Je me souviens d'un grand bruit. Puis plus rien. J'étais assise sur le trottoir. Je retenais ma tête à deux mains. Elle ne tenait plus que par un fil. *Mes pattes grassouillettes*, mes ongles rongés ne voulaient pas la lâcher. Non, elle ne tombera pas. je suis là pour la retenir...
>
> (*L'itinéraire psychiatrique*, p. 44)

C'est la fonction même du degré zéro du témoignage que de rendre aux faits vécus, ou imaginés dans l'existence, leur violence la plus crue. Mais dans le compte rendu du fait brut et à plus forte raison de la violence, se trouvent en germe le tragique, l'épique, le poétique. Santos exploite ces possibles mutations de la violence. Ainsi, décrivant l'avortement, elle le rend épique, elle le poétise:

> La femme, la grenouille à moitié morte se retrouve toujours là couchée sur le dos, les genoux écartés, les talons

> coincés à deux tiges de fer. Elle renvoie l'*oeuf de la mort.* (*Théâtre*, p. 32)
>
> Moribonde étendue grise amère et fétide nébuleuse endormie huître gluante salive bave glaire sueur enfin buée halo boudin blanchâtre qui n'a pas encore vécu liquide de tristesse une promesse à peine, blanche. (*Ibid.*, p. 52)

Pourtant, en dépit de sa nature d'«artifice», l'écriture demeure pour Santos l'acte d'authentification et de survivance par excellence. «J'écris et je me regarde dans mon écriture pour ne pas mourir.» Ce n'est pas par hasard que son entrée en écriture correspond à son entrée en psychiatrie: «ils l'avaient donc ramassée folle nue, un cahier d'écolier à la main». Certes, Emma écrit parce qu'elle a son mot à dire dans un drame dont elle est à la fois témoin et victime. Mais écrire est aussi pour elle, dans une première visée, une façon de conjurer la folie et la solitude. À défaut du regard des autres, les mots lui renvoient sa propre image. Par ce subterfuge de distanciation — car «dire» à travers des mots, c'est se dissocier du «dit», et «se dire», c'est se détacher du soi —, la voilà libre de se dissocier de sa folie, ou tout simplement, de la réalité détestable. «Actrice et spectatrice de mon théâtre, je lance des pétards et m'applaudis.»

Dans *L'illulogicienne*, comme le titre le suggère, Emma reconnaît s'être inventé une logique de l'illusion, sans doute comme l'avait fait son aïeule de papier, Emma Bovary. Le terme fait aussi écho à la protestation féministe qui s'en prend, en France, au discours «phallologocentrique[4]». Emma se fait «illulogicienne» pour se justifier et dans sa situation de femme et dans sa situation de folle potentielle, ce qui aux yeux de la tradition patriarcale revient au même: les femmes étant considérées comme privées du don de logique, se fabriqueraient par compensation une logique individuelle, illusoire, ou auraient recours à l'hystérie pour échapper au «logocentrique» oppresseur.

S'étant accrochée à «l'Homme» (avec un grand «H»), Emma Santos s'était faite *loméchuse*, à la fois parasite et dépendante, abdiquant toute autonomie. Mais consciente de son échec, il lui fallait le justifier, l'escamoter. La folie présentant un biais tentant, elle mime donc la folie, puis finit par devenir folle. C'est, du moins, ce dont l'écrivaine veut nous persuader dans *L'itinéraire psychiatrique*.

J'ai tué Emma S. ou l'écriture colonisée est l'antidote à l'illusion et le refus de la folie, mais c'est aussi la répudiation de l'écriture comme instrument de subordination. Le pseudonyme *Santos* est supprimé du titre parce qu'il lui avait été donné pour nom de plume par le compagnon «assujettisseur». Celui-ci l'avait encouragée à «s'écrire». Les médecins et psychiatres le lui avaient aussi recommandé à titre de thérapie. L'écriture exercée pour se libérer de la folie et de la féminitude devient suspecte. Plus encore, elle est vouée à l'échec. Emma Santos rejoint le cortège féministe par le thème de la parole étouffée ou de l'écriture colonisée. La parole folle évoque, en effet, sans exagération, la parole féminine hésitante, hoquetante, bâillonnée par l'éducation:

> Je ne sais pas. Comme des morceaux de sparadrap qui se croisent sur mes lèvres. Je suffoque. J'essaie d'arracher le bandeau. Je ne trouve plus forme de bouche mais un trou saignant, cloaque sanglant. Les muscles morts. Les chairs brûlées. Quelquefois comme une habitude ancienne, un tic, comme une souvenance, une enfance, les mots grognent, remuent la tête, font des efforts, ils grimacent. Réticence. Les mots ne sortent plus. C'est pathétique, presque ridicule, agaçant. Des soubresauts indécents, des remords, hoquets d'ivrogne. (*La malcastrée*, p. 76)

Le titre de *La malcastrée* implique que la violence faite à la personne n'empêche guère la parole, toute châtrée qu'elle soit. Le fantasme a pris le dessus sur la réalité. Emma Santos, l'écrivaine, va «roulant devant (elle) comme un gros caillou, une boule de neige grandissante, un amas de souvenirs, de regrets, d'échecs», absorbée dans son activité têtue et salvatrice, l'écriture. Salvatrice l'écriture, parce qu'elle offre au sujet le moyen de transférer l'échec sur une «autre», ou encore sur le «je» mythique du texte.

> La folie choisie, écrite sur mes feuilles, cette folie faite avec mes mots et mes désirs. Je me suis jetée dans le délire (...) poussée et attirée par mon double. (*Théâtre*, p. 18)

Mais dans cette activité sisyphique, l'écrivaine pourrait bien se confondre avec «l'écris-vaine» (pour faire un malencontreux jeu de mot à la Lacan) dans la mesure où l'écriture, tout en pourvoyant un déversoir à la folie, ne résout pas pour autant les conflits intérieurs et la révolte qui la causent.

University of Guelph
1982

Notes

1. *L'illulogicienne* (Flammarion, 1971). *La malcastrée* (Maspéro, 1973; éditions des femmes, 1976). *La loméchuse* (La Margue-Kesselring, 1974). *La punition d'Arles* (Stock, 1975). *J'ai tué Emma S. ou l'écriture colonisée* (éditions des femmes, 1976). *L'itinéraire psychiatrique* (*ibid.*, 1977). *Le théâtre d'Emma Santos* (*ibid.*, 1977). *Écris et tais-toi* (Stock, 1978). L'avant-dernier, *Le théâtre d'Emma Santos*, résume pour la scène les principaux thèmes des précédents.
2. Coléoptère de la famille des *symphyles* qui sécrètent un liquide apprécié des fourmis. En échange, les fourmis élèvent les larves des loméchuses. Celles-ci dévoreront les oeufs des fourmis. Le «symphilisme» est, chez les fourmis, comparable à l'alcoolisme humain.
3. Au sens beauvoirien du terme.
4. «Phallologocentrisme» ou «Phallogocentrisme»: mot formé sur «logocentrisme», néologisme en faveur chez les théoriciens du discours psychanalytique. Derrida l'utilise pour démystifier toute une tradition cartésienne normative de la pensée française. Hélène Cixous et Luce Irigaray démystifient à leur tour et retournent contre lui-même le discours derridien (tout aussi idéaliste) d'où le féminin est absent ou décapité. (cf. Elaine Marks, «French Literary Criticism» *Signs*, vol. III, n° 4, été 1978, p. 841).

TABLE DES MATIÈRES

Cet ouvrage, le premier de la collection
«Itinéraires féministes»
a été composé en Baskerville corps 10 sur 11
chez l'Enmieux.
Achevé d'imprimer sur papier offset substance 110
en décembre 1983 par les travailleuses
et les travailleurs de l'imprimerie Gagné
pour le compte des Éditions du remue-ménage.